Mut zur freien Entscheidung

MELODY BEATTIE

Mut zur freien Entscheidung

Das Leben selbst gestalten

HEYNE

Die amerikanische Originalausgabe erschien unter dem Titel
CHOICES. TAKING CONTROL OF YOUR LIFE
AND MAKING IT MATTER
im Verlag Harper SanFrancisco, a division of
HarperCollins Publishers, Inc.

Aus dem Amerikanischen von Gabriel Stein

www.heyne.de
Published by arrangement with Harper SanFancisco,
a division of HarperCollins Publishers, Inc.
Umschlaggestaltung: Eisele Grafik Design, München
Umschlagillustration: Zefa/Masterfile/Mark Tomalty
Satz: Leingärtner, Nabburg
Druck und Bindung: Clausen & Bosse, Leck
Printed in Germany

ISBN 3-453-87297-5

Für uns

INHALT

Einleitung 11

Erster Teil: Das Grosse Gesetz 19

1. Sie wollte ein Kind 27
2. Eine traurige Woche in Coventry 30
3. Ein Augenblick der Wahrheit 33
4. Die Heimfahrt verlief anders als erwartet 36
5. Karma mit Füßen 41
6. Sie musste etwas erklären 45
7. Erste Klasse 48
8. Er schlug gegen die Wand 53

Zweiter Teil: Im Geheimnis leben 57

1. Sie fand den Schlüssel 67
2. Ein Engel flüsterte ihm ins Ohr 72
3. Sie konnte sich nicht entschließen 75
4. Er sah das Licht 77
5. Sie lief nicht mehr davon 82
6. Sie sah ein Ungeheuer in ihrem Schlafzimmer . . . 87
7. Es gefiel ihr 91

Dritter Teil: Derweil das Rad sich dreht . . . 97

1. Nachtschicht 104
2. Er hatte das Gefühl,
zum Zerreißen gespannt zu sein 110
3. Ihr Zimmer war ein einziges Chaos 113
4. Sie fand sich in einer gottverlassenen
Gegend wieder 116
5. Er musste umkehren 123
6. Auch sie verfehlte eine Stufe 131
7. Sie trug das Grau mit Humor 135
8. Er hatte es satt, krank zu sein 138
9. Sie ritt auf dem Rad 141

Vierter Teil: Den Himmel auf die Erde bringen 147

1. Sie traf eine schwierige Entscheidung 156
2. In einem Kriegsgebiet fand er Frieden 159
3. Und den Menschen ein Wohlgefallen 163
4. Er bekam das, wofür er bezahlt hatte 167
5. Sie erhielt ein Trinkgeld 169

Fünfter Teil: Gegensätze ziehen sich an 177

1. Sie fand die richtigen Worte 185
2. Pferdeverstand 188
3. Sie drehte den Spieß um 190
4. Er wusste, wie er sich fühlte 193
5. Lasst die Winde wehen 197
6. Sie schwebte im siebten Himmel 199
7. Ihr Traum zerbrach an der Wirklichkeit 202
8. Er ging bis zum Äußersten 205

Sechster Teil: Suchen Sie nach dem Gold . . . 209

1. Sie berief sich auf das Gesetz 218
2. Sie gab sich selbst die Schuld 220
3. Er rechnete ab 226
4. Liebste Mami 232
5. Sie verlor ihren Heiligenschein 234
6. Er wollte den Schaden wieder gutmachen 237

Siebter Teil: Auf dem richtigen Weg bleiben . 245

1. Sie gruben tiefer 254
2. Ein seltsamer Tisch 258
3. Ihre Einladung war heilsam 261

Achter Teil: Auf das Licht zugehen 267

1. Er hatte keine Hoffnung mehr 276
2. Sie konnte nicht stillsitzen 281
3. Er sah die Zukunft 283
4. Sie lernte, inneren Abstand zu gewinnen 285
5. Er entdeckte den Regenbogen
und fand den Goldschatz 287

Bibliographie 295
Danksagung 299
Register 301

EINLEITUNG

Öffnen Sie Ihr Geschenk

»Wenn Sie das Geheimnis kennen, wie man jede Situation hundertprozentig beherrschen kann, ohne seine geistige Ganzheit zu verlieren, dann verraten Sie mir's bitte«, sagte mir einmal eine Frau. Genau davon handelt dieses Buch: Wie wir unser Leben meistern können, ohne allmählich oder vollkommen wahnsinnig zu werden.

»Meine Freundin ist vierundzwanzig und verlobt. Letztes Wochenende ging ihr Freund zum Skifahren und verunglückte tödlich. Warum musste er sterben? Warum muss sie etwas so Schreckliches durchmachen?«

»Drei Monate lang war ich mit einem Mann zusammen. Zum ersten Mal seit Jahren hatte ich mich wieder verliebt. Dann gab er mir den Laufpass. Zum ersten Mal seit meiner Scheidung hatte ich mein Herz geöffnet. Warum ist mir das widerfahren?«

Warum hat mein Mann mich betrogen und unsere Ehe zerstört? Warum ist mein neuer Wagen ein Montagsauto? Warum musste diese Frau, die wie eine Heilige lebte, die letzten sieben Jahre ihres Lebens gelähmt im Bett verbringen? Warum hat sich mein Kind gegen mich gewendet? Warum lässt mein früherer Freund mich einfach nicht los? Warum kann ich ihn nicht wirklich loslassen? Warum sind meine Eltern derart gestört?

Wenn jemand anders ein Problem hat, ist es leicht, kluge Bemerkungen zu machen wie: *Du musst die Angelegenheit in den Griff kriegen; Sei nicht das Opfer; Alles geschieht aus einem bestimmten Grund.* Doch wenn wir selbst diejenigen sind, die Angst haben, sich schuldig fühlen, wütend, verletzt oder bestürzt reagieren, die einen Verlust und die damit verbundenen Gefühle ertragen müssen, ist die Sache schon schwieriger.

In welchen Augenblicken haben wir den Eindruck, außer Kontrolle geraten zu sein? Wenn wir versuchen, etwas zu tun, wozu wir nicht fähig sind. Wenn die Dinge nicht so laufen, wie wir es gehofft oder geplant haben.

Wann immer wir im äußeren Geschehen den Zusammenhang zwischen Ursache und Wirkung nicht erkennen, sind wir verwirrt, frustriert und anfällig für Kräfte, deren Sinn uns verborgen bleibt. *Herrscht hier nur willkürliches Chaos?*, fragen wir uns. *Oder gibt es tatsächlich eine Art von höherem Plan?* Oder wir glauben fest an Gott und den Plan – wie C. S. Lewis in seinem Buch *A Grief Observed*. Lewis schrieb: »Die Schlussfolgerung, vor der ich Angst habe, lautet nicht: ›Also gibt es letztlich keinen Gott‹, sondern ›Das also ist Gottes wahre Natur.‹«

Ist alles vorherbestimmt – oder besitzen wir nicht doch einen freien Willen? Beide Auffassungen sind richtig. Wir können nicht darüber entscheiden, was im Fernsehen läuft, wohl aber darüber, welches Programm wir uns anschauen und ob wir überhaupt fernsehen wollen. Dieser Prozess, bei dem wir herausfinden, was wir wählen – und somit auch kontrollieren – können und was nicht, steht im Zentrum der geistigen Gesundheit und des geistigen Weges.

Es gibt vieles, worauf wir keinen Einfluss haben. Dazu gehören andere Menschen, ihre Ausübung (oder Nichtausübung) des freien Willens sowie schicksalhafte Fügungen und sonstige Ereignisse. Auf eines jedoch haben wir Einfluss: auf unser eigenes Verhalten und unser Vermögen, Entscheidungen zu treffen. Selbst wenn wir nicht darüber bestimmen können, was uns widerfährt, haben wir die Möglichkeit, zu wählen und Entscheidungen zu treffen.

Sind unsere Entscheidungen wirklich so wichtig? Können wir überhaupt etwas beschließen – außer, was wir zum Frühstück oder zum Mittagessen zu uns nehmen wollen? Und was ist, wenn Dinge geschehen, die wir nicht in der Hand haben? Der Mensch, den wir am meisten lieben, geht fort – er stirbt oder verlässt uns; oder wir trennen uns von ihm, um unser eigenes Leben zu retten. Unser bester Freund belügt uns, betrügt uns. Vielleicht ist auch ein Elternteil oder ein treuer Gefährte erkrankt.

Welche Alternativen haben wir jetzt?

Oder wir sind plötzlich mit zwei kleinen Kindern auf uns selbst gestellt – als Alleinerziehende ohne Unterhaltszahlungen und mit niedrigem Gehalt. Oder wir sind achtundvierzig Jahre alt und leben immer noch allein, ohne die geringste Hoffnung, die oder den Richtige(n) zu treffen. Vielleicht macht unsere Firma Bankrott, und unsere Zuversicht schwindet mehr und mehr. Oder ein Projekt, dem wir uns mit Leib und Seele verschrieben haben, kommt einfach nicht zustande. Wir unternehmen einen Versuch nach dem anderen, ohne unseren Traum verwirklichen zu können.

Wir mögen Alternativen haben, erkennen jedoch nicht, worin sie bestehen.

Etwa drei Monate nach dem Tod meines Sohnes Shane saß eine Freundin meiner Tochter mit mir in der Küche. Ich gab mir alle Mühe, nicht in Lethargie zu verfallen, was mir allerdings sehr schwer fiel. Mein tägliches Ziel war, einfach nur aus dem Bett zu kommen. Sie berührte meine Schulter und schaute mir in die Augen.

»Heute mussten wir im Englischunterricht einen Aufsatz zum Thema ›Mut‹ schreiben«, sagte sie. »Also schrieb ich über Sie.«

Ihre Worte bewegten mich zutiefst, aber sie deprimierten mich auch. Denn ich war nicht mutig. Das Leben hatte mir keine Wahl gelassen.

Vielleicht gefiel mir auch die Alternative nicht, vor der ich stand: *weitermachen oder aufgeben.*

Manchmal glauben wir, keinerlei Wahl zu haben – zumindest keine, die uns einsichtig wäre. Oder wir meinen, unseren Gefühlen entsprechend handeln zu müssen. Manchmal haben wir lediglich Alternativen, die uns nicht gefallen – keine der Möglichkeiten ist vorzuziehen und eine ist völlig inakzeptabel. Wir befinden uns in einem so genannten *Dilemma*. Dann wieder entdecken wir derart viele Möglichkeiten, dass die Unentschlossenheit uns förmlich lähmt.

Wir treffen keine Entscheidung – was im Grunde auch eine Entscheidung ist.

Oder wir wollen, dass jemand anders für uns entscheidet; dann, so scheint es uns, brauchen wir hinsichtlich der Konsequenzen keine Verantwortung zu tragen. Tatsächlich aber liegt sie auch in diesem Fall allein bei uns.

Nicht alle Entscheidungen sind ausschließlich positiv oder negativ. Einige liegen im Bereich dazwischen. Vielleicht sind Gefühle und mildernde Umstände mit im Spiel. Darüber hinaus stehen wir oft dann vor Herausforderungen, die schwierige Entscheidungen erfordern, wenn wir sie am wenigsten wünschen, wenn wir uns äußerst schwach fühlen. Manche Entscheidungen wiederum, die wir zunächst als Irrtümer bezeichnen, erweisen sich schließlich als das Beste, was wir tun konnten. Und gelegentlich entpuppen sich noch unsere nobelsten Gesten als Fehlschläge; sie verletzen andere Menschen und haben für beide Seiten umso schädlichere Auswirkungen.

Um das eigene Leben zu meistern, bedarf es der Aufmerksamkeit und der Zielstrebigkeit, so als würde man eine steile Treppe hochsteigen. Wie viel Kraft besitzen wir? Weniger, als viele von uns hofften, aber mehr, als wir denken. Indem wir von unserem freien Willen Gebrauch machen, engagieren wir uns dafür, unser Leben zu formen – ungeachtet der vor uns auftauchenden Hindernisse.

Genau das haben wir – bewusst oder unbewusst – die ganze Zeit schon getan.

Diese Aufgabe, den Willen in eine bestimmte Richtung zu lenken und steile Stufen zu erklimmen, entspricht nicht dem, was genesende Alkoholiker als *leichteren, angenehmeren Weg* oder als *Eigenwillen, der verrückt spielt* bezeichnen. Wenn wir unseren freien Willen benutzen, um jeweils eine kluge Wahl zu treffen, sind damit oft schwierige Entschlüsse verbunden: zum Beispiel von lieb gewordenen Vorstellungen Abschied zu nehmen, auf Gott zu vertrauen und am Glauben festzuhalten, auch wenn es schmerzt und der Vernunft eklatant widerspricht. Manchmal müssen wir auch selbst tätig werden. Gewöhnlich gehen beide Prozesse Hand in Hand.

Die tiefe Ironie des Kontrollverhaltens liegt darin, dass wir meist nicht merken, ob und wann wir selbst außer Kontrolle geraten. Uns fällt lediglich auf, wie andere »durchdrehen«. Doch wenn wir uns wirklich fest im Griff haben, erscheint uns auf sonderbare Weise selbst das Befremdliche als Teil eines höheren Plans.

Die meisten von uns haben Augenblicke erlebt, in denen einfach alles klappte. Wir waren bereit loszulassen, Vertrauen zu haben und uns zu fügen, obwohl wir nicht wussten, was dabei herauskommen würde. Dann geschah etwas Wunderbares, das unseren Glauben bestätigte. Und wir fühlten uns, als hätten wir zum ersten Mal das Feuer entdeckt.

Großartig, ich kann Gott wirklich vertrauen, denken wir dann – und zwar nicht, weil unsere Wünsche in Erfüllung gingen. Denn das kann, wie die meisten von uns wissen, ein Trugschluss sein. Wir denken es, weil wir in einem solchen Moment die Ordnung, die Lebendigkeit und Verbundenheit aller Wesen und Dinge wahrnehmen. Im Hintergrund offenbart sich eine tiefe Vernunft.

Wenn Sie derartige Glückszustände öfter erfahren möchten, ist dieses Buch genau das Richtige für Sie. Es richtet sich an ganz normale Menschen zwischen 13 und 103 Jahren, die eine enge Beziehung zu sich selbst, zu anderen und zur Welt aufbauen wollen.

Wir werden einige einfache Geheimnisse betrachten, wie diese Welt funktioniert und wie die genannten Grundsätze auf jene Entscheidungen angewandt werden können, die wir täglich treffen. Wir werden aus der Quelle der Religionen schöpfen, aus den Anschauungen großer Denker sowie aus wahren Lebensgeschichten. Manche dieser Geschichten werden aus verschiedenen Gründen als Erzählung oder anonym wiedergegeben; andere werden fast genau so berichtet, wie sie sich zugetragen haben. Außerdem werde ich kurze Passagen einfügen, die auf meinen dreimonatigen Aufenthalt in China und Tibet zurückgehen.

Wenn ich ein Buch schreibe, steht dabei oft eine wesentliche eigene Erfahrung im Mittelpunkt. Hier aber kommen die Erfahrungen vieler Menschen zur Sprache. Sie beruhen nicht immer auf dramatischen Ereignissen; zahlreiche Geschichten schildern die mutigen Entscheidungen, die Menschen jeden Tag treffen und die den Fortgang ihres Lebens beeinflussen. Und sie erzählen eine umfassendere Geschichte darüber, wie man bewusst lebt – in der festen Überzeugung, dass wir von Gott geführt werden.

Dies ist eine Art Handbuch, das uns daran erinnert, dass wir Alternativen haben sowie die Fähigkeit zu entscheiden – selbst wenn unsere Gefühle uns vielleicht das Gegenteil signalisieren; ein Handbuch, das uns hilft, einige dieser Entscheidungsmöglichkeiten näher zu untersuchen. In Wirklichkeit verfügen wir über weitaus mehr Alternativen, als hier dargestellt werden. Wenn Sie die Geschichten in diesem Buch lesen, werden Sie imstande sein, deren Inhalt auf Situationen in Ihrem eigenen Leben zu übertragen und eine tiefere Einsicht zu gewinnen in die Entscheidungen, die Ihnen Tag für Tag abverlangt werden und die Sie täglich treffen.

Sie können die Geschichten im Hinblick auf Ihre jeweiligen Bedürfnisse selektiv lesen – oder aber von Anfang bis Ende wie in einem normalen Buch. Entscheidend ist, dass Sie die Vorstellung, eine bestimmte Wahl zu treffen, in allen Bereichen Ihres Lebens in die Tat umsetzen.

Es mag keine große Mühe kosten, jene Alternativen zu erkennen, die andere Menschen haben. Doch die eigenen bewusst wahrzunehmen und dementsprechend zu handeln, fällt uns oft schwerer.

Manchmal erscheint uns das Leben wie ein sumpfiges Gelände voll schrecklicher Ereignisse, das wir in schweren Stiefeln durchwaten. Einige von uns haben dabei gewisse Überlebensstrategien entwickelt. Wir treffen Entscheidungen, die uns immer wieder in eine Art Betäubungszustand versetzen und uns so zwar helfen, mit äußerst schmerzlichen Situationen einigermaßen zurechtzukommen, die letztlich aber noch mehr Unheil heraufbeschwören – die uns also nicht wirklich das bescheren, was wir ersehnen, und uns nicht dorthin führen, wo wir gerne sein möchten.

Bisweilen sind wir verwirrt. Das Gefühlschaos blockiert uns derart, dass wir kaum imstande sind, einen klaren Gedanken zu fassen. Dann bedarf es oft nicht mehr als eines kurzen Weckrufs, der uns daran erinnert, welche Macht unsere grundlegenden Entscheidungen haben und wie auch jene eher geringfügigen Entscheidungen, die tagtäglich anstehen, den Kurs und die Qualität unseres Lebens beeinflussen können.

Wachen Sie auf. Der Wecker hat soeben geläutet. Ob wir es nutzen oder nicht – uns wurde ein Geschenk gemacht. Wir können es meiden oder zurückweisen und unsere Eltern oder Gottes Willen für das eigene Verhalten verantwortlich machen. Doch genau darin unterscheiden sich die Menschen von den Engeln, dass sie die Fähigkeit haben, eigene Entscheidungen zu treffen.

Wenn wir dieses Geschenk zurückweisen, ist das etwa so, als würden wir mit einem eingepackten Geburtstagsgeschenk in einer Zimmerecke sitzen und es dann einfach vergessen. Nur zu. Packen Sie es aus. Nehmen Sie es an sich und machen Sie Gebrauch davon.

Das Geschenk des freien Willens ist für Sie bestimmt.

Erster Teil

Das grosse Gesetz

Wir sitzen am Strand. Blauviolette und rosa Flecken färben den Abendhimmel ein. Und dann entzieht sich die große orangefarbene Kugel unserem Blick, als wäre sie ins Meer gefallen.

O, die Sonne geht unter, sagen wir. Aber das stimmt nicht. Sie steht still. Vielmehr sind wir es, die sich rasend schnell von ihr weg drehen, mit etwa sechzehnhundert Kilometern pro Stunde.

Das Leben ist reichhaltiger, als wir denken, es bietet mehr, als wir mit unseren Augen sehen können. Einige Dinge sind wahr – ob wir sie sehen und glauben oder nicht – und nicht immer so, wie sie uns erscheinen.

In Schriftstellerkreisen kursiert eine alte Geschichte. Sie handelt von einem Schriftsteller, der vor langer Zeit am Rande von Alaska lebte. Eines Tages beschloss er, eine Reise zu einem Ort namens *New York* zu unternehmen. Das tat er dann auch, und hernach kehrte er zu seinen Leuten zurück. Er wollte ihnen alles erzählen, was er gesehen hatte: »Dort gibt es Wolkenkratzer, Düsenmaschinen und Fahrzeuge, die sehr schnell sind und nicht von Hunden gezogen werden müssen. Ich habe Dinge gesehen, die ihr euch weder vorstellen noch verstehen könnt.«

Die Menschen in seiner Heimatstadt straften ihn mit Verachtung. Sie vermochten sich derlei nicht vorzustellen und betrachteten ihn deshalb als einen Lügner, der sich das alles nur ausgedacht hatte. Daraufhin reiste der Schriftsteller erneut nach New York. Nach seiner Heimkehr bediente er sich einer anderen Methode.

»Dort ist es ganz nett«, sagte er. »Es gibt ein paar Straßen, und es ist ein bisschen wärmer als bei uns. Nichts Besonderes.«

Als er so sprach, waren alle Leute erstaunt und begeistert. Er hatte ihnen etwas mitgeteilt, das sie begreifen und geistig verarbeiten konnten, das genügend schmackhaft und verdaulich war, um ihnen glaubwürdig zu erscheinen.

Wenn jemand uns sagte, dass wir unsere kühnsten und schönsten Träume verwirklichen könnten, indem wir von unserem freien Willen Gebrauch machen, dann würden wir ihn oder sie auslachen. Zumindest weiß ich, dass ich so reagieren würde. Das könnte ich nicht glauben.

Wenn aber jemand käme und uns erklärte, dass wir unser Leben ein klein wenig positiver gestalten könnten, wenn wir über unsere täglichen Entscheidungen nachdächten und dann das Geschenk des freien Willens nutzten, um einen etwas anderen Kurs einzuschlagen, würden wir wahrscheinlich zustimmen.

Indem Sie also das Gesetz von Ursache und Wirkung verstehen lernen und ihre Macht, Entscheidungen zu treffen, deutlich erkennen, können Sie Ihr Leben ein klein wenig verbessern.

In Wirklichkeit aber können Sie vieles drastisch verändern.

»Meldid, komm mit mir«, sagte mein tibetanischer Führer Lami am Ende meiner Reise nach Tibet. (Er konnte *Melody* nicht aussprechen, und so nannte er mich *Meldid.*)

Er zerrte mich durch aufgerissene Straßen in ein Kloster in Lhasa. Dort saßen drei Mönche auf Kissen in einer Ecke. Ein weiterer half einer Frau, die vielleicht Mitte dreißig war, einen Behälter mit Stäben zu schütteln, bis einige davon auf den Boden fielen.

Der Behälter erinnerte mich an eine große Schachtel voller Mikado-Stäbchen, mit denen ich als Kind gespielt hatte.

»Was macht sie?«, fragte ich Lami.

»Psst! Schau genau hin«, antwortete er. »Sie lässt sich wahrsagen.«

Der Mönch blickte feierlich auf die Anordnung der Stäbe und führte dann die Frau zu den Mönchen in der Ecke, die sich dem Orakel widmeten.

»Tibetanische Schriften enthalten beides, Wissenswertes und Weisheiten«, erklärte er. »Sie umfassen sämtliche Informationen über jede Sache, jedes Ereignis in unserer Welt – Vergangenheit, Gegenwart und Zukunft –, ob es nun darum geht, wie man ein Flugzeug baut, oder darum, wie man einem Problem bei der Kindererziehung begegnet.

Aufgrund der Anordnung der Stäbe werden die Mönche eine Schrift auswählen. Der entsprechende Vers wird die Frage der Frau beantworten.«

Ich konnte nur erraten, welche Frage die Frau an die Mönche hatte. Sie wirkte niedergeschlagen, besorgt, traurig. Ob ihre Beziehung funktionierte? Würde sie mehr Geld zur Verfügung haben? Würde es ihrem Kind gut gehen? Wurde sie gerade von jemandem, dem sie vertraute, betrogen und würde er oder sie das wieder tun? Würde ein krankes Familienmitglied oder ein kranker Freund gesund werden oder sterben? Würde sich ihr eigener Gesundheitszustand bessern? Würde das Leben ihr mehr von dem bescheren, was sie ersehnte, und weniger von dem, was sie verabscheute – oder würde es genau umgekehrt sein?

Was immer die Mönche über das Schicksal der Frau sagten, es verschaffte ihr keine Erleichterung. Sie versuchten ihr Trost zu spenden, aber als sie ging, sah sie noch besorgter und trauriger aus.

Nun war ich an der Reihe, herauszufinden, welche Botschaft die Schriften für mich bereithielten.

Ich schüttelte den Behälter und ließ die Stäbe zu Boden fallen. Dann sprachen die Mönche mit Lami, plauderten in einer Sprache, die ich nicht verstand. Dann wandte sich Lami mir zu.

»Die Schriften besagen, dass es sehr wichtig ist, dass du nur das tust, wofür du dich entscheidest.«

Mehrere Male wälzte ich diesen Satz in meinem Kopf herum. Meinten die Mönche, dass ich völlig freie Hand hatte, eine Art Freikarte fürs Leben? Oder wollten sie mir sagen, dass ich meinen freien Willen niemand anderem außer Gott anvertrauen sollte? O, *ich verstehe*, dachte ich später, immer noch über jene Worte nachgrübelnd. *Ich kann tun, was immer ich will. Jeder kann es.* Aber nicht das hatten die Mönche im Sinn gehabt.

Vielmehr sagten sie: »Achte das Geschenk des freien Willens und sei dir des Großen Gesetzes von Ursache und Wirkung bewusst.«

Jeder Kraft entspricht eine gleich große entgegengesetzte Kraft. Aktion gleich Reaktion – Sir Isaac Newton entdeckte dieses physikalische Gesetz, das jedoch nicht nur in der Welt der Wissenschaft Anwendung findet, sondern auch bei unseren Verhaltensweisen und Entscheidungen sowie im geistigen Bereich.

Wir haben nicht nur mit unserer jeweiligen Entscheidung zu tun, sondern auch mit den Wirkungen, die sie nach sich zieht.

Manchmal sind unsere Entscheidungen belanglos. Sie haben keinerlei nennenswerte Folgen. Wir beschließen, um neun oder zehn Uhr abends ins Bett zu gehen. Das ist nicht der Rede wert. Doch die meisten unserer Entscheidungen betreffen nicht nur uns selbst; ihre Konsequenzen wirken sich auch auf andere aus.

Es entstehen gewissermaßen kleinere oder größere Wellen, wie wenn man einen Stein ins Wasser wirft.

In den 60er-Jahren des letzten Jahrhunderts machte der Mathematiker und Meteorologe Edward Lorenz eine Entdeckung, die nicht neu war: Trotz gründlicher Untersuchungen waren auch die besten Meteorologen außer Stande, das Wetter genau vorherzusagen. Dies hatte seinen Grund nicht etwa darin, dass in der Atmosphäre ein unerklärliches Chaos herrschte. Vielmehr war die nicht voraussagbare Natur der Dinge auf Kräfte zurückzuführen, die man entweder nicht sah oder schlicht übersehen hatte. Solch geringfügige Ursachen konnten einen Sturm, der sich gerade zusammenbraute, zum Stillstand bringen, beziehungsweise einen Sturm hervorrufen, mit dem niemand gerechnet hatte.

Zunächst ging Lorenz von der Vorstellung aus, dass schon der Flügelschlag einer Möwe das Wetter beeinflussen könne. Dann entwarf er die Theorie vom so genannten *Schmetterlingseffekt*, die inzwischen weithin bekannt ist.

Prinzipiell besagt sie Folgendes: Wenn in China genügend Schmetterlinge mit den Flügeln schlagen, so können die dadurch entstandenen Turbulenzen in den Vereinigten Staaten schließlich einen Sturm auslösen. Der Welt liegt eine Ordnung zugrunde. Aber wir vermögen diese nicht immer zu erkennen, weil nicht alle daran beteiligten Ursachen und Wirkungen sichtbar oder verstehbar sind.

Das heißt, noch die unscheinbarsten Ursachen können, wenn sie sich im Laufe der Zeit verstärken, weitreichende Wirkungen hervorrufen und damit unsere Beobachtungen verändern sowie unsere Vorhersagen umstoßen.

Bisweilen erkennen wir ohne weiteres, welche Wirkung aus welcher Ursache resultiert. Dann wieder lassen wir den Blick schweifen, kratzen uns am Kopf und fragen uns: »Wie ist denn das passiert?«

Die Antwort mag uns nicht sofort einfallen, aber eigentlich ist sie ganz einfach. *Es war eine Kraft am Werk, die das verursachte, ob wir sie nun sehen oder nicht. Irgendwo in der Ferne schlug ein Schmetterling mit den Flügeln.*

Geringfügige Entscheidungen, die manchmal vorhersehbare Folgen haben oder scheinbar völlig unbedeutend sind, können unser Los und das Schicksal der Welt ändern. Ein einziger Entschluss, bei dem genügend Schmetterlinge mit den Flügeln schlagen, öffnet unter Umständen das Tor zum Himmel oder zur Hölle.

Wenn wir so viel Wert auf unsere Entscheidungen legen, warum sagt uns dann nicht jemand, welche wir treffen sollen und wie wir das Richtige tun? Warum schlägt man uns nicht mit einem Stock auf den Kopf, wenn wir etwas falsch machen, und belohnt uns mit einem Keks, wenn wir uns vorbildlich verhalten? Weshalb können wir die Konsequenzen unserer Entscheidungen nicht unverzüglich abschätzen?

»Wenn wir in einer Welt leben würden, wo sich die Auswirkungen einer negativen Handlung unmittelbar in Leiden und Schmerz niederschlügen, verschwände das Moment der Wahlfreiheit aus unserem Leben«, schrieb Michael Berg in seinem Buch *The Way*.

Wir wären wie dressierte Affen, die ständig versuchten, einen Keks zu bekommen beziehungsweise den Stockschlag zu vermeiden.

Ursache und Wirkung – sowie die Illusion, dass zwischen beiden eine Lücke klafft – garantieren uns das Geschenk des freien Willens.

Dieses Kapitel enthält Geschichten, die veranschaulichen, in welcher Weise das Große Gesetz von Ursache und Wirkung im Alltag zur Geltung kommt. Wenn Sie beim Lesen jene Entscheidungen mit verfolgen, die andere Menschen getroffen haben, sollten Sie sich allerdings nicht nur in deren Lage versetzen. Zwar lässt sich sagen, dass wir mit allem und jedem verbunden sind, aber wir können uns erst dann mit der Welt um uns herum verbinden, wenn wir uns mit uns selbst verbunden haben.

Vergessen Sie nicht: Das Leben ist reichhaltiger, als wir denken.

Fühlen Sie, wie es ist, *man selbst* zu sein.

1

Sie wollte ein Kind

»Komm schon, Liebling. Beeil dich«, sagte er, während er den Wagen anließ.

Sherry stieg ein und legte ihren Kopf auf die Rückenlehne. Sie war müde – und füllig. Im siebten Schwangerschaftsmonat noch Malerarbeiten in Privathäusern auszuführen, war nicht einfach. Aber seit langer Zeit war sie nicht mehr so glücklich gewesen wie jetzt.

Sherry war jung – erst sechzehn Jahre alt. Wahrscheinlich zu jung, um schwanger zu sein und eine Familie zu gründen. Doch nichts wünschte sie sich mehr als das. Sie hatte ihren Partner in einer Entziehungsanstalt kennen gelernt und diese dann ohne Angabe von Gründen verlassen. Er war geblieben, um die Behandlung fortzusetzen. Nach mehreren Aufenthalten in verschiedenen Pflegeheimen war ihr nur ein Traum geblieben – eine eigene Familie zu haben sowie von einigen Menschen umgeben zu sein, die ihr die Treue halten würden und die sie lieben konnte.

Eine Zeit lang hatten die beiden bei seiner Familie gelebt. Jetzt teilten sie sich eine kleine, heruntergekommene Wohnung. Immerhin war es die ihre. Tagsüber arbeiteten sie gemeinsam, strichen Wände, putzten und verdienten genug, um Lebensmittel einkaufen und die Rechnungen bezahlen zu können.

Sie nickte ein.

Als sie aufwachte, befand sie sich in einem Krankenwagen. Ihr Freund hatte beim Abbiegen von der Schnellstraße eine Reihe von parkenden Autos gerammt.

»Jahre später habe ich erkannt, dass er weiterhin trank und Drogen nahm; dass ich mit jemandem ins Auto gestiegen war, der einen Rausch hatte. Damals merkte ich das nicht, zumindest nicht deutlich«, erzählte Sherry.

Die Ärzte im Krankenhaus untersuchten sie, sagten, dass Mutter und Kind wohlauf seien, und entließen sie dann. Zwei Monate später – und einen Monat zu früh – erfolgte die Entbindung.

»Zuerst dachten die Ärzte, dass meine Tochter ein wenig zurückgeblieben sei und gelegentlich Anfälle habe«, fuhr Sherry fort. »Das teilte ich auch der Sozialarbeiterin mit, die vorbeikam, als Candy fünf war. ›Sie ist nur ein wenig zurückgeblieben‹, erklärte ich.

Tatsächlich war sie nicht imstande, aufrecht zu sitzen, zu krabbeln, ohne Hilfe zu essen und ›Mama‹ zu sagen. Das konnte sie früher schon nicht, und das wird sie niemals können. Bloß eines hat sie gelernt, nämlich den Kopf hochzuhalten.

Durch den Autounfall wurde sie von der Plazenta getrennt; daher die Anfälle und die Unterentwicklung. Man sagte, Candy habe keine hohe Lebenserwartung. Heute ist sie siebenundzwanzig; seit ihrem fünften Lebensjahr hat sie einen Platz in einem Heim für Schwerbehinderte.

Jeden Tag muss ich damit leben, dass ich in dieses Auto eingestiegen bin und welche Folgen das für meine Tochter und mich hatte.«

Ich stand in der Küche meiner Tochter und schnitt Tomaten für einen Salat. Ich beobachtete, wie sie ihrem Sohn Julian beizubringen versuchte, dass der Herd heiß war und dass er ihn nicht berühren dürfe. Ich sah, wie sie alles dafür gab, ihr Kind zu beschützen.

»Woran denkst du, Mami?«, fragte sie.

»Ich stehe nur da und fühle mich schuldig, weil ich meinen Sohn nicht gut genug beschützt habe. Ich fühle mich verantwortlich, weil ich ihn zum Skifahren gehen ließ. Diese Entscheidung hat ihn das Leben gekostet.«

Meine Antwort überraschte mich, denn sie war wie eine leise Hintergrundmusik, die ständig in meinem Kopf erklang. Erst jetzt, da ich meinen Mund öffnete, nahm ich sie bewusst wahr.

»Red' keinen Unsinn. Es war ein Unfall«, erwiderte sie.

»Ja, ich weiß«, sagte ich. »Aber das ändert nichts an meinen Gefühlen.«

Viele von uns haben Beschlüsse gefasst, die wir inzwischen bereuen. Eine einzige Entscheidung gibt unserem Leben eine andere Richtung. Wir können nicht zurück; unsere Herausforderung besteht darin, unser Leben in der Weise zu leben, wie es sich entwickelt hat.

Manchmal sind solche Entscheidungen Teil eines größeren Problems, etwa Alkoholismus.

Dann wieder ist die Hand des Schicksals mit im Spiel. Jemand anders oder ein bestimmter Umstand entscheidet darüber, was mit einem Menschen in unserer Umgebung – oder mit uns selbst – geschehen wird.

Vielleicht sollten wir unseren Kindern nicht nur beibringen: »Lass die Finger vom Herd, er ist zu heiß«, sondern ihnen auch sagen: »Karma, mein Schatz. Denk stets an das Große Gesetz von Ursache und Wirkung.«

• • • • •

Von Gott Verzeihung zu erlangen, ist einfach.
Wir brauchen nur aufrichtig darum zu bitten.
Doch anderen Menschen und sich selbst zu verzeihen,
ist schon schwieriger.

2

Eine traurige Woche in Coventry

Es war eine tragische Woche in Coventry, England, im Jahre 1969.

Zwei Jungen der Stadt – Billy und Kenneth – starben im Abstand von drei Tagen. Pater Simon Stephens war erst dreiundzwanzig. Er assistierte dem Kaplan im Krankenhaus, wo die Jungen gestorben waren. Im Gespräch mit Billys Eltern erwähnte Pater Stephens, dass ein anderer Junge namens Kenneth kurz zuvor ebenfalls ums Leben gekommen war. Dessen Eltern wiederum berichtete er von Billys Tod.

Es handelte sich um eine unscheinbare Geste, eine fast beiläufige Entscheidung.

Die Lawleys, Kenneths Eltern, schickten Blumen zu Billys Beerdigung. Dann beschlossen beide Familien, sich zu treffen, gemeinsam Tee zu trinken und Erinnerungen an ihre Söhne auszutauschen.

Pater Stephens war erfreut, dass die Elternpaare zusammenkamen. Sie konnten einander – und damit auch sich selbst – Trost spenden und helfen.

Diese zwanglosen Gespräche und Teestunden wurden fortgesetzt. Die Klage um ein Kind kann viel Zeit in Anspruch nehmen. Irgendwann schlug Pater Stephens den beiden Familien vor, ihre privaten Zusammenkünfte auch anderen Menschen zugänglich zu machen. Sie willigten ein.

Es dauerte nicht lange, bis noch ein Ehepaar sich ihnen anschloss.

Im Jahr 2001 wurden in den Vereinigten Staaten etwa 600

Treffen veranstaltet, um den Eltern von 225 000 Kindern und Heranwachsenden, die dort jedes Jahr sterben, Beistand zu leisten. Mehrere hundert weitere Treffen fanden in zwölf Ländern rund um die Welt statt. Sie waren weder an eine Konfession noch an irgendwelche sonstigen Voraussetzungen gebunden. Die Society of Compassionate Friends (Gesellschaft der mitfühlenden Freunde) hatte sich offiziell etabliert.

Manchmal hilft es uns am meisten, mit Menschen zu sprechen, die das Gleiche durchmachen wie wir.

Wenige geringfügige Entscheidungen, die ein paar Leute in Coventry, England, in einer bestimmten Woche trafen, genügten, um den Lauf der Welt zu ändern.

Oft kämpfen wir mit höchstem Einsatz um den großen Pokal (das Symbol alles Erstrebenswerten in der Welt). Wir kämpfen um den höchsten Augenblick des Erfolgs, um den größten Einfluss auf die Welt. Doch auf diesem Weg werden wir häufig frustriert, eben weil es uns nicht gelingen will.

Vielmehr beginnen die meisten unserer Handlungen, die wirklich positiv auf die Welt einwirken, mit ruhigen Entscheidungen, die uns ein gutes Gefühl vermitteln: Wir schicken eine Karte, tätigen einen Anruf. Es geht dabei um kleine, unschuldige Dinge, die wir von innen heraus und mit Liebe tun.

Eines der angenehmsten Gefühle überhaupt empfinden wir dann, wenn wir glauben, dass unser Tun von Gott gelenkt und gesegnet wird – wenn wir eine gute Wahl treffen. Das geschieht normalerweise nicht, wenn wir nach dem großen Pokal greifen, sondern wenn wir unsere Hand ausstrecken, um jemandem zu helfen.

»Wenn im Kummer erprobte Menschen auf andere zugehen, die gerade einen schlimmen Verlust erlitten haben, beginnt die bisher nach innen gerichtete Energie nach außen zu fließen, und das hilft beiden Seiten zu genesen«, berichten die Compassionate Friends.

Und das trifft nicht nur auf Leute zu, die gerade schweres Leid tragen müssen.

• • • • •

Dienst am Nächsten ist der Schlüssel zum Erfolg.

3

Ein Augenblick der Wahrheit

»Vielleicht kriegt sie es nicht raus«, sagte Greg zu Allen am Telefon. »Glaubst du wirklich, dass ich's ihr sagen muss?«

Greg wusste, was er hören würde: *Ja*.

»In diesen sauren Apfel musst du beißen, mein Freund«, erwiderte Allen. »Sei nicht böse auf deine Frau. Sei ehrlich. Und entschuldige dich dann bei ihr.«

Greg schaltete das Funktelefon aus und konzentrierte sich aufs Fahren. Er erinnerte sich an den Abend, als er Serena in einem Restaurant kennen gelernt hatte. Er und seine Frau steckten zu jener Zeit in einer Ehekrise, hatten aber inzwischen eine Therapie begonnen. Sie waren dabei, ihre Probleme in den Griff zu bekommen. Monate zuvor hatte er seine Beziehung mit Serena beendet. Die Affäre war ohne große Bedeutung gewesen. Doch nun ging Serena zum Angriff über. Sie teilte Greg mit, dass sie seiner Frau alles sagen wolle.

Allen hatte Recht. Es war besser, wenn Marlyss die Geschichte von ihm erfahren würde.

Greg fuhr nach Hause, parkte den Wagen in der Garage. Er hatte feuchte Hände. Was würde er tun? Einfach den Mund aufmachen und mit dieser Neuigkeit herausplatzen?

Er ging in die Küche. Marlyss küsste ihn auf die Wange. Er tätschelte ihr den Bauch. Sie war im fünften Monat schwanger.

Seine Tochter kam herbeigeeilt und drückte sein Bein. »Hallo Papi. Schön, dass du da bist.«

Er betrachtete seine Tochter, dann seine Frau.

Was hatte er sich bloß dabei gedacht, als er bereitwillig das Risiko einging, all das zu verlieren?

»Liebling«, sagte er, »wir müssen miteinander reden.«

Sobald die Konsequenz unseres Fehlverhaltens deutlich erkennbar wird, machen wir schreckliche Augenblicke durch. Reuegefühle und Ängste plagen uns. Nur mit großer Mühe können wir den Mund aufmachen und sprechen. Ich habe solche Momente schon mehr als einmal erlebt. Am schwierigsten ist es, wenn ich mir die Frage stelle: *Wer ist schuld daran?* und dann einsehen muss: *Ich selbst.*

Es gibt Zeiten, in denen wir unser Tun aufrichtig bereuen. Dann wieder bedauern wir, dass wir erwischt wurden.

Einige von uns mögen das Spiel von Ursache und Wirkung dazu benutzen, mit jemand anderem abzurechnen und ihm oder ihr einmal klipp und klar zu sagen, wie wir uns eigentlich fühlen. Manchmal machen wir einfach einen Fehler. Einige Leute geraten außer Kontrolle. Wenn wir zu viele Situationen heraufbeschwören, die von Reue und Angst geprägt sind, kann dies seine Ursache in der Sucht nach Dramen – oder in einer anderen Sucht beziehungsweise Schwierigkeit – haben, die dann solch negative Wirkungen zeitigt.

Vielleicht fällt es uns schwer, den Zusammenhang zwischen Ursache und Wirkung zu erkennen, weil zwischen unserer Entscheidung und den daraus resultierenden Folgen ein zeitlicher Abstand liegt. Aber in dem Augenblick, da wir eine bestimmte Wahl treffen, sind damit auch bestimmte Konsequenzen verbunden. Machen Sie sich nichts vor.

Jede Tat fällt auf ihren Urheber zurück.

Es ist einfach, aber nicht leicht, unangenehme Themen zur Sprache zu bringen. Machen Sie einfach den Mund auf und sagen Sie die Wahrheit, ohne weiteren Schaden anzurichten.

Für uns selbst und die Konsequenzen unserer Entscheidungen bewusst die Verantwortung zu übernehmen, scheint schwierig zu sein, aber im Grunde befreien wir uns dadurch.

4

Die Heimfahrt verlief anders als erwartet

An jenem Abend fuhr Robert in seinem Subaru von der Arbeit nach Hause. Es war kurz nach halb sechs. Mehrmals versuchte er, im Autoradio einen Song zu finden, der ihm gefiel. Da es keinen gab, schaltete er das Radio aus und legte eine seiner Lieblingskassetten ein.

Lautstark sang er den Choral mit: »How Great Thou Art«. Wie in vielen anderen Augenblicken seit einem Jahr fühlte er sich auch jetzt von Gott gesegnet.

Nach seiner Scheidung vor zehn Jahren hatte er gedacht, nie wieder glücklich sein zu können. Er hatte gehofft und davon geträumt, eines Tages eine Frau kennen zu lernen, die er lieben würde – und die auch ihn liebte, um ihm zur Seite zu stehen. Dann war Rosemary in sein Leben getreten.

Sein Traum war Wirklichkeit geworden.

Er hatte Leute darüber sprechen gehört, wie schwierig es sei, zwei Familien miteinander zu verbinden. Robert hatte solche Probleme nie gehabt. Er liebte Rosemarys drei Kinder so, als wären es seine eigenen. Und sie liebten ihn ebenfalls. Alles geschah in der Weise, wie man es ihm prophezeit hatte: Wenn du auf Gott vertraust und das Richtige tust, wendet sich alles zum Guten.

Er bog in die Straße ein, wo er wohnte, und näherte sich langsam seiner Einfahrt. Es war Herbst. An den Bäumen hingen nur noch wenige Blätter. Draußen herrschte Kälte, im Wageninnern aber eine angenehme Wärme.

Robert erinnert sich weniger an den Moment danach als an den davor.

Er konnte die Einfahrt nicht passieren, weil sie voll Krimskrams war. Was waren das für Sachen? Er sah genauer hin. Es waren die seinen. All seine Kleider und Habseligkeiten lagen auf einem Haufen.

Robert rannte zur Tür, schlug mit der Faust dagegen. Rosemary öffnete. Sie sah genauso aus wie an jedem Tag des vergangenen Jahres, nur die Art und Weise, wie sie ihn anschaute, war anders.

»Hau ab. Es ist aus. Weg mit dir. Zwischen uns ist Schluss. Ich will nicht mehr mit dir verheiratet sein.«

Robert bezog eine eigene Wohnung, aber er fragte sich immer nur: *Warum, warum, warum?* Seine Freunde sagten ihm stets, dass ihm dies aus einem bestimmten Grund passiert sei, aber er kannte ihn nicht. Wieder und wieder spielte sich die schreckliche Szene vor seinem inneren Auge ab – ob am Arbeitsplatz oder nachts im Bett. *Ich halte an vor meiner Einfahrt und denke, alles ist wunderbar. Und dann das: Meine ganzen Sachen auf einen Haufen geworfen.* Er trank und rauchte nicht. Er war aufmerksam. Ein guter Ehemann und Vater.

»Ich versteh' das nicht«, sagte er zu seinen Freunden. »Ich krieg' einfach nicht raus, was die Ursache dafür ist.«

Rosemary nahm seine Anrufe nicht entgegen. Doch sein Stiefsohn rief ihn am Arbeitsplatz an.

»Ich vermisse dich so«, sagte er. »Warum bist du fortgegangen? Kommst du je wieder nach Hause?«

»Ich hoffe es«, erwiderte Robert.

Als Rosemary eine Beziehung mit einem anderen Mann anfing, nannte ihm sein Freund Jack zwei einfache Grundsätze, die ihm zu überleben halfen.

»Mach keine Dummheiten«, sagte Jack. »Unternimm nichts, um jemand anderen zu verletzen, und tu dir selbst nicht weh.«

»Aber wir haben uns wahnsinnig geliebt«, erwiderte

Robert. »Sie umarmte mich, sagte mir, dass ich ihr sehr viel bedeute und dass sie sich nie zuvor so gefühlt habe.«

»Ich habe es bereits gesagt, und ich sage es noch einmal«, betonte Jack. »Vielleicht rauscht es dir ja diesmal nicht am Ohr vorbei. Rosemary ist manisch-depressiv. Das ist ihr Problem. Dafür kannst du nichts.«

Robert suchte einen Therapeuten auf. Er ging in die Kirche und betete. Als er schließlich bereit war, innerlich loszulassen, rief Rosemary ihn an.

»Du hast Recht, und ich habe mich geirrt«, erklärte sie. »Ich liebe dich. Ich werde eine Therapie beginnen. Bitte komm zurück.«

Seit dem Tag, da Robert seine übereinander gehäuften Sachen vorgefunden hatte, war er von der Vorstellung besessen gewesen, diese Worte zu hören. Er eilte sofort nach Hause zu seiner Frau, aber es dauerte nicht lange, bis er einsah, dass die Heimkehr allein nicht genügte.

Die Szene in der Einfahrt ging ihm nicht aus dem Kopf. Der Trennungsschmerz klang zwar ab, doch der Kummer nagte weiterhin an ihm. Obwohl er sich alle Mühe gab, konnte er nicht so tun, als wäre das Ganze nie geschehen.

Wenn sie mich einmal so schlecht behandelt hat, wird sie mir irgendwann vielleicht wieder übel mitspielen, dachte er jeden Tag. *Es ist einfach nicht mehr so wie früher.*

Im Grunde wünschte sich Robert etwas, das kein Mensch ihm geben konnte: Er wollte sein Leben zurückhaben, wie es vor jenem Zwischenfall gewesen war.

Eines Tages fuhr ich mit einem Freund eine landschaftlich schöne Strecke entlang. Irgendwann bat er mich, auf den Seitenstreifen zu schwenken, damit er fotografieren könne. Doch auf dem Schild stand: »Halteverbot«. *Hm,* dachte ich.

Ich werde einfach langsamer fahren und ihn einen Schnappschuss machen lassen. Im selben Augenblick erschien ein Highway-Polizist an meinem Fenster. Ich kurbelte es herunter.

»Wo hapert's denn, meine Dame?«, fragte er. »Haben Sie das Schild nicht gesehen, oder haben Sie beschlossen, es nicht weiter zu beachten?«

Wie es meine Eigenart ist, weigerte ich mich, eine direkte Antwort zu geben, redete um seine Frage herum und erklärte, dass ich den Wagen ja nicht geparkt hätte und weiterführe. Die ehrliche Antwort aber wäre gewesen: Ich hatte beschlossen, das Schild zu ignorieren, und gehofft, dabei nicht erwischt zu werden.

So hatte ich mich auch früher schon verhalten.

In meiner co-abhängigen Phase redete ich mir gerne ein, dass ich die Wirklichkeit wegwünschen könnte, wenn ich mich genügend darauf konzentrierte. Ich hatte alle negativen Zeichen in meiner Beziehung erkannt – zumindest so viele, dass ich heute Reißaus nehmen würde. Ich wollte, dass sie auf jenen Phantasievorstellungen beruhte, die ich mir in Bezug auf diesen Mann machte, und nicht darauf, wie er tatsächlich war. Bei Gott, ich sehnte mich danach, dass sie funktionierte. Ich war überzeugt, dass sie *Gottes Willen* entsprach.

Ich hatte gewartet und gebetet und das Richtige getan. War das nicht meine Belohnung? Meine Reise in die Wirklichkeit begann – wie bei Robert – mit der zwanghaften Frage: Warum? Im Grunde aber brachte sie nur zum Ausdruck, wie sehr ich litt.

Einige schwere Tage und Nächte lagen noch vor mir.

Es schmerzt, wenn ein geliebter Mensch Probleme hat. Die eigenen Träume zu verlieren tut weh. Doch selbst unter den zutiefst geistigen Menschen bin ich kaum jemandem begegnet, der einen Batzen ewigen Glücks von Gott als Belohnung erhalten hätte.

Beziehungen sind harte Arbeit. Einige von ihnen funktionieren, andere nicht.

Haben Sie die Zeichen etwa nicht erkannt?

• • • • •

Die Dinge bewusst wahrzunehmen
ist eine Entscheidung.

5

Karma mit Füßen

Als Sally aus der Kirche kam, zog Kevin sie zur Seite. »Hast du schon gehört?«, fragte er. »Mark ist wieder in der Stadt.«

»Mark?«, fragte sie, bemüht, ungerührt zu bleiben, aber schon sein Name ließ ihr Herz höher schlagen. Dieser Mann – dieser Engel, dieses Ungeheuer, dieses wandelnde Karma mit Füßen – war die Liebe ihres Lebens. Im Laufe der Jahre waren sie mehrmals zusammen gewesen. Doch jedes Mal endete die Beziehung in einem Desaster. Und jedes Mal, wenn sie ihn nach einer Trennung zufällig wieder traf, säuselte eine Stimme in ihrem Innern: »Vielleicht schaffen wir es diesmal.«

»Was hat er vor?«, fragte Sally, die sich zwang, langsam zu sprechen. »Wohnt er wieder in der Stadt, oder ist er nur auf Besuch?«

Sally biss sich auf die Lippe, inständig darum bittend, alles Nötige zu erfahren, ohne weitere Fragen stellen zu müssen. Nach wenigen Sekunden war ihr, als habe Gott selbst ihr Gebet beantwortet. Sie erfuhr, wo Mark sich aufhielt und in welchem Hotel er logierte. Während Kevin weiter mit ihr plauderte, dachte Sally bereits daran, wie sie mit Mark in Kontakt kommen könnte.

Ich könnte ihn anrufen. Oder ich setze mich ins Foyer, lese in Zeitschriften und warte, bis er das Hotel verlässt. Damit wäre ich nicht allzu aufdringlich; vielmehr würde ich mich strategisch in Position bringen.

Sally fuhr nach Hause, betrat ihre Wohnung und lief unruhig hin und her. Aus einem ihr unbegreiflichen Grunde hatte sie stets das Gefühl, dass die Angelegenheit mit Mark ebenso unvermeidlich wie unerledigt war.

Eben deshalb hast du ihn nicht losgelassen, sagte die leise Stimme der Vernunft. *Du hoffst und bittest weiterhin, dass er so sei, wie er gar nicht ist. Du denkst an Darth Vader in dem Film* Star Wars, *der die Maske abnimmt und flüstert: »Ich bin dein Vater, Luke, dein reinkarnierter Vater« – und versuchst, ihn gesund zu machen. Er ist es nicht.*

Sei still, zischte sie zurück, um diese weise innere Stimme zu unterdrücken. *Das verstehst du nicht. Wir vollführen diesen Tanz seit so vielen Jahren. Es ist wahre Liebe. Das Einzige, was zählt.*

Die Länge der Zeit, in der du immer wieder die gleiche Dummheit begangen hast, ist kein Maßstab für die Tiefe der Liebe, erwiderte die Stimme der Vernunft. *Sie beweist nur, dass du lange gebraucht hast, um zu lernen.*

Sally starrte aufs Telefon, dann auf die Autoschlüssel. Anstatt Mark anzurufen oder zu seinem Hotel zu fahren, setzte sie sich an ihren Schreibtisch, öffnete eine Schublade und zog einen Brief hervor. Sie hatte ihn an sich selbst geschrieben.

Liebe Sally:

Ich schreibe diesen Brief, weil mir wirklich an dir liegt. Jedes Mal, wenn du dich mit Mark einlässt, leidest du genauso wie er.

Erinnerst du dich noch daran, was das letzte Mal geschah? An die heftigen Auseinandersetzungen, die Tränen, den Wahn, der Wochen und Monate andauerte? Ich möchte, dass du dir in aller Deutlichkeit vergegenwärtigst, wie du dich fühltest, als du mit ihm zusammen warst – anstatt nur bestimmte, dir angenehme Gedächtnisinhalte abzurufen.

Was du erlebst, wenn du an Mark denkst, entspricht nicht deinen eigentlichen Erinnerungen. Vielmehr handelt es sich dabei um euphorische Vorstellungen. Sie haben mit der Wirklichkeit nichts zu tun.

Ich weiß, wenn du diese Zeilen liest, bist du wahrscheinlich voller Vorfreude, ihn wieder zu sehen. Jedes Mal meinst du, dass du die Beziehung mit ihm arrangieren kannst, indem du etwas besser oder anders machst. Du kannst es nicht. Die Streitereien und seelischen Erschütterungen werden jedes Mal nur noch schlimmer. Wenn die gleiche Sache hundertmal passiert, wird sie sich aller Wahrscheinlichkeit nach auch zum 101. Mal ereignen – ungeachtet dessen, wie viel Zeit inzwischen verstrichen ist.

Komm bitte zur Ruhe, bevor du ihm begegnest. Achte genau auf deine tiefinnersten Gefühle, anstatt dem Wiedersehen einfach nur entgegenzufiebern. Er erzählt Lügengeschichten, aber auf so geschickte Weise, dass er selbst sie nicht weniger glaubt als du. Er quält dich wegen deiner Vergangenheit. Er spielt mit deinen Gedanken. Er treibt dich in den Wahnsinn und macht dir Angst.

Du hast hart dafür gearbeitet, deinen jetzigen Zustand zu erlangen. Willst du tatsächlich deinen geistigen Frieden eintauschen gegen eine weitere Achterbahnfahrt mit ihm?

Es ist ratsam, von deinen Phantasien Abstand zu nehmen und die Vergangenheit wirklich loszulassen. Er liebte dich, so gut er konnte. Nun ist es an der Zeit, dich am Riemen zu reißen. Bitte liebe diesmal dich selbst.

Puh, das war knapp, dachte Sally später, als sie auf diesen Tag zurückblickte. Sie fühlte sich gut. Es hatte zwar einige Zeit gedauert, doch schließlich war ihr klar geworden, dass sie die eigene Zukunft ändern konnte, indem sie sich vor einem drohenden Fehltritt zur Besinnung brachte und entschied, was sie eigentlich tun wollte.

Ich stellte den irdenen Topf auf den Herd und drehte die Flamme auf niedrig. *Oje!, hoffentlich geht dieser Topf nicht zu Bruch,* dachte ich. Während ich arbeitete, kochte ich den ganzen Nachmittag die Fleischklößchen in scharf gewürzter Tomatensauce. *So weit, so gut,* dachte ich gegen Ende des Tages. *Nur ein bisschen noch. Dann sind sie gar, und ich kann essen.*

Ich runzelte die Stirn.

Hoffentlich hält der Topf, dachte ich erneut.

Als ich eine halbe Stunde später telefonierte, hörte ich einen lauten Knall. Der Topf war in zwei Teile zersprungen.

»Ich wusste, dass das passieren würde«, sagte ich meinem Freund am anderen Ende der Leitung.

»Nein, das wusstest du nicht«, erwiderte er. »Wenn du es gewusst hättest, hättest du nichts dazulernen müssen.«

Es kommt nicht darauf an, was wir nach Meinung der anderen wissen *sollten.* Entscheidend sind jene Lektionen, die wir am eigenen Leibe erfahren. Wenn wir eine bestimmte Sache nicht mehr machen *müssen*, werden wir sie auch nicht mehr machen. Bis dahin aber ist sie noch nicht vorbei.

Einige Leute sprechen in diesem Zusammenhang von *hart erarbeiteten Lektionen.*

Ursache-Wirkung, Ursache-Wirkung, Ursache-Wirkung. Zack. Plötzlich geht mir ein Licht auf. Ich begreife. Das Leben quält mich nicht. Ich selbst habe meine Qualen ersonnen.

Herzlichen Glückwunsch. Sie haben die Prüfung bestanden. Schauen wir, was als Nächstes kommt.

Oft gehen wir über die kleinen Entscheidungen so schnell hinweg, dass wir uns ihrer nicht einmal bewusst sind. Machen Sie also langsamer. Atmen Sie tief durch. Gönnen Sie sich einen zusätzlichen Augenblick der Ruhe.

• • • • •

Beschließen Sie,
genau auf jeden Ihrer Schritte zu achten.

6

Sie musste etwas erklären

Sie schaute ihm in die Augen und sprach langsam. Seit langer Zeit hatte Erica nicht eine solche innere Klarheit empfunden wie jetzt.

»Es geht nicht um dich«, sagte sie. »Es ist mein Fehler. Du hast überhaupt nichts falsch gemacht. Ich kann einfach nicht auf mich selbst aufpassen und weiß nicht, wie ich dich lieben soll. Ich bin total verkorkst durch Alkohol und Drogen.

Du hast einen besseren Menschen als mich verdient.«

Die Krankenschwester kam ins Zimmer. »Es ist Zeit, Erica. Sie hätten Ihr Baby nicht sehen dürfen. Dadurch wird alles nur noch schlimmer.«

Erica übergab ihren Sohn der Schwester. Als diese zur Tür hinausging, sah sie weg. Während der Schwangerschaft hatte ihr die Gewissheit, sich wenigstens einmal in ihrem Leben genau zu überlegen, was für jemand anders am besten war, über manche dunklen Augenblicke hinweggeholfen.

Lange Zeit hatte sie nicht mehr gebetet. Sie wusste nicht, ob Gott sie hören konnte. »Bitte kümmere dich um meinen kleinen Sohn«, flehte sie. »Sag ihm, wann immer er an mich denkt, dass ich ihn nicht zur Adoption freigab, weil ich ihn nicht liebte. Sag ihm, dass ich nie etwas Liebevolleres getan habe.«

• • • • •

»Wie würden Sie Ihren Schmerz einschätzen?«, fragte mich der Arzt, als einige Herzuntersuchungen an mir durchgeführt wurden.

»Auf einer Skala von eins bis zehn?«, fragte ich zurück.

Er nickte.

Ich analysierte kurz meinen Zustand. »Kein Problem«, sagte ich. »Dies ist nur eine Zwei.«

Ich beobachtete, wie sich auf dem Video-Monitor allmählich das Herz abzeichnete. Es pochte und pumpte. Es war nicht nur ein Muskel, ein inneres Organ, sondern vielmehr das, was in allen geistig orientierten Weltanschauungen als unser Wesen, als Inbegriff der Liebe und des spirituellen Weges betrachtet wird. Dies war ein Herz. Nicht irgendeines, sondern *mein eigenes*.

»Ein Wunder, dass dieses Ding immer noch funktioniert«, sagte ich.

Insgeheim war ich von Ehrfurcht erfüllt.

Sie sind verwirrend. Sie schmerzen. Sie dehnen den Muskel bis zum Äußersten. Und manchmal müssen wir uns selbst einen Bypass legen und uns darüber klar werden, dass sie, die wirklich schweren Entscheidungen, *schwierig* sind. Man sagt uns, dass wir uns dem Fluss des Lebens überlassen sollen. Doch meistens erfordern diese schwierigen Entscheidungen, dass wir das Gegenteil dessen tun, was wir fühlen und was wir wollen, denn wir nehmen uns die Zeit, den größeren Rahmen zu betrachten und dementsprechend zu handeln.

Es gibt Wendepunkte, Kreuzungen in unserem Leben und oft auch in dem der anderen Menschen. Bisweilen sind sie nebensächlich, dann wieder von enormer Bedeutung. Nur wir wissen, wie sie auf der Skala von eins bis zehn eingestuft werden müssen.

Schwierige Entscheidungen verwandeln unser Herz, einen gewöhnlichen Muskel, in den Geist Gottes.

Stecken Sie bis über beide Ohren im Schlamassel? Befinden Sie sich in einer verzweifelten Lage? Gehen Sie händeringend und schreiend einen Irrweg, indem Sie trinken, oder bitten Sie um Hilfe? Führen Sie Ihre Ehe fort, oder trennen Sie sich? Lassen Sie einen anderen Menschen los, oder halten

Sie an ihm fest? Begehen Sie bewusst einen Fehler, oder tun Sie stattdessen genau das Richtige? Verzeihen Sie, oder hegen Sie nach wie vor Ressentiments? Machen Sie weiter, oder hören Sie auf?

Wenn die eine Möglichkeit inakzeptabel und die andere keineswegs verlockend ist, dann kämpfen Sie, beten Sie. Sammeln Sie Ihre Kräfte. Verdeutlichen Sie sich – so gut es geht –, was Sie tun und warum Sie es tun. Finden Sie, wenn nötig, eine Erklärung dafür. Schreiten Sie dann voran und treffen Sie die fällige Entscheidung.

Sie können gegebenenfalls wegschauen, wie Erica es tat. Manchmal schmerzen schwierige Entscheidungen zu sehr, als dass man sich ihnen sofort stellen könnte. Später fühlt man sich besser damit, nicht jetzt.

Gefühle sind wichtig. Empfinden Sie sie. Bringen Sie sie zum Ausdruck. Doch indem wir gemäß unseren reinen Absichten handeln – ganz gleich, wie minimal ihr reiner Anteil sein mag –, machen wir den bestmöglichen und zugleich wirkungsvollsten Gebrauch von unserem Geschenk des freien Willens.

Es kommt nicht nur darauf an, Berge zu versetzen.

Reinen Herzens sollten wir sie besteigen, um schließlich den Gipfel zu erreichen.

• • • • •

In welcher Situation wir uns auch befinden mögen –
es ist nie zu spät dafür, dass wir aufhören,
eine bloße Wirkung zu sein, und zu einer Ursache der
Liebe werden.

7

Erste Klasse

Marissa sah ihre E-Mails durch. Viel überflüssiges Zeug. Eine von ihrer Freundin. Doch plötzlich leuchteten ihre Augen auf. Mein Gott. Tatsächlich hatte sie eine Nachricht von *ihm.*

Sie las die kurze Mitteilung: *Wie wunderbar, Sie im Flugzeug kennen gelernt zu haben. Kann es kaum erwarten, mit Ihnen zu Mittag zu essen. Lassen Sie mich wissen, an welchem Tag es Ihnen recht ist. Jeremy.*

Sie erinnerte sich an den Tag, als sie sich begegnet waren. Sie hatte ihre Verwandten besucht, war müde und griesgrämig und gespannt, ob sie im Flugzeug überhaupt einen Platz bekommen würde. Stand-by zu fliegen war zwar billig, aber es hatte auch seine Schattenseiten.

Die Maschine war ausgebucht. Doch glücklicherweise konnte sie in der ersten Klasse fliegen.

Sie fand ihren Platz und setzte sich. Der einzige noch freie Sitz im Flugzeug war der neben ihr.

Großartig, dachte sie und lehnte sich zurück. *Ich war die Letzte, die an Bord ging. Ich werde also allein sitzen und auf der ganzen Heimreise schlafen.*

Dann tauchte ein Mann neben ihr auf.

»Verzeihen Sie, dass ich Sie störe«, sagte er. »Aber kann ich vorbei und mich hinsetzen?«

Zunächst schenkte sie ihm keine besondere Beachtung. Es war nicht ihre Art, mit Fremden im Flugzeug zu plaudern. Sie hatte vor, den langen Flug über zu schlafen. Doch dazu kam es nicht, denn sie beide unterhielten sich die ganze Zeit miteinander.

Er war einfach fabelhaft. Diese Augen, so sanft und so tief. Er war intelligent, sensibel und hatte einige ihrer Lieblingsbücher gelesen. Und dann dieser Anzug. Er roch geradezu nach Geld und Erfolg. Sie liebte mächtige Männer.

Das einzige Problem bestand darin, dass er verheiratet war und Kinder hatte.

Sie war überrascht, als er um eine Verabredung bat. »Ich halte nichts davon, mit verheirateten Männern auszugehen«, sagte sie.

»Wir brauchen keine große Sache daraus zu machen. Es ist wohltuend, in Ihrer Gesellschaft zu sein. Wir können uns einfach zum Mittagessen treffen«, erwiderte er.

Marissa überlegte. Ihre nächste Geste verblüffte sogar sie. »Hier ist meine E-Mail-Adresse. Melden Sie sich, wenn Sie Lust dazu haben.«

Sie hielt kurz inne und lächelte dann. »Ich kann immer noch Nein sagen.«

Sie dachte nicht, dass sie von ihm hören würde, zumindest nicht so bald. Sie las seine E-Mail mehrmals, griff zum Telefon und rief ihre beste Freundin an. Sie erzählte ihr alles über ihn: stattlich, erfolgreich, einfühlsam, verheiratet, mit Kindern.

»Moment mal!«, sagte Marissa, als ihre Freundin zu brüllen anfing. »Deshalb habe ich ihm ja nicht meine Telefonnummer gegeben. Ich habe ihm klar gemacht, dass sich so etwas eigentlich nicht gehört.«

»Allerdings«, entgegnete ihre Freundin. »Ich werde es nicht seelenruhig hinnehmen, wenn du dann völlig durchdrehst und dich schuldig fühlst, weil du gegen deine Grundsätze verstoßen hast.«

»Aber wir reden doch nur über ein Mittagessen«, erklärte Marissa. »Was soll daran verkehrt sein?«

»Dann erzähl mir alles darüber«, insistierte ihre Freundin. »Nur zu. Versetz dich in die Situation. Sag mir genau, was beim Mittagessen passieren wird. Denk voraus, Marissa. Erläutere mir den Ablauf.«

»Wir werden uns wohl in einem Restaurant treffen, wo man sich ungestört unterhalten kann.«

»Was wirst du bestellen? Spaghetti mit Fleischklößchen?«

Marissa dachte nach. »Wahrscheinlich werde ich nicht viel bestellen. Etwas, das einfach zu essen ist.«

»Warum?«

»Weil es peinlich ist, vor einem Mann etwas hinunterzuwürgen.«

»Nicht, wenn er nur ein Freund ist«, betonte ihre Freundin. »Was dann?«

»Wir werden eine Weile reden und anschließend zum Parkplatz gehen.«

»Und?«

Allmählich wurde die ganze Szene deutlich. Marissa sah sie im Geiste vor sich. Sie brauchte nichts mehr zu sagen. Es ging keineswegs um ein Mittagessen, sondern um Sex. Dieser attraktive, herrliche Charmeur mit sinnlichem Blick war nichts anderes als der Teufel im Armani-Anzug.

»Danke«, sagte Marissa.

»Kein Problem«, versicherte ihr die Freundin.

Marissa ging zum Computer, löschte die E-Mail und gab den Befehl ein, dass von dieser Adresse keine weiteren Nachrichten empfangen werden. Geholfen hatte ihr eine gute Freundin, die bereit war, die Dinge auf den Punkt zu bringen und daraus die entsprechenden Konsequenzen zu ziehen.

Ursache und Wirkung ist ein Spiel voller Ironie.

Um etwas – was immer es sei – zu behalten, müssen wir es hergeben. Um durch eine Tür zu gehen, müssen wir sie aufhalten für andere und sie zuerst durchgehen lassen.

Die eigentliche Ironie der Lektion, das Spiel erfolgreich – oder so erfolgreich, wie es uns Menschen möglich ist – zu spielen, gleicht einem Geheimnis, das ich die meiste Zeit meines Lebens zu erfahren versucht habe. Gewiss, in einigen Situationen macht man, was man denkt und für richtig hält. Doch die Stimme der Vernunft und der Intuition spricht oft viel leiser als jene Stimme, die uns dazu treibt, Unruhe zu stiften und die Sucht nach Dramen auszuleben. Wir kennen diese Vorliebe, Streichhölzer anzuzünden und mit dem Feuer zu spielen.

Neben den wichtigen schwierigen Entscheidungen treffen wir jedoch auch andere, die jeden Tag anstehen und kaum der Rede wert scheinen: Handeln wir umsichtig oder schüren wir die Glut? Gehen wir an die nächste Aufgabe oder sitzen wir nur schmollend in der Ecke? Entspannen wir uns und lassen los oder hegen wir Zwangsvorstellungen? Greifen wir zum Telefon, um eine bestimmte Person anzurufen und ihr einen Dienst zu erweisen, oder grübeln wir ständig darüber nach, wie tief wir in der Tinte sitzen und wie schlecht es uns geht? Nehmen wir unsere Gefühle bewusst wahr oder werden wir allmählich empfindungslos? Tun wir etwas, das uns besänftigt, stärkt und angenehm berührt oder treten wir auf der Stelle, um uns selbst zu quälen?

Es gibt Phasen, in denen uns wirklich nicht klar ist, was wir als Nächstes tun sollen. Unsere Verwirrung wird immer größer. Gelegentlich stachelt der leise innere Plagegeist uns an. Wenn wir schwierige Entscheidungen treffen, tun wir nicht immer das Gegenteil dessen, was wir denken, sondern oft das Gegenteil dessen, was dieser Plagegeist uns als nächsten Schritt empfiehlt.

Leute langweilen sich. Wir können durchaus im Dunkeln sitzen, Streichhölzer anzünden und mit dem Feuer spielen. Wir können aber auch unseren freien Willen einsetzen, um das Spiel von Ursache und Wirkung zu spielen, indem wir jene ebenso geringfügigen wie heiklen Beschlüsse fassen, die wahres Licht in unser Leben bringen.

Stampfen Sie mit den Füßen auf den Boden. Schreien Sie. Weinen Sie. Teilen Sie jemandem mit, was in Ihnen vorgeht. Sprechen Sie sich aus, aber durchdenken Sie zuerst das jeweilige Problem.

• • • • •

Kaum ein Mensch macht uns mehr Schwierigkeiten, ihm gegenüber ehrlich zu sein, als wir selbst.

8

Er schlug gegen die Wand

Jonathan hatte gegen die Wand geschlagen.

Er wollte sie mit der Faust durchstoßen. Stattdessen musste er seinen Pinsel zur Hand nehmen und sie streichen. Genervt und leise vor sich hin fluchend knallte er die Farbe auf die Wand.

Er befand sich in einer Villa. Die Eigentümer waren reicher als Gott. Er hatte vier Jahre lang das College besucht und dann für eine lächerlich geringe Summe an einer Schallplatte gearbeitet. Außerdem war er äußerst geschickt – ganz gleich, ob es um Raumgestaltung oder Betriebswirtschaft ging.

Aber konnte er eine Stelle finden, für die er die erforderlichen Kenntnisse besaß? Nein.

Er vermochte seinen Lebensunterhalt nur dadurch zu verdienen, dass er die Badezimmer, Küchen und Schlafzimmer wohlhabender Leute strich, obwohl das eigentlich nicht nötig war.

Er goss etwas mehr Farbe in die Schale und kehrte zu der Wand zurück. Die Kanten hatte er bereits gestrichen. Nun benutzte er die Rolle für die großen Flächen. Die Arbeit gewährte ihm keinerlei Befriedigung. Sie füllte ihn nicht aus und war eben nur eine öde Beschäftigung. Warum gelang es ihm einfach nicht, seine berufliche Laufbahn, seinen Traum zu verwirklichen? Den Bewohnern mangelte es an nichts, und er war mit einer Dose stinkender Farbe eingesperrt in ihr Badezimmer.

»Wenn du dich Gottes Willen fügst, geht alles wie von selbst.«

Das hatte man ihm jahrelang immer wieder gesagt.

Jeden Tag betete und meditierte er – gelegentlich auch zweimal. Das war nicht leicht und schon gar nicht selbstverständlich. Nun schlug er seit mehr als einem Jahr regelmäßig gegen Wände.

»Wenn du das Richtige tust, wird dir viel Gutes zuteil.«

Er wollte AIDS-Kranken eine Unterkunft besorgen. Was konnte richtiger sein als das?

Er war nicht bloß verärgert, weil er den Job nicht bekam, sondern wütend auf Gott. Und mit jedem Tag fiel es ihm schwerer, an das zu glauben, was man ihm so eindrücklich empfohlen hatte. Was sollte ein Typ machen, der die Spielregeln beachtete, wenn sie entgegen seiner Annahme schließlich gar nicht galten?

Jonathan wusste nicht, was auf ihn zukommen würde, und hatte keine Ahnung, was er tun sollte. Er sah nur, was direkt vor ihm stand: eine weitere Wand. Lediglich eines half ihm, nämlich sie zu streichen und einigen wenigen Freunden mitzuteilen, wie tief er von Gott enttäuscht war.

Drei Jahre später indes sollte er seine damalige Situation ganz anders beschreiben. Zwar betonte er auch dann zunächst, wie sehr es ihn frustriert habe, Wände streichen und miterleben zu müssen, dass jeder seine Träume verwirklichte, während ihm der Glaube fast gänzlich abhanden gekommen war. Doch dann sagte er, dass gerade diese emotionale Erfahrung ihn in die Lage versetzt habe, mit jenen Menschen zusammenzuarbeiten, für die er Wohnungen beschaffte, denn viele der AIDS-Kranken fühlten sich wie er – allerdings auf einer wesentlich tieferen Ebene. Er sagte, dass man bisweilen einer Ausbildung bedürfe, die hinausgehe über das, was einem in der Schule oder im Büro beigebracht wird – und dass es durchaus wichtig und notwendig sei, gerade nicht zu wissen, was vor sich geht, ja die eine oder andere Erfahrung überhaupt nicht zu begreifen. Denn wenn man alles sofort erklären könne, würde man sich solchen

Erfahrungen nicht hingeben, sondern einfach nur abwarten, ohne etwas dazuzulernen.

Er würde ihnen nun sagen, dass die Spielregeln äußerst wirkungsvoll seien. Und er würde zu dem Schluss kommen: Wer sich Gottes Willen fügt, schlägt manchmal gegen eine Wand – und erkennt irgendwann, dass sie im Grunde gar nicht existiert.

Wenn wir also Gutes tun, wird uns auch Gutes zuteil? Und wenn wir eine negative Wahl treffen, ergeben sich daraus negative Konsequenzen? Sind das die Spielregeln, wenn das Spiel »Ursache und Wirkung« heißt? Erinnern Sie sich noch an Sherry, die schwangere Frau im ersten Kapitel, die mit einem Mann ins Auto stieg, ohne zu wissen, dass er alkohol- und drogensüchtig war? Was ist mit ihrer Tochter? Was haben sie falsch gemacht? Und was ist, wenn wir glauben, die richtige Entscheidung zu treffen, und sie geht ins Auge? Wenn sie nicht den gewünschten Effekt hat oder sich als falsch erweist?

Jedes Mal, wenn ich als Fallschirmspringerin aus dem Flugzeug springe, weiß ich, dass es nach unten geht, nicht nach oben. Das Gesetz der Schwerkraft gilt immer.

Das trifft auch auf das Gesetz von Ursache und Wirkung zu.

• • • • •

Wenn wir A tun und gegen die Wand schlagen, weil A nicht zu B führt – oder zumindest nicht zu dem B, das wir im Sinn hatten –, so liegt das nicht daran, dass die Spielregeln oder Grundgesetze außer Kraft wären. Vielmehr beginnt dann erst das eigentliche Spiel.

Zweiter Teil

Im Geheimnis leben

Hindernisrennen.

Einmal schreckte ich mitten in der Nacht aus einem tiefen Schlaf auf und sagte dieses Wort laut vor mich hin. Es war mir im Traum förmlich zugeschrien worden.

Wochenlang fragte ich mich, was es wohl zu bedeuten habe und warum es so laut ausgesprochen worden war.

Ich war gerade dabei, den tieferen Sinn einer Reise zu ergründen, die ich nach China und Tibet unternommen hatte, wo ich die Stufen zu vier heiligen Bergen hochgestiegen war. Ich plante, nach Tibet zurückzukehren und den Mount Kailash zu besuchen, den viele Buddhisten als den heiligsten Berg des Landes ansehen. Plötzlich schoss mir ein Gedanke durch den Kopf, fast genauso lautstark wie zuvor das Wort:

So heißt das Spiel des Lebens.

Es begann damit, dass ich frustriert war und in eine Höhle hinabsteigen sollte.

»Da geh ich nicht rein«, sagte ich mit Blick auf die schmale Öffnung zwischen den Felsen. »Die Höhle ist dunkel und schmutzig.«

Ich war nach China gereist, weil ich Tibet besuchen wollte. Von dort aus konnte man sich am besten um die erforderlichen Visa und Aufenthaltsgenehmigungen für Tibet bemühen. Also beschlossen mein Freund Joe und ich, zunächst und solange wir uns im Reich der Mitte aufhielten, die vier heiligen Berge zu erklimmen. *Wer weiß, ob wir je wieder hierher kommen werden?* Ich wusste nicht genau, warum ich damit einverstanden war, aber damals erschien es mir richtig.

Nun standen wir vor einer am Meer gelegenen Höhle auf Putuoshan, einer kleinen chinesischen Insel, wo der erste jener heiligen Berge aufragte.

Ich war auf der Suche nach Zauber und Geheimnis, aber je eifriger ich sie zu finden versuchte, desto gewöhnlicher wurde alles. Seit ich in Hongkong den Zug bestiegen hatte, waren die Finger und Blicke der Menschen auf mich gerichtet gewesen. Ständig wollten sie mich dazu überreden, Fischköpfe und Aal zu essen. Niemand sprach Englisch, außer wenn man kichernd und spöttisch *hallo!* rief. Spucken war eine weit verbreitete Unsitte.

Die Überfahrt mit der Fähre von Shanghai nach Putuoshan war lang und laut gewesen. Die ganze Nacht über dröhnte Musik aus der Karaoke-Bar des Schiffs. Ich schloss das Kabinenfenster, aber es wurde zu heiß. Zu allem Überdruss beschloss dann irgendein aufgeblasener Kerl, auf dem Deck direkt neben meinem offenen Fenster zu schlafen.

Mein linkes Knie war infolge meines fast dreißig Kilo schweren Rucksacks auf die Größe einer kleinen Honigmelone angeschwollen. Ich ging eigentlich nicht, sondern *wankte dahin.*

Und ich hatte noch nicht einmal den ersten Berg bezwungen.

»Los, komm«, sagte Joe. »Wenn wir schon hier sind, sollten wir uns auch umschauen.«

Ich stieg durch die schmale Öffnung. Sie sah ziemlich normal aus. Durch die Risse in den Felswänden fielen einzelne Lichtstrahlen ins Innere. Hier und da standen Pfützen, lag ein wenig Abfall. Und dann dieser eigenartige Höhlengeruch: ein Gemisch aus Erde und Altertum.

Gleich hinter der Außenwand befanden sich ein kleiner Holztisch und ein zerbrochener Stuhl. Ich fragte mich, ob ein Mönch dort gesessen und meditiert hatte und was ihm dabei wohl durch den Kopf gegangen war. Ein niedriger Durchlass führte in den angrenzenden Raum. Ich spähte hinein. Dort stand zwanzig Zentimeter hoch das Wasser.

In der anderen Richtung sah ich nur Finsternis. Ich wusste nicht, ob da eine Wand war oder ein Weg.

»Willst du es herausfinden?«, fragte Joe.

»Warum nicht?«, erwiderte ich.

Rings um mich herrschte völlige Finsternis. Nirgendwo auch nur ein Schimmer. Ich hatte keine Ahnung, was unter meinen Füßen oder was weiter vorn war – falls es dort überhaupt etwas gab. *Pass auf,* dachte ich. *Sei vorsichtig.* Eine erhöhte Aufmerksamkeit setzte ein. *Mach langsamer. Atme tief durch. Taste dich vorwärts. Du weißt, wie du auf dich selbst Acht gibst, wenn du nicht weißt, was als Nächstes kommt. In dieser Situation bist du schon viele Male gewesen.*

So fragte ich zum Beispiel meine Drogenberaterin, als ich 1973 die Behandlung begann: »Also, was soll ich jetzt im Heilungsprozess tun?« »Eigentlich gar nicht so viel«, erwiderte sie. »Verändern Sie einfach Ihr Leben von Grund auf.«

1980 war ich abgespannt, erschöpft und völlig ausgelaugt, weil ich einen Alkoholiker dazu bringen wollte, nicht mehr zu trinken und mich so zu lieben, wie ich es ersehnte. Ich wusste nicht mehr weiter und war mir selbst abhanden gekommen. »Warum probierst du es nicht mit einer anderen Methode?«, hatte mir jemand vorgeschlagen. »Lass los, was du nicht ändern kannst, und konzentriere dich nun darauf, für dein eigenes Wohl zu sorgen.« Ich war verblüfft. Denn ich hatte keine Ahnung, was es hieß, die Kontrolle über andere aufzugeben und *mein* Leben zu leben.

Sechs Jahre später stand ich auf dem Parkplatz vor dem Gericht, freudig erregt, aber auch erschrocken. Ich hatte mich aus einer Ehe befreit, die einfach nicht länger funktioniert hatte. Zugleich aber war ich nun ganz auf mich gestellt – als alleinerziehende Mutter mit zwei Kindern.

1991 saß ich in einem Hotelflur und konnte mich nicht daran erinnern, welches mein Zimmer war und wie ich dorthin gelangen würde. Ich war unfähig, meine Aufgaben zu erfüllen oder auch nur einen einzigen klaren Gedanken zu fassen. Bei der Beerdigung hatte ich Gesichter und Namen nur verschwommen wahrgenommen. Mein Schockzustand betäubte und lähmte mich. »Welchen Sarg möchtest du?«, hatten die anderen gefragt. »Versteht ihr denn gar nichts, kapiert ihr's einfach nicht?«, erwiderte ich. »Ich will überhaupt keinen Sarg. Ich will meinen Sohn zurückhaben. Lebendig.«

All meine Träume, Pläne, Hoffnungen – meine Wunschvorstellungen, Mutter zu sein, zwei Teenager zu haben, die ich lieben und umsorgen würde, sie zu unterstützen und meine Arbeit genießen zu können – sie waren auf einen Schlag zunichte geworden. Nicht, dass ich nicht gewusst hätte, was als Nächstes zu tun war. Nein, ich wusste nicht einmal, was ich jetzt, in diesem Augenblick, tun sollte.

Dann, am 20. Juni 1999, stand ich an der Ausstiegluke des Flugzeugs. Auf die Plätze, fertig … »Nein!«, schrie ich. »Es geht 12 500 Fuß abwärts. Ich könnte sterben!« – »Die Wahrscheinlichkeit, dass du im Verkehr auf der Autobahn stirbst, ist viel höher. Ja, du könntest sterben. Aber warum springst du nicht einfach, denn dann könntest du auch viel Spaß haben?!«

In der Höhle tappte ich durch die Dunkelheit, einen Fuß vorsichtig vor den andern setzend. Wohin führten mich meine Schritte? An irgendein Ziel? Schließlich erspähte ich in der Ferne einen schwachen Lichtschein. Ich ging darauf zu. Eine hölzerne Tür öffnete sich zur Straße.

Das war nicht nur eine dunkle schmutzige Höhle, dachte ich später. *Das war die alte Höhle des Unbekannten.*

Das Leben enthält mehr, als wir mit bloßem Auge sehen können. Dieses Phänomen beschäftigt die Menschen seit Urzeiten. Richard Bach zum Beispiel schrieb darüber, als er uns mit der Möwe Jonathan bekannt machte, die ahnte, dass wir mit unseren Blicken nicht alles erfassen können, und diese Einsicht benutzte, um sich in luftige Höhen emporzuschwingen. Der große Anthropologe und Mythenforscher Joseph Campbell erzählt uns in seinem Lebensrückblick *The Hero's Journey* (in Anknüpfung an sein bekanntestes Buch, *The Hero with a Thousand Faces*, dt. *Der Heros in tausend Gestalten*), dass wir auf unserer Reise in die tiefste Höhle, wo das Gold verborgen liegt, weisen Ratgebern ebenso begegnen werden wie erbitterten Feinden und dass wir auf viele Widerstände stoßen werden. Wenn wir dann den Schatz in Händen halten, sind wir, so Campbell, auch auf dem langen Heimweg großen, beinahe tödlichen Gefahren ausgesetzt. Bill Wilson spricht im Großen Buch der Anonymen Alkoholiker (dt. *Anonyme Alkoholiker* [Das blaue Buch]) davon, dass man in die vierte Dimension katapultiert werde. Und Margery Williams schließlich verfasste zum gleichen Thema ein Kinderbuch mit dem Titel *The Velveteen Rabbit* (dt. *Der kleine Kuschelhase oder Wie die Dinge wirklich werden*). Darin bezeichnet sie diesen ganzen geheimnisvollen Prozess als »wirklich werden«.

Geheimnisse sind mir lieb und teuer. Ich mag die Idee der abenteuerlichen Reise, welche der Held auf sich nehmen muss. Ich identifiziere mich mit der Möwe Jonathan. *Der kleine Kuschelhase* bringt mich zum Weinen. Und die Erfahrung der vierten Dimension, die Bill Wilson beschreibt, macht das Leben überhaupt erst lebenswert. Eine meiner Freundinnen drückte diesen Sachverhalt kürzlich folgendermaßen aus: »Wenn ich nur vom Kopf und nicht von der Intuition her lebe, wird das Leben alltäglich, uninteressant und fad, einfach widerwärtig.«

Auch wenn viele von uns beeindruckt, ja begeistert sind von den Entwicklungs- und Veränderungsprozessen, wie sie in *Die Möwe Jonathan* oder in *The Hero's Journey* erörtert werden, ist es doch etwas völlig anderes, solche Entwicklungen selbst zu durchleben – zumal dann, wenn sich tief greifende Veränderungen anbahnen. Wir fixieren uns auf ein bestimmtes Ziel, beschließen, wie etwas sein soll. Dann setzen wir alle Hebel in Bewegung und plagen uns ab. Doch dann kommt der Schlag: Das Resultat entspricht nicht unseren Erwartungen.

Maßnahme A führte nicht zum geplanten Ziel B.

Die meisten Menschen haben eine Vorliebe für das Mysteriöse – ob in Büchern oder in Filmen. Doch tatsächlich mit einem Geheimnis zu leben und die entsprechenden inneren Prozesse bewusst zu erfahren, behagt uns keineswegs. Das liegt nicht nur daran, dass wir unbedingt wissen wollen, was als Nächstes folgt; wir verstehen einfach nicht, was *hier und jetzt* passiert.

Nennen Sie es »die Leere« oder »das Unbekannte«, ganz wie Sie wünschen. Jedenfalls ist es ein Ort, den wir zuerst aufsuchen müssen, ehe wir etwas Neues lernen. Füllen Sie ein Glas bis zum Rand mit Wasser. Versuchen Sie dann, noch mehr Wasser einzugießen. Trotz Ihrer Bemühungen wird es Ihnen nicht gelingen. Sie müssen das Glas zuerst leeren, um es abermals füllen zu können.

Es handelt sich hier um ein einfaches, aber leicht zu übersehendes Prinzip: Ein leerer Raum birgt ein ungeheures Potenzial.

Wir können einerseits nicht an überkommenen Mustern – Gedanken, Projektionen, Überzeugungen hinsichtlich dessen, wie die Dinge zu laufen haben – festhalten und andererseits offen sein, um etwas Neues zu lernen.

»Ob es durch Neugier, Verblüffung, Schock oder Entspannung geschieht, ist im Grunde völlig unwichtig«, schrieb Pema Chödrön in *The Places That Scare You* (dt. *Geh an die*

Orte, die du fürchtest). »Wir lernen dazu, wenn wir überrumpelt werden und völlig im Ungewissen sind.«

Seien Sie in dem Maße frustriert, wie es Ihnen gerade passt. Das ist immer noch besser, als abgestumpft zu bleiben. Versuchen Sie, alles so lange zu kontrollieren, bis Sie sich selbst verlieren. Treiben Sie Raubbau mit Ihren Kräften, wenn es Sie danach verlangt. Verwandeln Sie dann die Frustration in Faszination. Erlangen Sie die Kontrolle auf andere Weise. Entscheiden Sie sich ganz bewusst dafür, in die Höhle des Unbekannten einzutreten.

Gehen Sie vorsichtig weiter. Es ist durchaus in Ordnung, wenn Sie nichts sehen, ja besser so. Ihre übrigen Sinne werden helfend eingreifen. Entspannen Sie sich. Atmen Sie tief ein und aus. Tasten Sie sich vor, bis Sie einen Schimmer erblicken.

Am schwersten fällt es, sich zu vergegenwärtigen, dass wir in der Höhle nicht allein sind.

»Die Leute wählen lieber das Vertraute anstelle des Unbekannten«, sagte mir ein Freund einmal, »selbst wenn das Vertraute nicht funktioniert und ihren Bedürfnissen oder Wünschen zuwiderläuft.«

In diesem Teil werden wir uns mit einigen Geschichten über Leute befassen, die das Unbekannte gewählt haben – beziehungsweise von ihm ausersehen wurden –, und damit, wie es ihnen dann erging.

Es ist leicht, vor dem Höhleneingang Halt zu machen und zu sagen: *Da geh ich nicht rein. Drinnen ist es dunkel. Ich bin müde und habe Angst. Trotzdem vielen Dank, aber ich bleibe bei dem, was ich sehen kann und was ich kenne.* Ungeachtet dessen, ob Sie durch Angst, Neugier, Schuldgefühle, Verzweiflung oder gewisse Umstände motiviert werden, habe ich die Hoffnung, dass diese Geschichten Sie dazu ermutigen, einen weiteren Schritt zu tun.

Lassen Sie los, was Sie zu wissen glauben.

Treten Sie ein. Schauen Sie sich um. Es macht nichts, wenn Sie im Dunkeln tappen. Psst! Lauschen Sie dem Geheimnis: Je mehr Sie bereit sind, die Kontrolle aufzugeben, desto stärker werden Sie.

Willkommen im Geheimnis des Lebens.

1

Sie fand den Schlüssel

Darlene war bereits in schlechter Stimmung, als ihre betrunkene Mutter anrief.

Darlenes letzte Ehe war eine weitere unheilvolle Geschichte gewesen, die schnell schief ging. Der einzige Grund, warum sie so lange daran festgehalten hatte, war, dass sie auf diese Weise viel von dem besaß, was sie brauchte: Geld.

Ihre jetzige Beziehung war chaotisch. Und Darlene tat alles Erdenkliche, um ihren Teil dazu beizutragen. Sie war charmant, witzig, schön und nahm Rücksicht auf die Bedürfnisse ihres Partners. Aber je näher sie ihn an sich zu ziehen versuchte, desto weiter zog es ihn von ihr weg.

Das Zusammenspiel klappte nicht. Sie wusste nicht einmal, warum sie das Ganze eine *Beziehung* nannte. Diese existierte lediglich in ihrem Kopf.

Als ihr jüngster Bruder sich sechs Jahre zuvor das Leben genommen hatte, war das ein schwerer Schlag für sie gewesen – und für ihre Mutter. Nun war erneut eine schicksalhafte Wende eingetreten. Wer hätte gedacht, dass jemand, der in der Küche von einer Leiter fällt, derart schwere Verletzungen davontragen kann? Ihre Schwester hatte ihre Mutter besucht, um ihr beim Säubern der Küche behilflich zu sein. Eben noch hatte sie auf der Leiter gestanden und die Schränke gereinigt; im nächsten Augenblick lag sie ohnmächtig auf dem Boden.

Es war einfach unerträglich, als ihre Mutter – in betrunkenem Zustand – anrief und die letzte Diagnose des Arztes mitteilte: Die Schwester würde den Rest ihres Lebens gelähmt im Koma verbringen; die durch den Sturz bedingte Schwellung hatte in einem Teil des Gehirns bleibende Schäden verursacht.

Darlene rief eine Freundin an. Die hörte zu und gab ihr dann einige Ratschläge.

»Am schwersten fiel es mir zu verstehen, dass Loslassen nicht bedeutet, Menschen, Orte und Dinge aufzugeben«, sagte die Freundin, »sondern von meinen Wunschvorstellungen Abstand zu nehmen, in welcher Weise das Leben ablaufen sollte.«

»An dem Tag, als meine betrunkene Mutter am Telefon war, habe ich meinen absoluten Tiefpunkt erreicht«, erklärte Darlene. »Alles – meine Beziehungen, die Trunksucht meiner Mutter, der Tod meines Bruders, die schwere Verletzung meiner Schwester – wurde mir zu viel. Alle Illusionen, das Leben kontrollieren zu können, waren mir abhanden gekommen.

Schließlich kapitulierte ich einfach. Ich ließ los.«

Drei Jahre später griff Darlene zum Telefon und rief ihre Mutter an. Es war der Abend vor Darlenes Hochzeit. Wer hätte gedacht, dass sie einen Mann wie diesen heiraten würde? Als er sie zum ersten Mal um eine Verabredung gebeten hatte, wies sie ihn ab. »Er ist ein Trottel«, sagte sie ihren Freundinnen.

Im Laufe des folgenden Jahres hatte sie allmählich eingesehen, dass dieser Trottel ein guter Mensch war. Er behandelte sie respektvoll. Und sie hatte nicht länger das Gefühl, Männer manipulieren und kontrollieren zu müssen, damit sie von ihnen umsorgt würde, eben weil sie selbst für sich sorgen konnte.

»Es fiel mir zusehends leichter, mein Wohlbefinden aus eigener Kraft zu gewährleisten, als jede x-beliebige Person in meiner Umgebung so lange zu gängeln, bis sie sich meiner annahm«, erklärte sie. »Außerdem befreite ich mich dadurch. Ich brauchte keine Beziehung, um zu überleben. Ich konnte auch aus anderen Gründen – der Freundschaft, dem Spiel, dem Lachen, der Liebe wegen – einfach da sein.

Kurzum: Ich konnte ich selbst sein.«

Darlenes Mutter hob ab. Sie war angeheitert, aber nicht bis zur Besinnungslosigkeit betrunken. Darlene sprach über ihre Schwester. Sie versuchte, sie mindestens einmal pro Woche im Pflegeheim zu besuchen. Dort konnte sie allerdings nicht viel tun. Dann erzählte sie, wie aufgeregt sie vor der erneuten Hochzeit sei. Geplant war eine kleine Entführungszeremonie und dann eine romantische Hochzeitsreise. Ihre Mutter sagte, dass sie sich sehr für ihre Tochter freue.

»Ich hab' einfach nachgedacht«, fuhr Darlene fort, »und erkannt, wie schwer das alles für dich sein muss, Sis' schlimmer Zustand – und überhaupt. Wie schwer muss es gewesen sein, uns Kinder allein aufzuziehen, ohne Hilfe von Papa. Weißt du noch, als Onkel Terry kam, um mit uns zusammenzuleben?«

Ihre Mutter sagte Ja, sie erinnere sich daran.

»Und erinnerst du dich noch, als ich dir sagte, er würde mich unsittlich berühren, und du keinen Augenblick gezögert hast? Du hast mir geglaubt und ihn auf der Stelle rausgeworfen.«

Ihre Mutter sagte wieder Ja, sie erinnere sich auch daran.

»Ich rufe an, um dir dafür zu danken«, erklärte Darlene. »Es war für mich sehr wichtig, dass du mich beschützt und umsorgt hast.«

Manchmal steht unsere gesamte Lebensreise im Zeichen des Unbekannten, in das wir einzutreten aufgefordert sind. Wir beginnen sie mit der vagen Vorstellung, wie die Dinge zu laufen haben, merken dann, dass sie sich in eine andere Richtung bewegen, halten aber an unserer Vorstellung fest, weil wir nicht wissen, was wir sonst denken oder tun sollen. Nach und nach zehrt das Leben unseren Widerstand auf.

Trotzdem machen wir in der gewohnten Weise weiter, da es uns an neuen Ideen fehlt und wir nicht in Begriffe fassen können, worum es bei dieser Reise eigentlich geht. Wir sind unfähig, uns auszumalen, wohin sie uns führen mag, wenn nicht dorthin, wo wir in Gedanken bereits waren.

Reden Sie sich nicht mehr ein, dass Sie genau wüssten, wie die Dinge laufen sollen. Wahrscheinlich wissen Sie es nicht.

Es ist nicht immer eine Person oder eine Sache, die wir loslassen. Manchmal müssen wir uns verabschieden von unseren Vorstellungen, was im Leben passieren, wie man sich jeweils fühlen und was als Nächstes kommen sollte, um ins Unbekannte vorzustoßen.

Dies tun wir nicht nur dann, wenn etwas schief geht. Die glücklichsten Menschen, die ich kenne, sind jene, die jeden Morgen mit Erstaunen und Ehrfurcht aufwachen – oder zumindest mit der Bereitschaft, schweren Herzens ins Unbekannte zu stolpern.

»Sobald ich das Leben zu kontrollieren versuche, kriege ich Migräne«, sagte mir einmal eine Freundin.

»Ich kenne das«, erwiderte ich. »Ich war bekannt dafür, dass ich mich körperlich krank machte, weil ich Dinge kontrollieren wollte, die sich meinem Einfluss entzogen.«

Entledigen Sie sich Schritt für Schritt Ihrer Illusionen. Beklagen Sie sich. Meckern Sie. Weinen Sie. Fühlen Sie. Trauern Sie.

Es ist nicht verkehrt, Pläne, Hoffnungen und Träume zu haben. Aber die meisten Resultate fallen nicht so aus, wie wir dachten und hofften. Die Dinge entwickeln und konkretisieren sich in ihrem eigenen Rhythmus. Selbst erfreuliche Angelegenheiten nehmen oft einen anderen Verlauf, als wir es erwartet haben.

Darlene fand den Schlüssel zu ihrer inneren Stärke, als sie vor einem Übermaß an Leid kapitulierte. Nicht alle Menschen müssen einen so beschwerlichen Weg gehen wie sie.

Einige haben es leichter, andere hingegen sind noch schlechter dran.

Indem wir keine Kontrolle mehr ausüben, opfern wir nicht unsere Stärke. Im Gegenteil: Wir erhalten dadurch die Kraft, ruhig zu entscheiden, wie wir handeln möchten.

• • • • •

Wenn wir unsere Vorstellungen loslassen, wie das Leben ablaufen sollte, treffen wir damit eine Wahl, die dessen Zauber freisetzt.

2

Ein Engel flüsterte ihm ins Ohr

Aaron konnte weder in seine Zukunft blicken noch in seine Vergangenheit zurückkehren. Er betrachtete sein gegenwärtiges Leben: Da passierte nicht viel.

Zehn Monate zuvor war seine Frau von der Arbeit nach Hause gekommen, hatte ihm in die Augen geschaut und erklärt, sie werde sich von ihm scheiden lassen. Dann war sie weg.

Drei Monate darauf verlor er seinen Arbeitsplatz. Es war zwar nicht der beste Job der Welt, aber immerhin der seine. Jetzt, da über dem Mittleren Westen die Sommerhitze lag, hatte Aaron keine Beziehung, keinen Job, keine Zukunft. Auch das Guthaben auf seinem Bankkonto schmolz rasch dahin.

Er wusste nicht, was er als Nächstes tun sollte. Verdammt, er wusste noch nicht einmal, was er in diesem Augenblick tun sollte.

Er zog seine Badehose an und sprang ins Schwimmbecken.

Wann werde ich je wieder glücklich sein? fragte er sich, während er seine Bahnen zog. Plötzlich vernahm er einen leisen Gedanken, fast so, als ob er ihm ins Ohr geflüstert würde: *Warum bist du nicht einfach jetzt glücklich?*

Zwei Jahre später sollte Aaron diese schwierige Zeit, da er nicht verstand, was vor sich ging, mit ganz anderen Augen betrachten. Er sollte sie als Beginn eines neuen Lebenszyklus bezeichnen – als eine Phase, in der die Samen für Karriere und Liebe gelegt wurden, um später aufzugehen. Er würde Ihnen nun sagen, am wichtigsten sei nicht gewesen, dass er schließlich einen Job bekam, Geld verdiente und eine neue Frau kennen lernte, sondern dass er allmählich begriff, wie gut es war, sich zu entspannen und manchmal auch dann glücklich zu sein, wenn er nicht wusste, was als Nächstes geschehen würde.

Natürlich sind wir nicht immer glücklich, wenn wir im Dunkeln umherirren. Es ist beunruhigend, ja erschreckend, den Weg nicht zu sehen und nicht zu wissen, was gerade vor sich geht.

Oft schon übermannte mich das Gefühl, ich sei von Gott im Stich gelassen worden, oft mangelte es mir an Intuition, hatte ich keine blasse Ahnung, wie ich hier und jetzt verfahren sollte. Was ich auch unternahm, es klappte nicht. Und je mehr ich mich anstrengte, desto weniger richtig erschien mir alles, desto ängstlicher und lahmer wurde ich.

Als ich mit dem Fallschirmspringen anfing, beklagte ich mich bei meinem Lehrer oft über den Wind. »Sei dankbar für den Wind«, sagte er dann. »Du brauchst ihn, um dich dagegenzustemmen. Auf diese Weise kannst du deinen Körper in der Luft hin und her bewegen. Deshalb ist er da – um dir zum Fliegen zu verhelfen.«

Treten Sie ein in die Finsternis. Selbst die Angst spielt dabei eine wichtige Rolle. Zumindest empfinden wir dieses Gefühl, zumindest wachen wir auf. Beim Fallschirmspringen brauchen wir den Wind, damit wir uns gegen ihn stemmen können. Im Leben brauchen wir zu diesem Zweck häufig die Angst und die Verwirrung.

Bisweilen müssen wir bestimmte Maßnahmen ergreifen, uns auflehnen gegen den Widerstand, den wir im Innern spüren. Dann wieder ist es der äußere Druck, der uns still und heimlich zu jenem Menschen formt, der wir im Grunde sind. Diese Phasen, in denen wir meinen, nicht geführt zu werden, nicht zu wissen, was als Nächstes ansteht, können ebenso wirkungsvoll sein wie klare Maßnahmen.

Wenn wir glauben, allein zu sein, wenn wir uns fürchten, so spricht unser Kopf, nicht unser Herz. Bemühen Sie sich nicht mehr, den Gesamtzusammenhang zu erkennen. Falls er Ihnen noch nicht offenbart wurde, sind Sie dazu gar nicht imstande. Wenn Sie das Unmögliche versuchen, wird alles nur noch schlimmer.

Konzentrieren Sie sich lieber auf eine kleine Sache, die möglich ist. Nehmen Sie ein Bad oder gehen Sie unter die Dusche. Springen Sie ins Wasserbecken und schwimmen Sie. Seien Sie nicht mehr kopflastig und besänftigen Sie Ihre extrem gereizten Nerven. Wenn Sie es nicht besser machen können – was immer es sein mag –, dann sind Sie doch wenigstens in der Lage, sich zu beruhigen und zu entspannen.

Der Zauber des Lebens – beschreiben Sie ihn, wie Sie wollen – ist keine Kraft, die wir mit Händen greifen können. Wir sind auf natürliche Weise mit dem Fluss der Dinge verbunden. Sobald wir nur das Nächstmögliche tun – ob es zur Lösung eines Problems beiträgt oder nicht –, wird uns dieser Zauber zuteil.

• • • • •

Wenn wir umgeben sind von Dingen, die anscheinend nicht durchführbar sind, dann hat die einfache Entscheidung, etwas zu tun, das tatsächlich durchführbar ist, eine enorm positive Wirkung.

3

Sie konnte sich nicht entschließen

Jen rollte sich im Bett zur Seite, so weit wie möglich weg von ihm. Seit Monaten hatten sie einander kaum berührt. Ihre Beziehung war definitiv kaputt. Er jedoch sah das anders und sagte, er wäre glücklich, wenn er bis ans Ende seines Lebens so weiterleben würde. Sie wusste, dass er das ernst meinte.

Aber war das etwas, das *sie* wollte?

Sie war sich wirklich nicht schlüssig.

Die Sicherheit hatte etwas Angenehmes. Jen konnte sich genau ausrechnen, was jeden Tag passieren würde. Aber dadurch verstärkte sich nur ihr Gefühl, in einer Falle zu sitzen.

Sie hatten keine Kinder. Es gab für Jen also keinen dringenden Grund, bei ihm zu bleiben. Aber immerhin misshandelte oder verletzte er sie nicht. Die Beziehung war keineswegs anomal. Nichts zwang sie dazu, ihre Zelte abzubrechen.

Sie liebte ihn nicht, das stand fest, aber wahrscheinlich war das ganz gut so. Was hatte ihr eine Freundin vor langer Zeit gesagt? *Geh keine Beziehung ein mit jemandem, den du liebst. Sonst leidest du nur.*

Wann immer sie daran dachte, ihn zu verlassen, wurde sie traurig – und ängstlich. Vielleicht gab er ihr nicht das, was sie sich ersehnte, doch sie waren Freunde. Sie hatten manch schöne Zeit miteinander verbracht. Und wenigstens war sie nicht alleine.

Jen traf die beste Entscheidung, zu der sie sich damals durchringen konnte.

»Wir waren eineinhalb Jahre zusammen gewesen. Das erste Jahr bescherte uns viel Gutes. Aber in den folgenden sechs Monaten hatte ich den Eindruck, dass die Beziehung nicht mehr funktionierte. Um ihm und mir selbst gegenüber fair zu sein, beschloss ich, ihr weitere sechs Monate zu geben. Es war schwer, mit meinen Gefühlen zurechtzukommen, ohne Gewissheit darüber, wie es weitergehen würde. Und noch erschreckender war es, plötzlich aufzuwachen und zu erkennen, dass ich Bedürfnisse und Sehnsüchte hatte, die nicht gestillt wurden.

Es machte mir Angst, etwas zu wollen – zumal das, was ich nicht hatte und von dem ich nicht wusste, ob es mir je zuteil werden würde.«

• • • • •

Manchmal ist das Unbekannte, in das wir eintreten sollen, jener Bereich in unserem Innern, den wir noch nicht kennen.

4

Er sah das Licht

John starrte auf den Herz-Monitor und lauschte dessen Pieptönen. Die Ärzte sagten, dass sie ihn einige Minuten lang verloren hätten.

John jedenfalls fühlte sich nicht mehr so verloren wie vorher.

Er hatte ein geheimnisvolles Licht gesehen.

Allein in seinem Krankenhauszimmer fixierte John das Telefon und fragte sich, ob es richtig sei, Monica jetzt anzurufen. Den Aussagen der Ärzte zufolge würde er vielleicht nur noch fünf Jahre leben. Er hatte Monica nicht verletzen wollen, als er sich weigerte, eine neue Bindung mit ihr einzugehen.

Nach achtzehn Jahren Ehe, in denen er alle Kräfte angespannt hatte, um den gemeinsamen Lebensunterhalt zu bestreiten, hatte sie die Scheidung eingereicht. »Ich muss mich selbst finden«, hatte sie gesagt. »Außerdem arbeitest du ja die ganze Zeit.«

Er hatte sie gefragt: »Willst du das wirklich?« Als sie mit »Ja« geantwortet hatte, war er einfach gegangen.

Er hatte weiterhin gelächelt, war jedermanns bester Freund gewesen. Tief im Innern jedoch hatte er schlimme Qualen erlitten.

Nach einigen Jahren hatte er Monica wieder getroffen. Sie war reizend, bescheiden, geduldig und freundlich. Aber er wusste, dass sie mehr von ihm wollte, als er ihr geben konnte. Eine Zeit lang hatte sie sich mit der Situation abgefunden und ihm viel Freiheit gelassen, um ihm dann schließlich einen Dämpfer aufzusetzen. »Entweder du bindest dich an mich, oder ich gehe«, sagte sie.

Nun, dies war nicht das erste Mal, dass er verlassen wurde. Es erschien ihm günstiger, die schmerzliche Angelegenheit sofort hinter sich zu bringen. Zumindest hatte er so das Steuer ziemlich fest in der Hand.

Er versuchte, sich im Bett aufzusetzen. Der Monitor piepte lauter. Er legte sich wieder hin, nahm den Telefonhörer ab. Am schwersten fiel es ihm zuzugeben, dass er Monica brauchte. Er erzählte ihr, was geschehen war – dass er einen Herzinfarkt gehabt hatte. Monica besuchte ihn. Er sagte, dass er sie gerne wiedersehen würde. Diesmal war er bereit, eine enge Beziehung mit ihr aufzubauen.

Sie sahen einander tief in die Augen.

»Ich glaube dir nicht«, sagte sie. »Du brauchst nur deshalb jemanden, weil du krank bist.«

Wenige Wochen später wurde John aus der Klinik entlassen. Er änderte einige seiner Essgewohnheiten und nahm dann den Telefonkontakt mit Monica wieder auf. Sie sagte, sie schätze seine Anrufe und sei froh, dass es ihm besser gehe, aber jetzt wolle sie sich nicht mehr verletzen lassen.

In der darauf folgenden Woche stand John vor ihrer Tür und läutete. Er überreichte ihr das Geschenk. Sie öffnete es und schaute nach, was sich in der kleinen Schatulle befand: ein Diamantring.

»Ich liebe dich«, sagte John. »Bitte ... geben wir uns eine Chance.«

Zwei Monate später wurden sie im Rahmen einer beschaulichen Zeremonie getraut. Monica hatte Blumen im Haar; John trug einen neuen Anzug. Als beide sich das Ja-Wort gaben, brach sie in Tränen aus.

Johns Tage waren erfüllt von Leben und Liebe. Er machte Urlaub mit Monica. Manchmal saßen sie einfach nur zu Hause, sahen fern und genossen die Freuden des Alltags.

Die Ärzte hatten sich geirrt. John hatte nicht fünf Jahre vor sich, sondern nur drei.

Er starb plötzlich, während Monica in der Küche das Abendessen zubereitete. Sie ging ins Wohnzimmer, um ihm zu sagen, dass es Zeit sei zu essen. Da war er schon tot.

»Sein Sterbeerlebnis im Krankenhaus hat ihn zu einem anderen Menschen gemacht«, erklärte Monica. »All die Kleinigkeiten, die ihn vorher extrem durcheinander brachten und ärgerten, störten ihn nicht mehr. Wir waren sehr glücklich. Aber es hat sich gelohnt – obwohl mich sein Verlust zutiefst schmerzt.«

John kann nun seine Geschichte nicht zu Ende erzählen, aber wahrscheinlich würde er betonen, dass es eine gute Entscheidung war, den Sprung ins Unbekannte zu wagen und die Liebe zu bejahen, auch wenn sie ihm vielleicht Leid zufügte. Beim Anblick jenes geheimnisvollen Lichts erkannte er, dass die Abwesenheit der Liebe ihm mehr Kummer bereiten konnte, als es der Liebe je möglich wäre.

Ich wurde überrascht, ja förmlich überrumpelt. Ich besuchte meine Mutter, die an ihrem Küchentisch saß und einen Stapel Fotos betrachtete. Auf einem davon war mein Enkel Julian zu sehen, das erste Kind meiner Tochter Nichole.

Ich warf einen Blick auf das Foto. Ein heftiges Gefühl ergriff mich.

O mein Gott, dachte ich. *Wann war denn das? Ich bin völlig hin und weg. Wieder hat jemand mein Herz erobert.*

Das Gefühl, das ich in diesem Augenblick empfand, war unbedingte Liebe.

Was tun wir nicht alles, um uns zu schützen und den Eindruck zu gewinnen, dass wir die Dinge fest im Griff haben! Wissen Sie eigentlich, wie tapfer Sie waren, um all Ihre leidvollen Erfahrungen durchstehen zu können? Viele von uns mussten auf der tiefsten inneren Ebene quasi zumachen, um einfach nur zu überleben.

All die Verluste zu verarbeiten, die das Leben uns zumutet, erfordert ein hohes Maß an Geschicklichkeit.

Traue niemandem. Sei nicht verletzlich, sonst wirst du enttäuscht werden. Man wird dir nur wehtun. Geh auf Nummer sicher. Übe stets Kontrolle aus.

Einige von uns haben sich vielleicht ein bisschen zu oft geschützt.

»Melody, du bist so mutig, wenn es darum geht, aus Flugzeugen zu springen oder durch fremde Länder zu reisen. Warum hast du dann solche Angst davor, dich einem anderen Menschen zu öffnen und verletzbar zu sein?«, fragte mich einmal ein Freund.

Ich dachte über seine Frage nach. Das Schlimmste, was mir passieren kann, wenn ich aus einem Flugzeug zu springen wage, ist wohl, dass ich mir den Hals breche, aber wenn ich in besonderer Weise empfänglich bin für jemand anders, kann es mir – erneut! – das Herz brechen.

Früh schon habe ich die Lektion gelernt, dass niemand mich glücklich oder traurig machen kann. Die Aufgabe, persönliches Glück und Erfüllung zu finden, obliegt allein mir. Doch das ist nur die halbe Wahrheit. Obwohl weder die Liebe noch eine Beziehung oder eine Person für unser Glück verantwortlich ist, können doch die Menschen, die wir in unser Leben eintreten lassen, Teil unseres Glücks sein.

Gewiss, manche Beziehungen sind von vorneherein und aller Voraussicht nach verhängnisvoll – zumindest wenn wir die ganze Tortur im Rückblick betrachten. Viele unserer Bemühungen in Sachen Liebe erzielen nicht die Wirkung, die wir wünschen und erhoffen. Außerdem sind einige Menschen regelrecht süchtig nach Liebe – jeden Tag verlieben und entlieben sie sich. Doch lassen Sie sich durch all dieses Therapiegerede nicht eine der größten Freuden des Lebens verderben.

Eines Tages erhielt ich einen Brief von einer Freundin. Sie hatte ihren Sohn verloren, als er vierzehn war, und beging in Gedanken seinen zweiundzwanzigsten Geburtstag, indem sie sein Leben Revue passieren ließ und feierte. Sie schrieb darüber, wie glücklich es sie gemacht habe zu sehen, wie er Skateboard fuhr, sich durch seine Probleme kämpfte und bisweilen sogar mit ihr stritt. Sie berichtete von seinen Kümmernissen und Qualen, als er zum ersten Mal verliebt war und das erfuhr, was wir »Teenager-Schwärmerei« nennen. Sie beendete ihren Brief mit folgenden Worten: »Am glücklichsten bin ich darüber, dass er in seinem letzten Lebensjahr die Liebe kennen lernte.«

Vielleicht könnten Sie Ihre Reserve ein wenig aufgeben. Wenn Ihnen das wirklich schwer fällt, so bitten Sie Gott, Ihnen dabei behilflich zu sein. Genügend empfänglich zu sein und Menschen – ob Liebespartner, Familienmitglieder oder Freunde – Eintritt zu gewähren in sein Leben, ist eine riskante Sache, doch auch eine notwendige Entscheidung.

Ja, es ist wichtig, sich selbst zu lieben. Aber seien Sie nicht so engstirnig! Ausschließlich das zu tun, wird mit der Zeit doch langweilig.

Gehen Sie ein Wagnis ein. Gestatten Sie sich, einen anderen Menschen zu lieben.

5

Sie lief nicht mehr davon

Jamie erwachte bei Sonnenaufgang, kochte sich eine Tasse Kaffee, ging nach draußen und holte die Zeitung aus dem Kasten. Sie wusste immer noch nicht, warum er ihr etwas zu beichten hatte.

Seit fünf Jahren war sie mit diesem Mann zusammen. Als er dann vor ihr stand, um mit ihr zu reden, und viel mehr erzählte, als sie über seine Missetat erfahren musste oder wollte, dachte sie nur: *Halt den Mund! Sag mir nicht so was, dein Verhalten widert mich an.*

Das hatte sie ihm später auch mitgeteilt, nachdem sie Beruhigungsmittel eingenommen und eine Woche in betäubtem Zustand verbracht hatte.

Sie hatte zunächst geglaubt, dass diese Beziehung ganz anders wäre als ihre früheren. Er schien so nett zu sein. Um Gottes willen, ja, sie war ihm in der Kirche begegnet. Normalerweise hätte sie sich jetzt schnurstracks zurückgezogen – seine Sachen zusammengepackt und ihn vor die Tür gesetzt. Aus irgendeinem Grund aber tat sie es nicht. Sie hatte keinen intimen Kontakt mehr mit ihm und war in das andere Schlafzimmer umgezogen. Sie forderte ihn auf, eine Therapie zu beginnen. Zugleich jedoch war sie auch neugierig. *Warum widerfährt mir das? Kann ich dadurch etwas über mich selbst in Erfahrung bringen?*

Sie war in keiner Therapie gewesen. Trotzdem wurden ihr einige Dinge allmählich klarer. Die Beerdigung ihres Vaters, als sie fünf war. Die Mutter hatte ihr ein Beruhigungsmittel in den Mund gesteckt: »Hier, mein Liebling, damit wird es dir besser gehen. Es gibt für dich keinen Grund zu leiden.«

Sie harrte nicht aus, weil sie sich vor dem Alleinsein fürchtete oder weil sie sein Geld brauchte. Sie hatte einen Beruf, ein eigenes Leben und Hobbys. Sie war in jeder Hinsicht eine völlig unabhängige Frau.

Vielmehr blieb sie, weil sie zum ersten Mal in ihrem Leben eine Angelegenheit bis zum Ende durchstehen wollte, anstatt sie unerledigt zu lassen und davonzulaufen. Und zum ersten Mal traute sie sich zu, deutlich zu erkennen, wann die Sache wirklich abgehakt werden konnte.

Seit sie beschlossen hatte auszuharren, erhielt sie hier und da Hinweise, die es ihr ermöglichten, den nächsten Schritt zu tun, traf sie zur richtigen Zeit die richtigen Menschen, die ihr genau das sagten, was sie hören musste.

Jamie hatte das Gefühl, dass ihre Vorgehensweise – die Dinge laufen zu lassen und darauf zu bauen, dass sich dies günstig auswirken werde – dem entsprach, was einige Freunde als *Loslassen und Gott machen lassen* bezeichneten, womit sie meinten: *Vertraue deinen Willen Ihm an.*

Nach dem *Zwischenfall* ging sie ins Internet. Dort kam sie in Kontakt mit Leuten, die mit ähnlichen Problemen fertig geworden waren und ihr halfen, innerlich zu genesen. Sie chattete auch mit einer Frau, die online ein Schwarzes Brett unterhielt. Komisch, gerade am Tag zuvor hatte Jamie einen äußerst seltsamen Gedanken gehabt.

Du wirst dieser Frau bald begegnen. Sie kommt in die Stadt.

Als sie später den Laden der Tankstelle betrat, fiel ihr Blick unweigerlich auf das Regal mit Süßigkeiten. Es war wirklich dumm, aber eine Schachtel zog sie förmlich an. Im Schriftzug auf der Verpackung fehlte ein Buchstabe. Es hätte heißen müssen: *Melody's Pops*, doch da stand nur: *Melody's Pop*.

Jamie trank Kaffee und überflog die Zeitung. Aus irgendeinem unerfindlichen Grund landete sie bei den Todesanzeigen. Aus Desinteresse hatte sie sie nie gelesen. An diesem Tag jedoch konnte sie sich nicht davon abwenden. Besonders eine erregte ihre Aufmerksamkeit. Sie kannte weder den Vor- noch den Zunamen des Verstorbenen, las aber trotzdem die ganze Anzeige durch. Mein Gott, dachte Jamie. Melody Beattie ist unterwegs und hält Vorträge. Ihr Vater ist gerade gestorben.

• • • • •

Ich saß in einem Hotelzimmer in Washington, D. C. Es war – kurz nach der Tragödie vom 11. September 2001, als das World Trade Center angegriffen wurde – eine äußerst unruhige Reisezeit, die mich ermüdete. Zahlreiche Vorträge standen auf meinem Programm. »Gebt mir viel zu tun, wenn ihr mich schon von zu Hause wegholt«, hatte ich zu den Veranstaltern gesagt.

Wie üblich hatten sie mir ein Hotelzimmer besorgt, aber nicht veranlasst, dass ich von dort aus auch Ferngespräche führen konnte. Damit schützten sie sich einfach gegen Autoren, denen es vielleicht langweilig wurde und die dann in einem Anfall von Telefonitis die ganze Nacht Leute an fernen Orten anriefen. Ich kam also über den Nahbereich nicht hinaus. Außerdem hatte ich niemandem meine Reiseroute genannt. Bis zum Tag vor der Abreise aus Kalifornien war mir nicht ganz klar, wo ich überall sein würde. Das passiert manchmal, wenn man eine Lesetour macht. Aber ich hatte gelernt, meistens dem Gang der Ereignisse zu vertrauen.

Da ich auch mein Handy nicht mitgenommen hatte, konnte ich weder angerufen werden noch SMS-Nachrichten erhalten. Das Handy hatte zuletzt sowieso nicht funktioniert. Immerhin war mein Laptop bei mir. An jenem Morgen wollte ich online gehen und meine E-Mails durchschauen, doch mein Server arbeitete nicht richtig. Er übermittelte mir nur eine E-Mail, dann brach meine Online-Verbindung ab.

Hm. Sie stammte von Jamie. Ich las sie.

»Melody«, schrieb sie. »Ihr schmerzlicher Verlust tut mir aufrichtig Leid.«

Mein Vater hatte uns verlassen, als ich drei war. In den darauf folgenden Jahren hatte ich ihn nicht oft gesehen. Seine Familie wusste nicht genau, wie sie mit mir in Kontakt kommen konnte, und hoffte, dass mich jemand verständigen würde, wenn sie meinen Namen in die Todesanzeige setzte.

Da viele Flüge gestrichen wurden und viele Flüge ausgebucht waren, schaffte ich es gerade noch, meinen Terminplan zu ändern und rechtzeitig zur Beerdigung in meine Heimatstadt zurückzukehren.

Der Gedenkgottesdienst verlief in aller Stille. Mein Stiefbruder sprach einige Worte. »Es lässt sich nicht bestreiten, dass Vater Probleme hatte«, sagte er. »Aber heute wollen wir uns an seine guten Taten erinnern – und an die Geschenke, die er jedem von uns bereitet hat.«

»Als ich zum ersten Mal davon hörte, dass man seinen Willen Gott anvertrauen soll, hielt ich das für eine Aufforderung, nach Afrika zu gehen und dort Missionsarbeit zu leisten oder ähnliche Dinge zu tun«, erklärte Jamie. »Das wollte ich nicht. Es kam mir schrecklich vor. Dann habe ich erkannt, dass damit etwas anderes gemeint war, das zunächst noch schwieriger ist, nämlich innezuhalten, die eigenen Erfahrungen bewusst wahrzunehmen und den Dingen ihren Lauf zu lassen – im Vertrauen darauf, dass um so mehr Gutes geschehen wird, selbst wenn diese Erfahrungen weh tun.

Seltsam, da ich inzwischen weiß, was diese Hingabe an eine Höhere Macht bewirkt, würde es mir nichts ausmachen, nach Afrika aufzubrechen. Dieses Leben im Geistigen ist nicht so, wie ich dachte. Meine Familie gab mir immer den Rat, Schmerz um jeden Preis zu vermeiden. Nun begreife ich allmählich, dass er im Grunde ein Geschenk ist – eine Gabe aus dem Weltall, durch die wir das Dasein mit neuen Augen betrachten können.«

Als Jamie innehielt und ins Unbekannte eintrat, begegnete sie sich selbst – und Gott.

Manchmal wirft uns das Leben einen Knüppel zwischen die Beine, damit wir aufmerksamer werden. Das heißt: Wir können uns auch dafür entscheiden, unser Bewusstsein zu schärfen.

• • • • •

Indem wir unseren Lektionen auch dann vertrauen, wenn wir sie nicht verstehen, offenbaren sich die Geheimnisse des Lebens.

6

Sie sah ein Ungeheuer in ihrem Schlafzimmer

An jenem Morgen wurde sie durch sein Schnarchen aufgeweckt. Als Marge sich aus dem Bett zwang, wusste sie kaum, was ihr durch den Kopf ging. Es waren die gleichen Gedanken, denen sie jeden Tag nachhing. *Deutet sein immer lauteres Schnarchen darauf hin, dass sich der Zustand seines Herzens weiter verschlechtert? Wird er bald sterben? Wie lange muss ich noch warten, um endlich frei zu sein?* Beim Aufstehen hatte sie immer das Gefühl, sich selbst in einen Schrank einzusperren. Ringsum war es dunkel. Sie hatte nicht viel Platz, um sich zu bewegen.

Sie goss sich eine Tasse Kaffee ein und schlug die Zeitung auf. Bald würde er stoßweise hustend in die Küche herunterkommen, um dann entweder etwas durchs Zimmer zu schleudern und zu zerbrechen … oder sie mit einem Schimpfwort zu belegen.

Wenn er in einer wirklich üblen Stimmung aufwachte, würde er beides tun.

Sie konnte sich ihren gesamten Tagesablauf genau vorstellen und fast alles darin vorhersagen. Er würde schreiend nach dem Mittag- und dem Abendessen verlangen. Wenn sie zu lange telefonierte, würde er ihr den Hörer aus der Hand reißen. Sie würde Wäsche waschen und ständig auf die Uhr schauen. Um acht Uhr würde er zwei Drinks zu sich nehmen und dann ins Bett gehen. Sie würde drei oder vier Stunden Zeit haben, um zu tun, was ihr gefiel. Manchmal zwang sie sich, länger aufzubleiben, aber sie brauchte ihren Schlaf. Morgens länger zu schlafen als er war nicht erlaubt.

Sie führte nicht das Leben, das sie sich erträumt hatte. Ja sie konnte sich nicht einmal mehr an ihre Träume erinnern. Ehemann. Kinder. Irgendetwas in Bezug auf die Liebe. Aber zumindest schien alles kalkulierbar, und das gab ihr Sicherheit. Marge wusste, was sie zu erwarten hatte, und sie war stark.

Sie kam ganz gut zurecht.

Sie hatte sich an ihre Angst derart gewöhnt, dass sie sie gar nicht mehr wahrnahm.

Es gab keinen Grund, warum jener Morgen anders als die anderen hätte sein sollen. Doch vielleicht taten Gesprächsfetzen aus der Talkshow, die sie – wenn er es gestattete – jeden Nachmittag im Fernsehen anschaute, endlich ihre Wirkung. Ihr ging ein kleines Licht auf. Die Schrift in der Zeitung, die sie gerade las, verschwamm vor ihren Augen.

Ich warte nicht nur darauf, dass er stirbt. Ich lausche auch dem Ticken der Uhr bis zu meinem *Tod.*

Marge griff hastig nach dem Telefonbuch, schloss sich ins Badezimmer ein und wählte die Nummer für Menschen in Not. Was ihr morgens widerfahren war, erschreckte sie. In ihrem Schlafzimmer hauste ein Ungeheuer. Wenn sie nicht schnell etwas unternahm, würde sie niemals zu sich finden.

Später in der Woche, als sie Lebensmittel einkaufen sollte, ging sie stattdessen zu ihrer ersten Therapiesitzung. Das Ungeheuer dachte, dass sie wieder einmal im Supermarkt herumtrödelte. Ha!

Sie fing an, über ihre Gefühle, ihre Kindheit, ihr gegenwärtiges Leben zu sprechen – und bislang Verborgenes deutlich zum Ausdruck zu bringen. Allmählich begriff sie, dass nicht sie ihn zu einem Ungeheuer machte, sondern dass *er* ein solches war – und dass sie, wenn sie dadurch unglücklich würde, ihn verlassen konnte.

Als Nächstes fand sie einen Job. Ihr Gehalt war niedrig, doch ausreichend. Dann kaufte sie ein Auto. Und anschließend mietete sie sich eine eigene Wohnung.

Mit jedem Schritt ins Unbekannte näherte sich Marge einem neuen Leben. Anfangs erschien es ihr seltsam und unbehaglich. Aber heute würde sie sagen: Wenn ich es schaffe, kann jeder es schaffen. Sie war einundsiebzig, als sie an jenem Tag aufwachte, ein Ungeheuer in ihrem Schlafzimmer sah und ins Unbekannte eintrat.

Ich sprach vor einer Gruppe von Leuten in Syracuse, New York, als eine Frau die Hand hob. »Was muss man genau beachten, wenn man für das eigene Wohlergehen sorgt?«, fragte sie. »Ich bin neu dabei und merke, dass ich oft im Dunkeln tappe.«

Ich begann mit einer Antwort – blablabla. Dann brach ich abrupt ab. Sie hatte mich fast in Verlegenheit gebracht.

Ob es darum geht, etwas über Co-Abhängigkeit zu erfahren, von einer Suchtkrankheit zu genesen, zu lernen, wie man für die Kinder sorgt, wie man eine Ehe führt, oder darum, eine neue Fähigkeit zu erwerben: aller Anfang ist schwer.

Wir beobachten, dass andere mit Leichtigkeit Dinge tun, die wir unserer Meinung nach nie verstehen werden. Menschen sprechen oft einen eigenen Jargon und stellen in verkürzter Form dar, was sie machen. Dieser Jargon erscheint uns dann manchmal wie eine Fremdsprache.

»Das kapier' ich nie«, denken wir. »Ich hab' keinen blassen Schimmer, worüber diese Leute reden.«

Gewiss, es ist schwer, ein Neuling zu sein, aber auch wichtig. Indem wir uns einfach nur durchkämpfen, nicht weiterwissen, Fehler begehen, eine Sache in Angriff nehmen, scheitern, deprimiert sind und dann eine andere Sache versuchen, durchlaufen wir einen Lernprozess. Wir spannen Muskeln an, die bislang schlaff waren – sei es in körperlicher, gefühlsmäßiger, geistiger Hinsicht oder in kombinierter Form.

Wie ein neugeborenes Pony zu stehen und zu gehen lernt, so brauchen auch wir Zeit, um ein »Muskelgedächtnis« zu entwickeln, ganz gleich, welche Kenntnisse wir uns jeweils aneignen.

Stellen Sie Fragen, ziehen Sie den Leuten die Würmer aus der Nase. Die anderen können Ihnen Hinweise und Empfehlungen geben, Hilfe, Zuspruch und persönliches Urteil anbieten. Feedback, Liebe, Beistand und Anleitung seitens eines Ratgebers oder einer Vertrauensperson können von unschätzbarem Wert sein. Doch es gibt keinen Ersatz für jenes schwierige Unterfangen, bei dem wir im Dunkeln tappen und lernen, wie es sich anfühlt, etwas richtig zu machen.

• • • • •

Es ist möglich, das eigene Leben dramatisch zu ändern,
indem man die einfache Entscheidung trifft,
für das Neue zumindest offen zu sein.

7

Es gefiel ihr

Es war nur ein Wochenende, nichts Besonderes, und dennoch fühlte sie sich extrem einsam.

Vier oder fünf Monate zuvor hatte Kelly ihre letzte Beziehung beendet. Eineinhalb Jahre lang war sie mit ihrem Freund zusammen gewesen. Sie hatte ihn nicht gerade abgöttisch geliebt, sich jedoch in sicheren, überschaubaren Bahnen bewegt. Es war jemand an ihrer Seite.

Nach der Trennung war sie gelegentlich mit Männern ausgegangen, allerdings ohne Erfolg. Sie sah solchen Begegnungen zunächst voller Vorfreude entgegen, gab dann aber bald die Hoffnung auf. Zu ihrer eigenen Überraschung lehnte sie jede weitere Bitte um ein Rendezvous ab. Nicht, dass sie sich isolierte: Sie hatte im Laufe der Jahre einfach zu viele schlechte Erfahrungen gemacht.

Niemand in ihrem jetzigen Leben war so, wie sie es sich wünschte. Und sie hatte es satt, sich nur an jemanden zu klammern, um dadurch das Alleinsein zu vermeiden.

Jedenfalls bis zu diesem Wochenende.

Sie starrte auf das Telefon, wartete darauf, dass es läutete.

Sie zog ihr Adressbuch hervor. Es gab Nummern, die sie anrufen konnte. Einige frühere Partner, deren Namen sie eingekreist hatte, waren weiterhin erreichbar. War es das, was sie wollte? Nein, nein, nein. Sie dachte an jeden Einzelnen, wusste genau, was passieren und wie die Sache ausgehen würde.

Ich bin kein Opfer, sagte sie sich, während der Freitagabend sich endlos hinzog. *Ich habe die Wahl.*

Trotzdem fühlte sie sich sehr seltsam. Keine Geste, keine Handlung erschien ihr richtig. Und obwohl sie Alternativen hatte, war ihr nicht klar, worin sie eigentlich bestanden.

Sie rief mehrere Freunde an, um zu fragen, ob sie herüberkommen und mit ihr fernsehen wollten. Niemand war zu Hause. Zumindest hob keiner ab.

Okay, dachte sie. *Ich werde mir allein einen Film anschauen.* Das tat sie dann auch. Aber als sie am Samstagmorgen erwachte, empfand sie immer noch diese innere Leere.

Warum ruft niemand mich an? Wenn einer meiner ehemaligen Geliebten anriefe, um sich mit mir für heute Abend zu verabreden, könnte ich ihn wenigstens zurückweisen. Das würde mir das Gefühl geben, die Wahl zu haben.

Das Telefon blieb stumm.

Die Leere aber schallte – wie eine Glocke. *Warum kam ihr alles verkehrt vor? Warum hatte sie keinerlei Ahnung, was sie tun sollte?*

Plötzlich und ohne Vorankündigung ging ihr ein Licht auf.

Jahrelang habe ich mir gesagt, dass ich die nächste Stufe meines Lebens erreichen möchte – in meinen Beziehungen, in der Liebe. Aber ich habe meine Vergangenheit nie lange genug losgelassen, um Neuland betreten zu können, dachte Kelly, während sie in ihr stilles Wohnzimmer starrte. *Immer wieder schnappe ich mir jemanden – nur, um nicht allein zu sein, mit mir allein zu sein.*

Ich schließe mich Leuten nur an, um ein Gespür dafür zu bekommen, wohin ich gehen soll, und obwohl diese Beziehungen nicht so sind, wie ich es gerne hätte, schenken sie mir doch eine gewisse Geborgenheit. Ich bin nicht allein, und ich weiß, was ich zu erwarten habe – Langeweile und Unglücklichsein, weil ich nicht das bekomme, was ich ersehne. Ich fülle diese Leere mit irgendetwas aus, bloß um nicht fühlen zu müssen, wie trostlos sie ist.

Das Telefon läutete immer noch nicht. Ihr war weiterhin schleierhaft, was sie als Nächstes tun sollte. Aber Kelly entspannte sich. *Kein Wunder, dass ich mich so seltsam fühle,* dachte sie. *Schließlich und endlich breche ich auf ins Unbekannte. Ich bin in der Leere.*

Mit Ungeduld sehe ich den künftigen Entwicklungen entgegen, dachte sie am Sonntagabend. *Ich bin dabei, etwas Neues zu lernen.*

Die Höhle des Unbekannten kann ein dunkler, unheimlicher Ort sein. Indem wir beschließen, zumindest uns selbst zu sagen, *Ich weiß nicht*, lassen wir zu, dass sie auch zu einem magischen Ort wird. Nicht immer bemerken wir die Verwandlung, die sich gerade vollzieht. Häufig erkennen wir erst im Rückblick, wie wichtig jene Zeit eigentlich war.

Einige Menschen werden diese Höhle nur wenige Male besuchen, andere öfters. Manchmal betreten wir sie bloß deshalb, weil wir nirgendwo sonst hingehen können. Dann wieder zieht sie uns förmlich in ihren Bann. Schlagartig wird uns bewusst, dass wir uns darin befinden. Und bisweilen glauben wir, eine bestimmte Sache zu lernen, dann schauen wir zurück und stellen fest, dass wir uns die ganze Zeit andere Fähigkeiten angeeignet haben.

Gewöhnlich wissen wir nicht genau, worin die Lektion besteht, die wir jeweils »durchnehmen«. Sie mag uns qualvoll erscheinen, wie ein großer Irrtum. Doch indem wir den Entschluss fassen, ins Unbekannte aufzubrechen – selbst auf die Gefahr hin, dass wir dann ständig um uns treten und schreien –, leiten wir die tiefgreifende Veränderung ein.

Jede(r) von uns hat eine eigene Vorstellung davon, wie er oder sie zu verschiedenen Zeiten ins Unbekannte eintritt – ob es darum geht zu heiraten, sich scheiden zu lassen, eine neue Beziehung anzufangen, eine bestehende Beziehung fortzuführen und die damit verbundenen Probleme zu lösen oder bewusst allein zu bleiben. Die Entscheidung, den Sprung ins

Ungewisse zu wagen, mag so einfach sein wie das Eingeständnis, nicht zu wissen, was als Nächstes zu tun ist, sodass dann ein Freund, ein Therapeut oder unsere Höhere Macht um Hilfe gebeten werden kann.

Gewiss, wir müssen alles tun, was in unserer Macht steht, aber viele Menschen haben folgende einfache Wahrheit entdeckt und ihr Leben danach ausgerichtet: Gott tut für uns das, wozu wir selbst nicht fähig sind. Die Magie offenbart sich irgendwo dazwischen.

Das Unbekannte beunruhigt, ja erschreckt uns vielleicht. Es bietet uns keinerlei Garantie. Doch wenn uns das Leben allzu vertraut und behaglich erscheint, dann wohl deshalb, weil wir nichts Neues unternehmen. Jede Lektion befördert uns in ungewohnte Bahnen, in unerforschtes Gebiet – sei es die Geburt eines Kindes, eine Krankheit, ein Berufswechsel, der Neuanfang nach dem Auszug der Kinder von zu Hause, der Tod eines geliebten Menschen, die Heilung von der Sucht, die Auseinandersetzung mit einer anderen Art von Störung oder mit der Co-Abhängigkeit.

Entwickeln Sie einen Sinn für das Wunderbare, indem Sie alte Überzeugungen aufgeben, anstatt sie als Maßstab dafür zu nehmen, wie die Dinge laufen sollten. Wir brauchen weder Probleme noch Leiden, um uns ins Leere zu begeben, um die Magie und das Geheimnis des Lebens zu erfahren. Wir können vielmehr jeden Morgen einen Schritt in diese Richtung tun – und zwar dadurch, dass wir aufstehen und mit Demut, offenem Geist und offenem Herz unser Leben gestalten.

• • • • •

Wenn Sie nicht sicher sind, ob Sie festen Boden unter den Füßen haben oder wohin der Weg führt, dann tasten Sie sich behutsam voran. Gewiss ist es dunkel und beängstigend, aber auch magisch. Sobald Sie bereit sind, sich frei zu machen von alten Vorstellungen und Überzeugungen hinsichtlich dessen, wie das Leben ist, wie es sein sollte, wie es immer sein wird und was als Nächstes kommt, befinden Sie sich in jener geheimnisvollen Leere, in der alle Schöpfung beginnt.

Gehen Sie langsam weiter, bis Sie das Licht sehen – denn es wird irgendwann auftauchen.
Machen Sie sich dann bereit.
Sie haben einen Berg zu besteigen.

Dritter Teil

Derweil das Rad sich dreht

»Jeder spricht gerne über Karma«, sagte Joe. »Aber niemand spricht gerne über Dharma – die Lektionen und die Möglichkeiten, die wir haben, einzuüben, was wir lernen. Das uralte Dharma-Rad dreht sich einfach nur immer weiter, zermahlt uns wie ein Körnchen Sand, bis wir es verstehen. Was immer es ist.«

Es war halb fünf Uhr morgens, Zeit, den Rucksack zu schultern und zum ersten heiligen Berg zu gehen. Joe und ich wanderten durch die stillen Straßen Putuoshans und hörten zu, wie die kleine Insel langsam erwachte.

Zunächst passierten wir den Meditationstempel in der Nähe des Hotels, dann bogen wir nach links auf den Pfad, der zum Berg führte.

Ich wusste nicht, was mich erwartete.

Bergsteigen war jedenfalls nicht meine Stärke.

Bald gingen wir Stufen hinauf.

»Das ist es«, erklärte Joe. »So klettert man in China auf heilige Berge. Man steigt Treppen hoch.«

»Wie weit ist es bis zum Gipfel?«, fragte ich.

»Fang nicht damit an, Melody«, erwiderte Joe. »Wir werden es wissen, wenn wir oben sind, denn die Treppe wird irgendwann enden, und dann führt sie nur in eine Richtung, nämlich nach unten.«

Dem Reiseführer zufolge war der Berg auf Putuoshan dreihundert Meter hoch. Als ich jedoch aufschaute und die unzähligen Stufen sah, bedeutete mir die Angabe in Metern nicht viel. Mein Knie schmerzte. Ich hatte die Nudelsuppen satt und wollte Toast mit Butter, Eier, fette Kost auf amerikanische Art. Aber ich war nun einmal hier – und trotz des ständigen Schmerzes im Knie entschlossen, den Gipfel zu erklimmen.

Unter allen Bergen würde dieser am leichtesten zu besteigen sein. Er war nicht so hoch und konnte darum schneller bewältigt werden. Ich hatte allerdings kaum eine Ahnung von dem Phänomen Höhe – und wusste nur, dass die Luft zunehmend dünner wird. An Orten wie Denver, das relativ hoch liegt, war mir dies sofort klar, denn dort fühlte ich mich ein wenig benommen. Und wenn das Flugzeug, aus dem ich mit dem Fallschirm absprang, 12 500 Fuß erreichte, merkte ich, wie mir das Atmen etwas schwerer fiel. Aber ich war keine Bergsteigerin, sondern eine geistige Sucherin.

Joe hingegen war vom Typ her ein Naturbursche – ein Yuppie, wie er selbst von sich sagte, viel jünger als ich, einunddreißig –, der hierher gekommen war, um die Berge zu bezwingen und das Terrain zu erkunden. Wir waren ein ungleiches Gespann, hofften aber, dass unsere Gegensätze sich verbinden und eine angenehme Reise ermöglichen würden.

Wir kletterten und kletterten. Nach einer Weile schien es, als wären wir in einem gigantischen Labyrinth aus Treppen gefangen. Einige waren schmal und steil, andere breit und eher flach.

Zunächst dachte ich nur daran, den Aufstieg hinter mich zu bringen. Wenn ich mein linkes Bein versteifte und auf die nächste Stufe hochzog, tat es weniger weh. Ich trieb mich voran, wurde immer müder und kam mit jedem Schritt mehr außer Atem.

Beeil dich, bring's schnell hinter dich. Beeil dich, um die Strapazen zu überstehen. Beeil dich, um den Gipfel zu erreichen. Werde ich es schaffen oder nicht? Ich war mir stets einen Schritt voraus, fragte mich, wohin ich als Nächstes gehen würde. *Mach langsamer. Entspann dich. Achte auf jeden Schritt. Nicht das Besteigen der Treppen ermüdet dich, sondern der ungestüme Drang aus Hast und Angst sowie die Unachtsamkeit gegenüber dem, was du gerade tust.*

Bei jedem Schritt kann man etwas lernen in Bezug auf Angst, Schuldgefühle, Tod, Verlust, Beziehungen, Macht, Geld, Spiel, Versöhnlichkeit, Mitgefühl. Diese Lektionen sind nicht zufällig. In einem ihrer Bücher bezeichnete Elisabeth Kübler-Ross sie als das »Rad des Lebens«.

Manchmal sind diese Lektionen sehr persönlich. Eine(r) von uns lernt sie – aber wenn wir uns umschauen oder die Statistik betrachten, stellen wir fest, dass viele Menschen sie im Laufe ihres Lebens lernen müssen. Die jeweilige Lektion verändert unser Bewusstsein – doch es gibt Leute, die ähnliche Erfahrungen vor uns gemacht haben, und andere, die uns auf diesem Weg nachfolgen. Wir meinen, auf uns selbst gestellt zu sein, aber das ist ein Irrtum.

Wir sind nicht allein.

Manchmal sind diese Lektionen aber auch umfassender, wenn eine genügend große Gruppe von Menschen oder eine ziemlich bedeutende Person mit einem Ereignis oder einem Problem konfrontiert ist. Dann wird zugleich das Bewusstsein der Massen beeinflusst. Gemeinsam bedenken, fühlen, erstreben wir unsere Werte, ob als Individuum oder als Gruppe. Und wir brauchen dann nach Leuten, die die gleiche Lektion durchmachen, gar nicht zu suchen; sie sind überall um uns, direkt vor unseren Augen.

Viele von uns mussten Lektionen aufgrund ihrer Co-Abhängigkeit (die wir dadurch überwinden können, dass wir lernen, uns selbst zu lieben und zu umsorgen) oder einer anderen Suchtkrankheit lernen. Wir haben etwas erfahren über den Dienst am Nächsten, über Geben und Nehmen und darüber, wie wichtig beides ist. Weitere umfassende Lektionen betreffen die Toleranz und den Glauben.

Einige haben mehr Lektionen zu bewältigen als andere. Derlei Prüfungen sind insofern heikel, als sie uns vielleicht Unbehagen bereiten. Wir sind nicht sicher, welche Probleme gelöst werden, und würden es vorziehen, wenn das Rad, das uns wie ein Sandkorn zermahlt, anhielte.

Der Gedanke, dass wir in unserem Leben eine ganze Reihe von Lektionen lernen müssen, ist nicht neu. Erinnern Sie sich an Hiob im Alten Testament? Er galt als rechtschaffener Mensch. Doch als er all sein Hab und Gut verlor, zeigten seine Freunde mit dem Finger auf ihn und sagten: »Nun, wenn du eine solche Strafe verdient hast, musst du etwas Schreckliches getan haben.«

Hiob war zornig auf Gott.

Aber als er schließlich seine Lektionen lernte, als er seine Wut überwand, eine bejahende Einstellung zeigte, sich Gott fügte und vor allem auch seinen Freunden verzieh, drehte sich jenes große, knirschende Rad in die andere Richtung.

Sobald ich bei der Besteigung des Berges langsamer wurde, empfand ich ein warmes Glühen im Innern. Fromme Gläubige verlangten danach, vorbeigelassen zu werden. Ziegen grasten auf dem Hügel. Ein Bambushain warf verschlungene Schattenmuster auf die Treppe. Wenn ich Durst hatte, entsprang neben dem Pfad eine Quelle; wenn ich müde wurde, entdeckte ich eine Stelle zum Rasten.

Joe und ich schafften den Aufstieg bis zur obersten Stufe. Dort angelangt, besuchten wir den Tempel. Dann umrundeten wir den Gipfel, betrachteten die kleinen Höhlen, die auf einer Seite des Hügels angelegt worden waren. Die meisten von ihnen waren leer, aber in einer saß ein Mönch, der meditierte und betete. Er nickte uns zu, als wir hineinschauten, und bedeutete uns einzutreten.

Wir setzten uns.

Er gab mir ein Räucherstäbchen, das ich anzünden und auf den Altar stellen sollte. Genau das tat ich auch.

Es war ein gutes Gefühl, auf dem Gipfel des Berges zu sein – wenigstens für einen Augenblick. Doch ich musste noch den ganzen Weg nach unten zurücklegen. Während des Abstiegs fiel mir auf, dass sich neben der Quelle ein Kiosk befand. Dort verkaufte man das Wasser, das früher nichts kostete. All unsere Bedürfnisse werden gestillt, gewiss, aber geschäftstüchtigen Leuten war es gelungen, daraus Kapital zu schlagen.

Ich lachte.

Mach langsamer. Atme tief durch. Triff deine Entscheidungen. Geh Risiken ein. Wir müssen unsere Erfahrungen machen; das lässt sich nicht umgehen. Also nimm deinen Platz auf dem Rad des Lebens ein.

»Hast und Sorge führen nie zum Erfolg«, sagt der buddhistische Mönch Tsung Tsai in *Bones of the Master* (dt. *Die Höhle des Meisters*). Die Magie offenbart sich nicht morgen oder an einem weit entfernten Ort, sondern im Augenblick und unter genau den Umständen der Situation, in der man sich gerade befindet.

Die Geschichten in diesem Teil behandeln Lektionen, die Menschen gelernt, und Entscheidungen, die sie getroffen haben, um das Rad zu bewegen. Anstatt zu fragen *Warum passiert das ausgerechnet mir?* sollten Sie lieber fragen: *Wo bin ich, wie fühle ich mich, was tue und lerne ich gerade?* Das Geheimnis besteht darin, dankbar zu sein für alles – für jede Einzelheit – auf dem Weg, ob wir nun Dankbarkeit empfinden oder nicht.

1

Nachtschicht

Marlene durchschritt die Türen des Krankenhauses und fuhr mit dem Lift in den siebten Stock. Sie hoffte auf eine ruhige Nachtschicht. Nach drei freien Tagen nahm sie ihre Arbeit wieder auf. Obwohl ihre Patienten krank waren – einige sogar unheilbar krank –, bereitete es ihr Freude, wenn sie friedlich schliefen und keine Schmerzen hatten.

Sie ging durch das Labyrinth der Gänge, bis sie ihre Station erreichte. Oje, ausgerechnet Bonnie! Wenigstens hatte sie gerade Dienstschluss. Marlene konnte sie einfach nicht ausstehen. Schon die Tatsache, dass sie sich bei Bonnie zum Dienst melden musste, versetzte sie in gereizte Stimmung.

Marlene biss sich auf die Lippe, während Bonnie einen kurzen Bericht über den Zustand der Patienten erstattete. »Nummer 212 jammert wieder. Dauernd findet sie einen Grund zur Klage. Du weißt ja, wie sie ist. Wahrscheinlich ist das nur eine Masche, damit sie noch mehr Schmerzmittel verabreicht bekommt. Nummer 209 hat ihr Abendessen nicht angerührt, sagte, es sei ungenießbar. Was glaubt die eigentlich, was das hier ist, der Zimmerservice im Ritz?«

Marlene wollte erwidern: *Diese Menschen sind keine Nummern, jeder hat einen Namen.* Inzwischen biss sie sich so fest auf die Lippe, dass es wehtat.

Halt einfach den Mund, Marlene, sagte sie sich. *Brich keinen Streit vom Zaun. Sie ist deine Kollegin, ob es dir passt oder nicht.*

»Wie geht es Mrs. Amison?«, fragte Marlene. Sie war eine ihrer Patientinnen, die das Krankenhaus nicht durch den Eingang verlassen würde, durch den sie gekommen war. Sie litt an einer tödlichen Nervenkrankheit. Bestenfalls hatte sie noch zehn oder vierzehn Tage zu leben.

»O, Nummer 205? Sie atmet schwer. Gut möglich, dass sie heute Nacht das Zeitliche segnet.«

»Was tust du für sie?«, wollte Marlene wissen.

»Sie ist in der Endphase des Sterbens. Da gibt es nichts mehr zu tun«, entgegnete Bonnie. »Lass sie einfach sterben.«

Marlene schaute sich um. Lorraine, die Schwesternhelferin, war gerade eingetroffen. »Kannst du mir kurz helfen?«, fragte Marlene.

Lorraine nickte.

»Übrigens, Nummer 205 hat in den letzten Tagen dauernd nach dir gefragt«, sagte Bonnie.

Marlene würdigte sie keines Blickes. »Danke«, schnauzte sie.

Eines Tages werde ich mit dieser Frau Krach kriegen, dachte Marlene. *Ich werde explodieren, außer Kontrolle geraten – und dann wohl meinen Job verlieren.*

Die Augen von Mrs. Amison leuchteten kurz auf, als sie Marlene ins Zimmer kommen sah. Marlene strich behutsam die Bettdecke glatt. Sie sorgte dafür, dass Mrs. Amisons Füße bedeckt und warm waren, und schob ihr das Kissen unter den Kopf. Sie maß den Puls, führte einige medizinische Maßnahmen durch. Aber die meiste Zeit saß sie nur da und hielt Mrs. Amisons Hand.

Lorraine beobachtete, half, tat, was ihr gesagt wurde, während Marlene sich um ihre Patientin kümmerte. Mrs. Amison schien unter starken Schmerzen zu leiden. Marlene unterschied sich von den anderen Krankenschwestern dadurch, dass sie keine Angst hatte, einem oder einer Sterbenden in die Augen zu schauen. Und sie scheute sich auch nicht, respektvoll und freundlich zu sein. Sie behandelte sterbende Menschen in jedem Augenblick genauso wie gesunde.

Lorraine hingegen wurde immer noch nervös, wenn sie mit dem Tod in Berührung kam, ja schreckte manchmal entsetzt zurück.

Mrs. Amison starb innerhalb einer Stunde, nachdem Marlene ihr Zimmer betreten hatte. Sie saß bei ihr, war ihr ganz nah – bis zu dem Moment, da sie einschlief. Es schien fast so, als habe Mrs. Amison auf Marlene gewartet, um sich von ihr zu verabschieden.

Oder vielleicht, dachte Marlene, *wollte sie diese letzten Augenblicke ihres Lebens nicht allein durchstehen müssen.*

Marlene nahm bei sich nichts Außergewöhnliches wahr. Doch sowohl Lorraine als auch Mrs. Amison wussten, dass sie eine besondere Gabe besaß.

Marlenes Vater war zehn Jahre zuvor gestorben. Ihre dreizehnjährige Tochter hatte acht Jahre zuvor Selbstmord begangen. Marlene hatte sie gefunden, sie in den Armen gehalten und den Notarzt gerufen, obwohl es schon zu spät war.

Warum hast du das getan?, wollte sie schreien. Sie tat es nicht, hielt nur ihr Kind und nahm dann von ihm Abschied.

Marlene dachte nie wirklich daran, dass ihr durch den Verlust des Vaters und der Tochter irgendetwas Gutes zuteil geworden wäre. Sie hätte *alles* in der Welt gegeben, um beide lebend und wohlauf bei sich zu wissen. Sie war einfach zu sehr damit beschäftigt gewesen, zu überleben und das Nächstbeste zu tun, um die Gabe des Mitgefühls zu erkennen, die von ihrer Seele Besitz ergriffen hatte.

»Das wird das Schlimmste sein, was du je mitgemacht hast. Aber eines Tages wird daraus etwas Gutes entstehen. Das verspreche ich dir«, sagte meine beste Freundin Echo nach dem Tod meines Sohnes.

Sie wollte mir einen Grund geben, um weiterzumachen, aber ihre Worte munterten mich nicht auf. *Eines Tages mag daraus etwas Gutes entstehen,* dachte ich. *Doch ich bin nicht bereit, den Preis dafür zu zahlen.*

Einige Verluste sind so verheerend, dass wir glauben, danach nie mehr glücklich sein zu können. Doch trotz allem können wir es wieder sein. Auf manche Ereignisse haben wir keinen Einfluss. Und wir machen uns selbst verrückt, wenn wir allzu eifrig nach dem Guten suchen, das vielleicht aus einer Tragödie resultiert.

Die Vorteile, die eine Erfahrung uns möglicherweise beschert, lassen sich nicht erzwingen. Sie werden auf natürliche Weise und ganz von selbst zum Vorschein kommen, wenn wir auf jeden unserer Schritte achten. Unter Umständen bemerken oder schätzen wir den Nutzen, den ein Verlust uns bringt, genauso wenig wie die inneren Werte, die uns durch manche Lektionen zuteil werden – etwa Mitgefühl, Barmherzigkeit, Sensibilität und Liebe.

Doch andere Menschen werden diese Gaben sehr wohl bemerken.

Sie werden dankbar sein für das, was wir gelernt haben.

Bisweilen können wir nicht mehr tun als uns zu ducken, in Deckung zu gehen, um zu überleben und die wirklich schwierigen Phasen mit Müh und Not zu bewältigen. Es gab Zeiten, in denen der bloße Gang zum Lebensmittelgeschäft mir genauso viel abverlangte wie die Besteigung eines Berges.

Wir brauchen weder alle Tatsachen des Lebens auf einmal zu akzeptieren noch einen Zustand zu erreichen, in dem wir unerträgliche Verluste schnell und vollständig verkraften. Wir müssen uns nur darauf konzentrieren, jede unserer Handlungen, jedes unserer (äußerst zahlreichen) Gefühle, jede Stunde und jeden Tag zu akzeptieren. Dann werden wir allmählich begreifen, dass allein die Vorstellung, jeden Augenblick bewusst wahrzunehmen, eine ebenso praktische wie wertvolle Methode darstellt, das Leben zu gestalten und zu meistern.

Am Anfang steht der Schock, das Trauma. Darauf folgt der niederschmetternde Kummer. Dann kommen die betäubten, schrecklich stillen Stunden, da wir in die Leere starren, die durch den Verlust hervorgerufen wurde. Anschließend verschlimmert sich oft der Schmerz, denn wir erkennen, wie viel wir eigentlich verloren haben. Hinterher schleppen wir uns durch die Tage, agieren völlig mechanisch und versuchen, wieder Tritt zu fassen, ob wir wollen oder nicht. Endlich bemühen wir uns, glücklich zu sein, obwohl wir es nicht sind. Alles, was wir unternehmen, hat ein Ziel: innerlich zu genesen, damit uns der Neubeginn nicht zu schwer fällt. Eines Morgens wachen wir auf und stellen fest, dass wir freudig erregt an unserem Leben Anteil nehmen, dass wir tun, was uns angenehm ist, und uns mit dem Verlust abfinden. Wir sind keineswegs glücklich darüber, aber zu unserer Überraschung leben wir in Frieden.

Während dieses Trauerprozesses haben wir gelernt, Menschen und Dinge, Leben und Tod mit neuen Augen sehen. Wir werden nie mehr so sein wie vorher. Aber wir waren und sind dazu bestimmt, hier zu sein.

Das Leben kann in ein und demselben Augenblick entsetzlich und heilig sein. Doch gerade die schlimmen Erfahrungen formen – unmerklich fast – unsere Existenz.

Leben und Tod. Ursache und Wirkung. Niemand von uns weiß, wie viel Zeit uns zur Verfügung steht. »Ich mag nicht das Vorläufige, Unbeständige«, sagte mir einmal ein Freund. »Ich bin auch nicht gerade verrückt danach«, erwiderte ich. »Aber wenn man den Dreh raushat, kann man darauf einwirken.«

Das ist ein Grund mehr, genau auf jeden Schritt zu achten.

*Kummer ist kein anomaler Gefühlszustand.
Im Gegenteil, durch ihn heilt die Natur unser Herz.
Sich mit dem Verlust auseinander zu setzen und von ihm
zu genesen, ist eine der schwierigsten Entscheidungen,
die wir treffen können.*

2

Er hatte das Gefühl, zum Zerreißen gespannt zu sein

»Mami, ich raste wieder aus«, sagte Charlie und rannte aus seinem Zimmer.

Seine Mutter telefonierte gerade.

»Entschuldige bitte«, sagte sie zu ihrem Gesprächspartner am anderen Ende der Leitung, »aber ich muss los.«

Solche Ausbrüche waren nicht gut. Charlie wusste das. Einige Male schon hatte seine Mutter deswegen die Polizei rufen müssen. Er war wirklich wütend, völlig außer Fassung gewesen. Dann geschah es, dass er etwas zerbrach – zum Beispiel die Lieblingslampe seiner Mutter. Und danach machte er noch weitere Gegenstände kaputt. Wenn er erst einmal damit angefangen hatte, konnte er nicht mehr aufhören.

Er musste nicht einmal seinen Gürtel abnehmen, ihn um sich herumschlingen und daran ziehen wie an der Schnur eines Rasenmähers, um wild herumzuwirbeln wie Joey Pigza in Jack Gantos' Jugendbuch *Joey Pigza Swallowed the Key.*

Oft hatte Charlie das Gefühl, als würde er sich ganz von selbst im Kreise drehen.

Doch die Beruhigungsmittel, die er schluckte, halfen ihm meistens.

Jetzt versuchte er, seine Ausbrüche auch ohne Medikamente in den Griff zu bekommen. Wenn er sich durch friedliche, wohltuende Gedanken nicht beruhigen konnte, sollte er seiner Mutter oder einer anderen verantwortlichen Person – etwa dem Lehrer an seiner Sonderschule – Bescheid sagen. Dann würden sie ihn an einen bestimmten Ort bringen, wo er einige Tage bleiben und sich entspannen konnte.

Charlie lernte, Verantwortung zu tragen für sich selbst. Es war leichter, sich an jenen Ort zu begeben und dort zur Ruhe zu kommen, als ins Jugendgefängnis zu wandern.

»Ich bin schon ein besonderer Junge, nicht wahr, Mami?«, sagte er im Auto, als sie ihn zu dem besagten Ort fuhr. Charlies Vater war fort. Er trank zu viel. Charlies Bruder war gestorben. Doch Charlie wollte darüber nicht nachdenken. Seine Mutter war gut zu ihm, aber sie musste sehr hart arbeiten.

Solange sich Charlie zurückerinnern konnte, hatte er immer nur das Gefühl der Anspannung gehabt. Die Ärzte sagten, er leide an Aufmerksamkeitsstörungen und Hyperaktivität (ADD, *attention deficit disorder*). Und überdies an einer Beeinträchtigung der Entscheidungsfähigkeit – so ihre Ausdrucksweise – infolge einer Verletzung am Gehirn.

»Noch etwas«, sagte Charlie, bevor seine Mutter ihn absetzte.

»Was denn, Liebling?«, fragte sie.

»Glaubst du, dass Gott, wenn er sich langweilt, einfach mit uns spielt?«

Manchmal beginnen die Lektionen viel zu früh. Schon in jungen Jahren müssen wir mit schwierigen Dingen zurechtkommen. Einige Kinder und Erwachsene leiden an ADD. In den meisten Fällen ist diese Störung nicht so gravierend wie bei Charlie, dessen Zustand durch eine Gehirnverletzung noch verschlimmert wurde. Doch sie kann das Lernen, das Arbeiten, das Glück und die Verfolgung täglicher Ziele mehr oder weniger beeinträchtigen. Manche Menschen haben noch größere Probleme mit ADD, zumal dann, wenn eine weitere Störung – etwa zwanghaftes Verhalten (OCD, *obsessive-compulsive disorder*) – hinzukommt. Gott sei Dank kann man gegen die meisten psychischen Probleme heute etwas tun – ob es sich nun um Hyperaktivität, Zwangshandlungen, Panikanfälle, manische Depression oder irgendein anderes Leiden handelt, das unsere Gesundheit, unsere Entscheidungen, ja unser Leben insgesamt schwer beeinträchtigt.

Es mag ungerecht oder unrichtig erscheinen, dass das Leben so hart sein muss. *Doch die Störungen zu akzeptieren, die wir oder unsere Kinder haben, und die bestmöglichen Lösungen für sie und für uns zu finden, ist eine liebevolle Entscheidung, die wir treffen können.*

3

Ihr Zimmer war ein einziges Chaos

Sally ging in das Zimmer ihrer Tochter, nur um sich ein bisschen umzuschauen.

Die Laken und Decken lagen auf dem Boden. Besser gesagt, auf dem, was der Boden gewesen wäre, wenn man ihn unter all der Unordnung gesehen hätte.

Ich werde nur ein wenig aufräumen, dachte Sally, während sie sich durch den Unrat wühlte. »Ich wusste es«, sagte sie plötzlich mit lauter Stimme, ein Päckchen Zigarettenpapier hervorziehend. »Sie nimmt wieder Drogen!«

Sally hatte ihre Tochter schon einmal in den Entzug geschickt. Ungefähr sechs Wochen lang war alles wunderbar. Doch bald nach der Rückkehr nach Hause wurde ihre Tochter erneut gemein und grob; sie machte Sally für all die eigenen Probleme verantwortlich und sagte zu ihr, dass sie – Sally – es sei, die sich ändern müsse.

»Du hast einfach einen totalen Knacks«, erklärte die Tochter. »Kein Wunder, dass ich Drogen nehme. Wer würde das bei so einer eifrigen Schnüfflerin wie dir nicht tun!«

Diese Geschichte ist schon viele Male erzählt worden, aber sie lässt sich durchaus wiederholen. Schließlich kehrte Sallys Tochter in die Entziehungsanstalt zurück, und Sally schloss sich Al-Anon an, einer »Schwestergruppe« der Anonymen Alkoholiker (AA), deren Mitglieder mit der Suchtkrankheit eines geliebten Menschen zu kämpfen haben.

Und die Zeit dazwischen?

»Es war wirklich die Hölle«, sagte Sally.

Teenager großzuziehen, die Hormonschwankungen haben, hin und her gerissen sind zwischen dem Wunsch nach Unabhängigkeit und dem Wunsch, Kind zu sein, und die das Spiel von Ursache und Wirkung gerade erst zu verstehen beginnen, kann die Geduld eines Heiligen auf die Probe stellen.

Teenager großzuziehen, die Suchtprobleme haben, kann sogar äußerst schwierig, ja fast unmöglich sein.

Es kann schmerzlich und verwirrend sein, wenn wir nicht wissen, dass sie Drogen nehmen. Wir beobachten die Veränderungen in ihrem Verhalten und fragen uns, was da eigentlich schief ging. Sie wiederum neigen dazu, launisch, missmutig, gemein, verschlossen zu sein und uns auszuweichen.

Es tut weh, mit ansehen zu müssen, wie die eigenen Kinder sich durch Alkohol und Drogen Schaden zufügen, und genau zu wissen, was da abläuft. Es ist erschreckend, sich all die möglichen Konsequenzen des Drogenmissbrauchs auszumalen. Solche Schwierigkeiten können tiefe Schuldgefühle in uns hervorrufen. Ich habe Geschichten gehört, die all diese Aspekte beinhalten.

»Ich ging zu Al-Anon. Mein Sohn machte eine Entziehungskur und wurde geheilt. Es war ein Wunder, dass die Dinge wieder ins Lot kamen.«

»Ich ging zu Al-Anon. Mein Sohn war jahrelang weiter abhängig, aber ich glaube meine veränderte Einstellung trug dazu bei, sein Leben zu retten.«

»Ich ging zu Al-Anon. Mein Sohn kam von den Drogen nicht los. Als er eine Überdosis nahm, starb er.«

Daneben gibt es klassische Bemerkungen wie: »Ich brauche keine Hilfe und er auch nicht. Er ist ein guter Junge, der im Moment nur ein wenig in der Klemme sitzt. Ansonsten läuft alles prima.«

Es kann schwierig sein, genau festzustellen, ob der Jugendliche gerade normale Erfahrungen mit Alkohol und Drogen macht oder ob er in den Teufelskreis der Sucht geraten ist und medizinische beziehungsweise therapeutische

Betreuung braucht. Außerdem weiß man manchmal kaum, welche Maßnahmen zu welchem Zeitpunkt ergriffen werden sollten. Zwei Dinge sind jedenfalls sicher. Wenn ein junger Mensch von Alkohol oder Drogen abhängig zu sein scheint, erhöhen sich seine Heilungschancen, wenn er fachmännische Hilfe in Anspruch nimmt. Ob die Behandlung nun beim ersten Mal Erfolg hat oder nicht, es wird ihm wenigstens bewusst, dass er ein Problem *hat* – dass er also nicht das Problem *ist* – und dass es dafür eine Lösung gibt. Auf diese Weise werden Samen gesetzt, die später vielleicht aufgehen.

Darüber hinaus lässt sich Folgendes nicht bezweifeln: Wenn ein geliebter Mensch dem Alkohol oder Drogen verfallen ist, so wird ein gutes Al-Anon-Gruppentreffen heilsam auf *Sie* wirken.

• • • • •

Den Kopf aus dem Sand zu ziehen ist eine ratsame Entscheidung. Und ganz gleich, wer das Problem hat, das uns verrückt macht – es ist unsere Aufgabe und unsere Lektion, geistig gesund zu werden und für das eigene Wohl zu sorgen.

4

Sie fand sich in einer gottverlassenen Gegend wieder

Jennifer saß ihrem Mann am Frühstückstisch gegenüber. Sie schaute ihm zu, wie er Pfannkuchen und Ei aß, und lächelte ihn an, als er seinen Orangensaft trank. Als würde dort leise eine CD abgespielt, spukten ihr Gedanken durch den Hinterkopf: *Ich hasse diese Stadt. Ich hasse mein Leben.* Und während sie beobachtete, wie er die Zeitung zur Hand nahm, dachte sie: *Und ihn hasse ich allmählich auch.*

Es war *sein* Traumjob. Er hatte dafür studiert und sich darauf vorbereitet. Sie wiederum hatte ihre Freunde, ja ihr ganzes bisheriges Leben aufgegeben, um mit ihm in diese kleine Stadt inmitten einer gottverlassenen Gegend zu ziehen, nur damit er hier als Mikrobiologe arbeiten konnte.

Er war zufrieden.

Sie aber starb innerlich ab.

Sie hatte alles Erdenkliche ausprobiert, um sich nicht so zu fühlen. Sie hatte sich als freiwillige Helferin engagiert. Sie hatte versucht, neue Freunde zu gewinnen. Sie hatte eine Stelle in der Buchhaltung einer Firma am Ort gefunden. Sie hatte gewartet. Sie hatte gebetet. Nichts, aber auch gar nichts hatte funktioniert.

Ihr tiefster Wunsch war es, ihm in keiner Weise die Freude zu verderben.

Sie liebte ihn, wollte mit ihm verheiratet sein, wollte seine Frau sein. Zumindest war das in der Vergangenheit so. Jetzt spielte ständig, jeden Tag, die CD in ihrem Kopf das immer gleiche Lied vom Hass auf ihr Leben und auf ihren Mann.

Offenbar stimmt mit mir etwas nicht, dachte Jennifer, während sie die Küche säuberte und seine Wange mit einem Abschiedskuss streifte, als er zur Arbeit ging. *Wenn ich mir noch mehr Mühe gebe, fühle ich mich vielleicht besser.*

Was willst du tun?, fragte eine leise Stimme in ihrem Innern. *Was bleibt dir zu tun? Du hast alles Erdenkliche getan, um dieses Problem zu lösen. Du hasst dein Leben mit jedem Tag mehr.*

Ich werde einfach durchhalten, dachte Jennifer. *Ich habe keine Ahnung, was ich sonst tun soll.*

Es gab keinen ersichtlichen Grund, warum gerade an jenem Morgen das Telefon läutete und eine Freundin aus der Stadt anrief, in der sie früher gewohnt hatte. Jennifer hatte versucht, ihre alten Freundschaften zu pflegen, doch als aus den Tagen Monate wurden und die Zeit weiter fortschritt, gab es immer weniger zu bereden. Sobald man sie fragte, wie sie mit ihrem jetzigen Leben zurechtkomme, log sie einfach und sagte: »Alles bestens.«

Und es gab auch keinen ersichtlichen Grund, warum Jennifer an jenem Morgen auf die Frage »Wie geht's dir?« etwas anderes hätte antworten sollen als »Mir geht's gut«. Es war nicht ihre Art, einem Gesprächspartner oder sich selbst gegenüber aufrichtig zu bekennen, wie sie sich fühlte. Doch plötzlich brachen die aufgestauten Emotionen nur so aus ihr hervor.

»Hast du deinem Mann gesagt, was mit dir eigentlich los ist?«, fragte ihre Freundin.

»O nein«, erwiderte Jennifer. »Das könnte ich nicht.«

»Liebste, ich glaube, du musst dich mit deiner Co-Abhängigkeit auseinandersetzen«, erklärte ihr schließlich die Freundin.

Jennifer hatte diesen Ausdruck schon einmal gehört. Er traf auf einige ihrer Bekannten zu – zum Beispiel auf ihre alte Freundin Marge, die mit diesem Biersäufer namens Harry verheiratet war. Marge war co-abhängig. Ständig verfolgte sie ihn von Bar zu Bar, damit er endlich zu trinken aufhörte, und erfand Lügengeschichten gegenüber seinem Chef. Sie war völlig durcheinander.

Jennifer hingegen betrachtete sich nicht als co-abhängig, sondern als eine gute Ehefrau.

In der Woche darauf kamen die Bücher mit der Post. Die Freundin hatte sie ihr geschickt, obwohl Jennifer fest überzeugt war, nicht unter den darin geschilderten Symptomen zu leiden. Als die Sendung eintraf, hatte sie das Gespräch am Telefon schon fast vergessen.

Zwei Wochen lang umkreiste Jennifer die Bücher. Sie stellte sie auf den Kaminsims, starrte darauf, um sie schließlich auf dem Schreibtisch im Arbeitszimmer zu deponieren.

»Was ist das?«, fragte ihr Mann.

»O, nicht der Rede wert. Nur ein paar Bücher, die meine Freundin mir geschickt hat.«

»Hm«, machte er.

Die Bücher ließen ihr keine Ruhe. Dann traf sie eine kleine Entscheidung: *Sie musste sich in keiner Weise etikettieren, aber sie konnte wenigstens offen genug sein, um darin zu lesen.*

Jennifer las zwanzig Seiten und schleuderte dann das Buch durchs Zimmer. Ihr Wutanfall überraschte sogar sie. Jennifer wurde niemals wütend. Das war nicht ihre Art.

Noch bevor das Buch zu Boden gefallen war, fing sie an zu weinen und hörte nicht mehr auf.

Noch nie hatte ihr jemand gesagt, was in dem Buch stand – nämlich dass sie genau richtig sei, so wie sie war. Diese subtilen Versuche, jemand anders sein zu wollen, hatte sie schon seit ihrer Kindheit unternommen. Sie wollte zunächst eine gute Tochter, dann eine gute Schülerin und schließlich eine gute Ehefrau sein. Indem sie ihre ganze Kraft aufbot, um in jedem Bereich gut zu sein, kam sie sich irgendwie abhanden. Nun aber war sie in keinem Bereich mehr gut – und nicht einmal imstande, ihr Leben selbstständig zu gestalten.

Die folgenden Monate waren die schrecklichsten und zugleich befreiendsten ihres Lebens.

So lange brauchte sie, bis sie den nötigen Mut aufbrachte, ihrem Mann zu sagen, wie sie sich wirklich fühlte. Den Mund aufzumachen, sich zu ihrem wahren Charakter zu bekennen, ja allmählich zu der Auffassung zu gelangen, dass sie ganz in Ordnung war, empfand sie als ihre bisher ungewohnteste Erfahrung – fremder noch als dieser Ort, an dem sie wohnte.

Jennifer war immer stolz darauf gewesen, tüchtig und verantwortungsbewusst zu sein. Jetzt, da sie die dreißig überschritten hatte und in einer Kleinstadt inmitten einer gottverlassenen Gegend lebte, lernte sie endlich, die Kontrollmechanismen aufzugeben und für sich selbst die Verantwortung zu übernehmen.

»Im Verlaufe dieses Prozesses fühlte ich mich völlig verwirrt und verloren«, gestand sie später einer Freundin. »Heute blicke ich auf diese Erfahrung zurück mit der Gewissheit, dass mir nie etwas Besseres passiert ist. Ich sagte meinem Mann, was wirklich in mir vorging. Ich versicherte ihm, dass ich ihn liebe und seine Frau sein wolle, dass er in dieser Stadt bleiben könne, wenn er es wünsche, aber dass ich mich um mein eigenes Wohl kümmern müsse. Er war schockiert. Doch wie hätte er das vorher merken sollen? Ich hatte ihm so lange etwas vorgetäuscht, dass ich gar nicht mehr wusste, wer ich eigentlich bin.

Wir kehrten in unsere Heimatstadt zurück. Unsere Ehe ist intakter denn je. Ich war kein Opfer. Das wurde mir inzwischen klar. Er hatte mir nichts angetan. *Ich* hatte mir geschadet.«

Nachdem sie sich entschuldigt und eine Vorstandssitzung verlassen hat, ruft sie auf dem Handy ihre beste Freundin aus einer Toilette im Büro an und beginnt bitterlich zu weinen. Sie hatte ihren Geliebten – in ihren Augen ein *gemeiner, lascher Typ mit krankhafter Bindungsangst* –, mit dem sie sich innerhalb von achtzehn Monaten mehrmals verkrachte und wieder versöhnte, nur um einen gemeinsamen Urlaub gebeten. Und er hatte nicht nur die Einladung ausgeschlagen, sondern auf der Stelle Schluss mit ihr gemacht.

Jetzt sitzt sie mit tropfendem Eyeliner und verschmiertem Make-up hinter einer verriegelten Toilettentür.

»Ich bin co-abhängig«, sagt Jude. »Ich habe zu viel gefordert, um eher meine Bedürftigkeit als meine Bedürfnisse zu stillen.«

In Helen Fieldings Buch *Bridget Jones' Diary* (dt. *Bridget Jones – Schokolade zum Frühstück*) erklärt Bridget dazu: *Typisch, für Jude ist es ganz selbstverständlich, die Schuld allein bei sich zu suchen.*

In dem gleichnamigen Film versichert sie Jude, dass sie, Jude, nicht co-abhängig sei; vielmehr sei der jetzt Ex-Geliebte einfach ein Blödmann.

»Ich habe *Codependent No More* (dt. *Die Sucht, gebraucht zu werden*) gelesen«, bekannte eine Fernsehmoderatorin nach der Ausstrahlung eines Dokumentarfilms über mein Leben. Ihre Co-Moderatoren schauten sie an. War es Schrecken, den ich in ihren Augen las? »Das war früher, in meiner Co-Abhängigkeitsphase«, fügte die Moderatorin schnell hinzu.

Als ich zum ersten Mal ein Al-Anon-Gruppentreffen besuchte, empfing mich eine forsche Frau an der Tür. »Willkommen«, sagte sie. »Sie sind doch bestimmt Mitglied von Al-Anon.« Ich erwiderte ihr Lächeln nicht. »Keineswegs«, sagte ich. »Ich bin Alkoholikerin und drogenabhängig.« Worauf sie, immer noch lächelnd, ein kurzes »Oh« von sich gab. Sah ich in ihren Augen einen Schimmer von Verständnis? »Dann sind Sie gleich zweifache Gewinnerin. Wir sind sehr froh, dass Sie hier sind.«

Ich war es nicht. Ich wand mich vor Scham und hatte eine Irrsinnswut.

»Warst du wirklich eine von *denen?*«, fragen mich heute neue Freunde.

Ich möchte lügen und antworten: *Nein, ich habe nur mit ihnen gearbeitet. Ich war nie so wie sie.*

»Würden Sie sich als co-abhängig bezeichnen?«, fragte ich eine Frau Mitte zwanzig, die offensichtlich co-abhängig war.

»Ich betrachte mich eher als überfürsorglich«, erwiderte sie. »Der Punkt ist der: Wenn ich mich zu sehr um einen bestimmten Menschen kümmere, enthalte ich jemand anderem die Fürsorge vor, die ihm oder ihr zusteht. Und meistens bin ich diejenige, die zu kurz kommt.

Wer will sich schon als ein überaus bedürftiger Kontrollfreak zu erkennen geben? Ich jedenfalls nicht«, fuhr sie fort. »Man sollte sich seine Co-Abhängigkeit insgeheim eingestehen und dann lautstark seine Stärke geltend machen, damit jeder es hören kann.«

Als ich 1986 *Codependent No More* schrieb, waren viele Menschen davon überzeugt, dass es unsere Pflicht sei, Situationen zu kontrollieren, sich an andere Menschen zu binden, für ihr Verhalten die Verantwortung zu übernehmen, die eigenen Gefühle zu unterdrücken, sich schuldig zu fühlen, sich selbst zu vernachlässigen und zu benachteiligen. Irgendwie waren wir in gesellschaftlicher und kultureller Hinsicht zu dem Schluss gekommen, dass uns – ungeachtet der jeweiligen Umstände – ein derartiges Verhalten von Nutzen wäre.

Inzwischen hat sich diese allgemeine Auffassung geändert. Es wird gesellschaftlich und kulturell akzeptiert – ja sogar reklamiert –, dass wir für uns selbst Sorge tragen.

Im Laufe der Jahre seit der Niederschrift von *Codependent No More* hat sich die kollektive Einstellung zu Co-Abhängigen gewandelt. Dankbarkeit gegenüber den Kräften, die uns die Co-Abhängigkeit erkennen und benennen ließen, schlug um in Widerwillen, offen zuzugeben, dass wir unter ihr litten oder weiterhin leiden. Wir möchten nicht in Verbindung gebracht werden mit diesem Ausdruck, der für

Kontrolle, überflüssige Schikane, Qual und Manipulation steht – und für die eingefleischte Gewohnheit, sich selbst gleichsam zum Fußabtreter zu machen.

Auch ich mag den Ausdruck »Co-Abhängigkeit« nicht besonders.

Doch für Millionen, die unmittelbar mit dem Alkoholismus oder einer anderen Sucht eines geliebten Menschen konfrontiert waren oder sind, bleibt »Co-Abhängigkeit« ein lebensrettendes Wort. Wie Jennifer herausfand, entdecken und bewahren wir das eigene Leben dadurch, dass wir uns dieser Sucht bewusst werden, dass wir sie verstehen lernen und dann zu überwinden suchen.

»Wann haben Sie sich mit Ihrer Co-Abhängigkeit auseinander gesetzt?« fragte ich einmal eine Frau.

»Als ich es satt hatte, meinen Kopf gegen eine Backsteinmauer zu schlagen, weil ich alles und jeden kontrollieren wollte, ausgenommen mich selbst«, erwiderte sie.

Wie immer wir uns bezeichnen – Opfer zu sein ist *out*; fürsorglich mit sich selbst umzugehen, das ist *in*.

Für das eigene Wohl zu sorgen ist endlich eine populäre Entscheidung.

5

Er musste umkehren

Stolz schritt Doug hinter dem Mann in der Uniform den Korridor entlang. Als dieser innehielt, betrat er die Gefängniszelle. Hinter ihm fiel scheppernd die Tür ins Schloss.

»He, Dougie!«, rief jemand aus dem hinteren Teil des Baus. »Bei was haben sie dich denn diesmal geschnappt?«

Doug ging zu seiner Zellentür und schaute sich um. Es war sein alter Kumpel Carter. »Autodiebstahl«, sagte Doug. »Und wegen was haben sie dich eingelocht?«

Später öffnete der Sheriff Dougs Tür und führte ihn erneut durch das Labyrinth der Gänge. »Dein Vater ist da«, sagte er. Er schüttelte den Kopf: »Doug, ich kenne deine Familie seit Jahren. Es sind gute Menschen. Warum tust du ihnen das an?«

Doug antwortete nicht. Er folgte dem Sheriff in den Besuchsraum. Dort saß sein Vater.

Doug hörte sich dessen wütende Fragen an: »Warum machst du das? Wie kannst du deine Mutter und mich derart verletzen? Nach allem, was wir für dich getan haben, wendest du dich von uns ab und bereitest uns solchen Kummer?«

Doug ließ sich auf seinen Stuhl fallen und wartete darauf, dass die Vorwürfe seines Vaters ein Ende nahmen. Als der sich schließlich beruhigt hatte, erfüllte den Raum ein unangenehmes Schweigen. »Morgen Früh wird über die Kaution verhandelt«, sagte Doug. »Dann sehen wir uns wieder.«

Sein Vater schrie nicht mehr und senkte seine Stimme: »Deine Mutter und ich haben alles Erdenkliche unternommen, um dir zu helfen, um dir eine weitere Chance zu geben. Es hat nichts genutzt. Du bist wieder hier gelandet. Und jedes Mal wird dein Verhalten noch schlimmer.

Wir haben ein paar Leute angerufen, deine Mutter und ich. Und haben beschlossen, nun, wir haben beschlossen, diesmal keine Kaution für dich zu stellen. Wir haben alles versucht, was in unserer Macht steht. Wir werden mit dem Richter sprechen und ihn bitten, dich zu verurteilen und irgendwohin zu schicken, wo du lernst, was wir dir nicht beibringen können.«

Doug sah, wie sein Vater aufstand.

»Ich liebe dich, mein Sohn«, sagte er. »Aber was zu viel ist, ist zu viel.«

Er drehte sich um und ging zur Tür. Der Sheriff ließ ihn hinaus und wandte sich dann Doug zu. Der hatte nun keinen stolzen Gang mehr.

Sechs Wochen später saß Doug auf einem harten Metallstuhl im *Gruppenraum.* Wie lächerlich diese ganze Umgebung doch war. Er wünschte, der Richter hätte ihn ins Gefängnis geschickt. Dort hätte man ihn wenigstens nicht weiter behelligt.

Der Therapeut sah Doug an. »Setz dich gerade hin. Knöpf dein Hemd zu. Nimm die Zigarette hinter deinem Ohr und wirf sie in den Mülleimer.«

Doug seufzte, erhob sich und ging zum Mülleimer. Der Typ auf dem übernächsten Stuhl kicherte. Doug ballte die Faust und warf ihm einen kurzen Blick zu.

»Na gut, Doug. Zwei Wochen Putzkolonne wegen Einschüchterung. Geh jetzt zu deinem Stuhl zurück und setz dich gerade hin. Du bist wieder auf dem heißen Stuhl.« Der Therapeut lehnte sich zurück. »Und ich habe viel Zeit.«

Doug stöhnte. *Was wollen die von mir? Ihr könnt mich mal. Hab' euch schon alles gesagt, was ich weiß.*

»Erzähl der Gruppe, was du getan hast, und warum.«

»Hab 'n Auto geklaut. Weil ich 'n Knacks weg hab'.«

Doug sah sich um und wich dann dem Blick seines Therapeuten aus. Er wiederholte nur, was er in den vorhergehenden Sitzungen von sich gegeben hatte. Ihm war klar, dass das nicht genügte. Doch er hatte keine Ahnung, was er sonst sagen sollte.

»Erzähl uns, wann du zum ersten Mal in Schwierigkeiten geraten bist.«

»Am Tag meiner Geburt«, erwiderte Doug.

So ging es zwischen den beiden eine Weile hin und her. *Sprich über deine Kindheit. Sprich über deine Schulzeit. Sprich über deine Familie, über deine Mutter und deinen Vater. Wie fühlst du dich, Doug? Nein, wie fühlst du dich wirklich? Was empfindest du in diesem Augenblick?*

»Ich bin wütend«, schrie Doug schließlich. »Ich möchte, dass Sie endlich aufhören.«

»Schon besser«, sagte der Therapeut. »Wenigstens bist du uns gegenüber ehrlich. Jetzt erzähl mir, Doug, wer dich verletzt hat. Wer hat dich so tief verletzt, dass du deine Gefühle nicht zum Ausdruck bringen konntest?«

»Niemand hat mich verletzt«, antwortete Doug. »Wie Sie schon sagten, ich hab' mich selber verletzt.«

»War es deine Mutter, Doug? Dein Vater? Oder beide? Wer hat dir so wehgetan, dass du den Schmerz nicht fühlen konntest? Was ist passiert? Es ist alles okay, Doug. Du bist jetzt in Sicherheit. Sag es mir.«

Der Therapeut begann, Doug eine Geschichte aus seiner eigenen Kindheit zu erzählen, über etwas, das sein Vater ihm angetan hatte und das ihn derart in Verlegenheit brachte, derart beschämte, derart von der übrigen Welt abzusondern schien, dass er den Schmerz einfach überspielte. Und er erzählte ihm auch, wie er vor diesem Schmerz floh und anfing, Dummheiten zu machen, weil er nur so sich selbst demonstrieren konnte, wie sehr er litt und wie wütend er war.

»Wer hat dich verletzt, Doug? Das würde ich wirklich gerne wissen. Mir liegt an dir.« Der Therapeut schaute ihm in die Augen. Es waren keine leeren Worte. Er meinte tatsächlich, was er sagte.

Die aufgestauten Gefühle kamen nicht tröpfchenweise zum Vorschein, sondern völlig unerwartet, wie bei einem Vulkanausbruch. Langsam zunächst, in kurzen Schüben, dann Tränen, dann Wut, dann noch mehr Tränen, und schließlich hielt der Therapeut Doug einfach nur in den Armen und sagte ihm, dass alles gut werden würde.

Ein Onkel. Der Bruder seines Vaters. Den die Familie so liebte und respektierte. Er hatte Doug gezwungen, ihn zu berühren, ihm gefällig zu sein – jedes Mal, wenn er den Jungen allein bei sich hatte. Doug sagte seinen Eltern immer wieder, dass er nicht zum Onkel wolle – nicht mit ihm zur Jagd gehen und keine Aufgaben für ihn erledigen wolle. Doch sein Vater bestand darauf, erklärte, dass ihm dies gut tun würde. Nun, es tat ihm nicht gut. Und niemand kümmerte sich darum. Niemand hörte ihm zu, wenn er sagte: *Nein, ich will nicht dorthin.*

Nachdem Doug sein Geheimnis dem Therapeuten und sich selbst offenbart hatte, weinte er stundenlang. Dann fühlte er sich tagelang seltsam, anders als in den vergangenen zehn Jahren, soweit er sich erinnern konnte.

»Wow«, sagte Doug. »Ich wusste gar nicht, dass all diese Gefühle in mir verborgen waren.«

Zwanzig Jahre später klingelte Dougs Telefon. »Doug, wir haben hier einen Neuzugang aus der Jugendstrafanstalt«, sagte die zuständige Sekretärin. »Zwei Autodiebstähle; eine ganze Latte von Schulproblemen. Er heißt Jake. Ich weiß, dass du deine magischen Kräfte an ihm wirken lassen kannst.«

Doug sah einen dunkelhaarigen Siebzehnjährigen mit ausgebeulten Hosen und einem Piercing in der Nase ins Zimmer stolzieren. Dieser Junge erinnerte ihn an sich selbst. Er sah mehr als einen Teenager, der Dummheiten machte. Er sah einen Menschen, der wütend und verletzt war und all seine Gefühle in unannehmbarer Weise ausagierte.

Doug glaubte nicht, mit besonderen magischen Kräften ausgestattet zu sein. Seine Fähigkeit, mit verhaltensgestörten Jugendlichen zu arbeiten, hatte sich wie von selbst ergeben – ebenso wie seine Entscheidung, die Lektionen, die er selbst gelernt hatte, zu benutzen, um Teenagern beizustehen und ihr Leid zu lindern. Doug wusste, dass schlechte Gewohnheiten sich gleichsam verselbstständigen und dass man für sein Handeln verantwortlich ist – ganz gleich, was einem angetan wurde. Aber er verstand auch das Spiel von Ursache und Wirkung, soweit es die Gefühle und die Therapie betrifft.

»Willkommen in der Resozialisierung«, sagte Doug. »Ich bin dein Therapeut. Nimm dieses Piercing aus der Nase. Dann komm wieder herein, und wir reden miteinander.«

Wir entfliehen unserem Kummer auf vielerlei Wegen. Wir verdrängen, täuschen vor, wiegeln ab, nehmen Medikamente, dürsten nach Rache, lösen uns von dem empfindlichen Teil unserer selbst – und leben dann unseren Schmerz aus. Wir bewältigen die Dinge, so gut wir können. Wir meinen, dadurch unser Leben im Griff zu haben, aber das stimmt nicht. Etwas, das uns widerfuhr, hat uns weiterhin im Griff. Manchmal drängen wir diesen Zwischenfall so weit zurück, dass wir uns an ihn – oder daran, welche Gefühle er in uns hervorrief – wirklich nicht mehr erinnern können.

Als ich von meinen Suchtkrankheiten zu genesen begann, verbarg sich in mir eine emotionale Explosion, die, als sie 1973 endlich ausgelöst wurde, die Wände des Wilmar State

Hospital schwer erschütterte. *Wow*, dachte ich. *Mir war nie bewusst, dass ich all diese Gefühle hatte.*

Als mein Heilungsprozess in Sachen Co-Abhängigkeit anfing, war ich bei meinem ersten Al-Anon-Gruppentreffen zunächst empört. Doch als mir klar wurde, dass ich mich an einem sicheren Ort und inmitten einer Gruppe von Leuten befand, die gesund und liebevoll waren und gewissenhaft an sich arbeiteten, ließen meine Verdrängungsmechanismen allmählich nach. Ich brauchte sie nicht mehr. Bald konnte ich nichts anderes tun als dazusitzen und zu weinen. Hinter all jenen verzweifelten Bemühungen, zwanghaft Kontrolle auszuüben und zu manipulieren, versteckte sich ein abgrundtiefer Kummer. *Wow*, dachte ich. *Mir war nie bewusst, dass ich all diese Gefühle hatte.*

Ich benötigte weiterhin Hilfe und Heilungsprogramme, um gesund zu werden und mich zu ändern. Ich bedurfte ihrer vor, während und nach meiner emotionalen Explosion. Doch nachdem die vielen unterdrückten Gefühle aus mir hervorgebrochen oder herausgesickert waren, verselbstständigte sich allmählich der Prozess, im Laufe dessen sich mein Verhalten änderte.

In seinem Buch *Brain Lock: Free Yourself from Obsessive-Compulsive Disorder* (dt. *Zwangshandlungen und wie man sich davon befreit*) berichtet der Arzt Jeffrey M. Schwartz über den erfolgreichen Kampf eines seiner Patienten gegen solche zwanghaften Verhaltensstörungen sowie über die Verbindung, die der Mann zwischen diesen und seinen nicht empfundenen Gefühlen entdeckte.

»Sobald er fähig ist, das zu tun [d.h. seine Gefühle zu empfinden], stellt er fest, dass seine zwanghaften Verhaltensstörungen auf ein Minimum zurückgehen, doch sobald er seine Gefühle unterdrückt, machen sich diese Verhaltensstörungen extrem negativ bemerkbar.

Jahrelang hatte er Medikamente genommen, um die Therapie zu unterstützen, aber dann wurde ihm klar, dass sie ›im

Grunde meine Persönlichkeit nivellierten. Ich war einfach völlig abgestumpft. Meine Gefühle wurden sehr stark unter Kontrolle gehalten. Um zwanghafte Verhaltensstörungen zu überwinden, muss man seinen Gefühlen wirklich freien Lauf lassen.‹«

Der Patient war außerstande, den Tod seiner Mutter zu beweinen. Doch er weinte, als Mickey Mantle starb.

Es gibt zwei Arten von Gefühlen: die an der Oberfläche – etwa jene Ungehaltenheit und Verärgerung, die Doug empfand, als der Therapeut ihn fragte, wie er sich fühle. Sie können wichtige Fingerzeige und Bindeglieder sein. Doch bei vielen von uns verbergen sich darunter tiefere Gefühle.

In der Zeit, als ich zusammen mit anderen Therapeuten die Gruppenarbeit in therapeutischen Zirkeln in Minneapolis förderte, kam es zu einigen wahren »Stallbränden«. Wir versengten gleichsam die äußeren Gefühlsschichten so lange, bis die Mauern im Innern einstürzten. Aus solchen Gruppensitzungen, die manchmal Stunden oder Tage dauerten, gingen alle – die Person auf dem heißen Stuhl, der Therapeut, die anderen Teilnehmer – verändert hervor.

Es lag ein Zauber in der Luft.

Da sprachen nicht Leute *über* ihre Gefühle. Sie erlebten sie. Sie fühlten sich so, wie sie sich wirklich fühlten.

Die Fähigkeit, von den eigenen Emotionen Abstand zu gewinnen, ist eine menschliche Überlebens- und Sicherheitsstrategie. Sie schützt uns vor Gefühlen, deren Wucht uns übermannen würde – bis wir schließlich herausfinden, wie wir uns auf andere Weise schützen können.

Die Aufmerksamkeit für jede unserer Handlungen bleibt auch dadurch gewahrt, dass wir die Entscheidung treffen, unsere eigentlichen Gefühle aufmerksam wahrzunehmen. Autsch! Das tut weh. Ja, und vermutlich schon seit langem. Wenn wir in der Kindheit ein oder zwei wesentliche Gefühlsäußerungen oder Schritte »übersprungen« haben, so fordert uns eben diese Aufmerksamkeit jetzt auf, zurückzugehen und zu empfinden, was wir damals empfanden.

• • • • •

Alte emotionale Wunden zu heilen ist eine aufreibende Entscheidung, die allerdings Wunder wirkt.

6

Auch sie verfehlte eine Stufe

Es geschah in der Aufregung, wie so oft bei Unfällen. Sie stieg aus der Dusche, und im nächsten Augenblick läuteten das Telefon und gleichzeitig die Türglocke. Carol schnappte sich ihren Bademantel und hastete zu der Treppe, die auf die Hauptebene ihrer Wohnung führt. Dieser blöde, wild jaulende Hund sprang ihr zwischen die Füße. Sie passte nicht auf, ging zu schnell. Wupp! Sie verfehlte eine Stufe, verlor das Gleichgewicht und fiel die Treppe hinunter.

Einen Moment lang war sie wie betäubt. Alles hatte sich in Windeseile abgespielt. Sie versuchte aufzustehen, aber es ging nicht. Sie betrachtete ihr Bein.

Sie wusste, dass es gebrochen war.

Mein Gott, es tat wirklich weh.

Zwei Tage später wurde sie mit einer großen Packung Schmerztabletten und der Anweisung, zu Hause auszuruhen, aus der Klinik entlassen. Sie legte sich auf die Couch in ihrem Wohnzimmer und starrte auf das untere Ende der Treppe.

Ich bin tatsächlich am Tiefpunkt angekommen, dachte sie. Sie blickte auf die Flasche mit dem Schmerzmittel. Nehmen Sie – je nach Bedarf – alle sechs Stunden eine oder zwei Tabletten. Sie schluckte zwei und erwog, eine dritte folgen zu lassen. *Warum ereignen sich alle Unglücke auf einmal?*, fragte sie sich, darauf wartend, dass das Medikament zu wirken begann. Sie hatte sieben Jahre darauf gewartet, dass Michael bei ihr bleiben würde. Er blieb auch – aber nur eine Zeit lang. Dann kehrte er zu seiner Ex-Frau zurück. Und anschließend tauchte er erneut bei ihr auf.

Das war ein äußerst unbefriedigendes Hin und Her.

Nicht anders als die Entziehungskur, der er sich häufig unterzog, um von seiner Kokainsucht geheilt zu werden.

Wie konnte ich bloß so dumm sein, all die Jahre voller Mitleid auf ihn zu warten? Was habe ich mir eigentlich dabei gedacht? Wir hatten einige schöne Zeiten, aber dieser Typ bescherte mir nur Kummer und Leid. Sie schaute auf ihr Bein. *So was in der Art.*

Drei Monate zuvor hatte sie ihm schließlich den Laufpass gegeben. *Jetzt ist er weg, für immer. Und ich sitze hier fest, immer noch leidend, immer noch wartend, immer noch einsam.*

Zwei Wochen vergingen, dann drei. Das Geld wurde knapp. Ihr Bein schmerzte nach wie vor. Es handelte sich um einen komplizierten Bruch. Der Arzt hatte sie mit allen nötigen Präparaten gegen den Schmerz versorgt. Es war verlockend, einfach nur auf der Couch zu liegen und in Euphorie zu verfallen. Die Pillen linderten das Pochen im Bein – und betäubten den Schmerz im Herzen.

Sie griff nach einer weiteren Pille. Eine leise Stimme im Innern sagte: *Pass auf. Auch du bist im Begriff, abhängig zu werden.*

Auch an den nächsten beiden Tagen lag Carol teilnahmslos da und schlang die Tabletten hinunter, als wären es Smarties. Es war ein Mittwoch, als sie sich erhob, auf Krücken zum Kühlschrank hinkte, um ein Sodawasser zu holen, und plötzlich merkte, dass sie sich nicht mehr erinnern konnte, wann sie zum letzten Mal einen klaren Kopf gehabt hatte. Seit dem Unfall war sie ununterbrochen in einem medikamentös bedingten Zustand der Benommenheit gewesen.

Wenn ich so weitermache, lande ich irgendwann in der Entziehungsanstalt, dachte sie, während sie zum Telefon ging. *Es muss einen anderen Weg geben. Mein Bein tut wirklich weh, aber ich kann nicht ständig diese Pillen schlucken.*

Sie rief ihren Arzt an.

Am darauf folgenden Montag nahm sie ein Taxi, um zu einer Adresse zu fahren, die der Arzt ihr gegeben hatte. Es handelte sich um eine Klinik, die Menschen half, körperliche Schmerzen ohne Medikamente zu ertragen. Sie besuchte die Gruppen- und Therapiesitzungen und lernte allmählich, wie man mit dem Schmerz lebt und sich ohne Beruhigungsmittel entspannt, um weniger zu leiden. Sie trug weiterhin einen Gipsverband. Ihr Bein schmerzte immer noch. Und nach wie vor hatte sie die letzten sieben Jahre ihres Lebens vergeudet.

Das einzige Resultat bestand darin, dass sie lernte, den Schmerz in den Griff zu bekommen.

Der Aufenthalt in der Klinik war auf sieben Tage begrenzt, dann wurden die Patienten entlassen. Eine ambulante Nachbehandlung konnte über mehrere Monate in Anspruch genommen werden. Carol kam – je nach Bedarf – ein- bis zweimal pro Woche, um sich weiterhin helfen zu lassen.

Dabei lernte sie Jason kennen. Auch er hatte eine Schmerzklinik aufgesucht. Er war Bergsteiger und hatte sich bei seiner letzten Klettertour den Rücken verletzt.

»Lass uns heute Abend essen gehen und darüber reden, wie angenehm das Leben sein kann, wenn man keine Schmerzen hat«, sagte er.

Carol war einverstanden.

Sechzehn Monate später trat sie aus der Dusche, trocknete sich ab, schlüpfte in ihr Kleid und ging dann vorsichtig die Treppe hinunter. Heute wollte sie nicht ausrutschen. In vier Stunden wollte sie Jason heiraten.

»Wie habt ihr beide euch denn kennen gelernt?«, fragte eine Tante auf der Hochzeitsfeier.

Carol schwieg einen Augenblick, ungewiss, was sie antworten sollte. Sie dachte an ihre Entscheidung, die unbefriedigende Beziehung mit Michael nach all den Jahren zu beenden; an ihre Unachtsamkeit, diesen wild jaulenden Hund und den Treppensturz, bei dem sie sich das Bein gebrochen hatte; an die zu hohe Dosis Medikamente gegen den zu starken Schmerz; an ihren Entschluss, sie abzusetzen; an ihre Hilfsbedürftigkeit und an ihren festen Willen, den Plan zu ihrer Rettung konsequent durchzuführen.

»Durch eine ganze Reihe sehr seltsamer Schicksalswendungen«, sagte sie schließlich. »Irgendwann werde ich dir darüber ausführlich erzählen.«

Manchmal verfehlen wir eine Stufe, und trotzdem löst sich dann alles in Wohlgefallen auf, wenn wir genau auf die nächsten Stufen oder Schritte achten.

Einige suchen jahrelang nach dem Zauber, wohin sie auch gehen. Am Ende sind sie oft enttäuscht, weil sie die Schönheit dessen, was vor ihren Augen lag, übersehen haben. Suchen Sie nicht mehr so angestrengt. Kümmern Sie sich um Ihre eigenen Angelegenheiten. Achten Sie auf jede Entscheidung, jedes Detail in Ihrem Leben. Nehmen Sie jeden Moment bewusst wahr. Lassen Sie zu, dass der Zauber Sie findet.

Erinnern Sie sich an die Worte von Dr. Seuss in *Oh, the Places You Will Go!*? »Heute ist dein Tag! Dein Berg erwartet dich. Also mach dich auf den Weg.«

• • • • •

Alles kann geschehen. Wirklich alles.

7

Sie trug das Grau mit Humor

Ginny schaute in den Spiegel. *Wieder ein graues Haar, ja eigentlich zehn weitere,* dachte sie, während sie sie einzeln ausriss.

Sie starrte in den Spiegel, und ihr Blick verfinsterte sich. Wohin war die zwanzigjährige Frau entschwunden? Sie fühlte sie nach wie vor im Innern dieses fünfzigjährigen Körpers.

Sie zog an der Haut unter den Augen. Hm. Sollte ich mein Gesicht liften und die Lippen bis zu den Ohren ziehen lassen? Oder sollte ich den Alterungsprozess als etwas ganz Normales betrachten?

Ich weiß es einfach nicht, dachte sie. *Wahrscheinlich warte ich ab und schaue mal.*

Das Telefon läutete. Es war ihre Tochter.

»Mami, bitte komm rüber und leiste mir Gesellschaft. Bitte, bitte, bitte«, bettelte ihre Tochter. In letzter Zeit schien das ihr einziger Wunsch zu sein.

»Nein, Liebling. Du musst jetzt dein eigenes Leben führen, und ich das meine.«

Das Gespräch dauerte lange. Schließlich legte Ginny auf und lachte. Es war nicht immer so gewesen. Als ihre Tochter auszog, war ihre Beziehung äußerst gespannt gewesen. Sie redeten kaum miteinander, und wenn es doch einmal zu einer Unterhaltung kam, war sie verkrampft. Ginny hatte eine Weile gebraucht, um zu verstehen, was los war.

Sie litt am so genannten *Leeres-Nest-Syndrom.*

»Ich fühlte mich verletzt und zurückgewiesen, war wütend und verwirrt«, erklärte sie. »Ich hatte keine Ahnung, was geschah. Stets war ich die wichtigste Person in der Welt dieses kleinen Mädchens gewesen. Und auch sie war mein Leben. Plötzlich aber hatte sie kaum noch Zeit, um mit mir zu sprechen. Ich zählte überhaupt nicht mehr für sie.

Insgeheim war ich auf ihre neuen Freundinnen und Freunde eifersüchtig. Sie bekamen all die Liebe, die meine Tochter vorher mir geschenkt hatte.

Ich hatte versucht, die beste Mutter zu sein, die ich sein konnte. Aber alles, was sie tat, war, mich zurückzustoßen und mich auf all meine Fehler aufmerksam zu machen. Eines Tages wurde mir schließlich klar, was da geschah. Sie war im Begriff, unabhängig von mir ihre eigene Persönlichkeit zu entfalten. Aus diesem Grunde musste sie mich zurückstoßen. Je verzweifelter ich mich an sie klammern wollte, desto heftiger wies sie mich zurück. Es war wirklich schwer für mich und tat sehr weh. Aber ich musste sie einfach loslassen.«

Ginny wartete nicht mehr darauf, dass ihr Kind nach Hause käme. Stattdessen benutzte sie einen Teil ihrer Liebe, um sich selbst liebevoll zu behandeln. Sie unternahm Reisen, besuchte fremde Orte und tat Dinge, die sie sich vorher nicht einmal hatte vorstellen können.

»Wissen Sie was?«, sagte Ginny. »Mein Kind kehrte zurück. Doch als sie sich dazu entschloss, war sie eine erwachsene Frau, und ich führte bereits ein neues Leben. Ich vermisse jene Zeiten, da wir eine Familie waren und das kleine Mädchen noch daheim wohnte. Oft genug waren sie schwierig – aber dennoch vielleicht die besten meines Lebens. Doch auch diese Zeit ist gut. Wir lieben uns jetzt genauso wie früher oder sogar noch mehr. Unsere Beziehung ist weder besser noch schlechter, nur anders.

Es ist ein neuer Abschnitt in ihrem Leben und in meinem.«

Nun werden Sie also älter.

Was wollen Sie tun? Das Fett am Bauch absaugen oder die Augenpartie liften lassen? Vielleicht die Haare färben? Oder bleiben Sie ganz natürlich und tragen das Grau mit Humor?

Na, raten Sie mal.

• • • • •

Auch in diesem Fall entscheiden Sie, was geschieht.

8

Er hatte es satt, krank zu sein

»Ein künstlicher Darmausgang? Sie meinen, ich soll einen Beutel herumtragen, mit dem ich auf die Toilette gehe? Nein«, sagte Ralph. »Ausgeschlossen. Kommt überhaupt nicht in Frage. Welche Alternativen habe ich?«

Der Arzt erklärte, dass Ralph sich einer Chemotherapie und Bestrahlung unterziehen könne, ohne einen künstlichen Darmausgang zu haben. Außerdem könne er sich gegen jedweden operativen Eingriff entscheiden. Oder er könne sich der Chemotherapie sowie der Bestrahlung unterziehen und den künstlichen Darmausgang legen lassen, was er, der Arzt, als die beste Lösung empfehle.

»Darüber muss ich daheim in aller Ruhe nachdenken«, sagte Ralph. »Ich melde mich wieder.«

Ralph fuhr nach Hause und sprach nicht viel mit seiner Frau, die neben ihm saß.

Wohin war sein Leben entschwunden? Bis zu jenem Tag im letzten Frühling hatte er sich bester Gesundheit erfreut. Es begann mit Magenschmerzen. Dann diagnostizierten die Ärzte ein Krebsgeschwür im Magen. Sie entfernten es und teilten ihm mit, dass er geheilt sei. Einige Zeit später kam er zur Nachuntersuchung, bei der man weitere Krebsgeschwüre entdeckte – diesmal im Dickdarm. Das alles wurde ihm zu viel, viel zu viel. Seit mehr als acht Monaten fühlte er sich unwohl.

Und jetzt erzählte ihm dieser Arzt, dass er einen Beutel tragen solle?

»Liebling, ich möchte, dass du da bist«, sagte seine Frau. »Aber es ist dein Körper und dein Leben. Du entscheidest, was du tun möchtest.«

Die Krankheit ist eine schwere Prüfung. Sie kann unsere Gefühle, unseren Glauben, unsere Beziehungen und unsere Lebensqualität beeinträchtigen. In anderen Situationen hilft sie uns innezuhalten, bestimmte Notfallmaßnahmen zu ergreifen, um auf sanfte Weise und nach besten Kräften für das eigene Wohl zu sorgen.

Unser Körper versagt nicht nur dann, wenn wir älter werden. Manche Menschen kommen schon mit körperlichen Gebrechen zur Welt. Manche ziehen sich schon in jungem Alter schlimme Krankheiten zu. Andere dagegen werden fast ohne körperliche Beschwerden hundert Jahre alt.

Ich kenne Leute, die gelähmt sind, und Leute, die ohne Beine mit dem Fallschirm abspringen. Ich kenne einen Mann, der vor Jahren einen künstlichen Darmausgang gelegt bekam. Er ist jetzt Anfang siebzig. Jeden Tag fährt er auf seinem Motorrad zum Absprunggebiet und springt aus einem Flugzeug, um sich jung zu halten.

Außerdem kenne ich eine Frau, die eine tückische Form der Kinderlähmung hatte und den größten Teil ihrer Jugend und ihres Erwachsenenlebens in einem Pflegeheim verbrachte – derart schwer behindert, dass sie einmal stundenlang in der Toilette eingesperrt war, bis eine Schwesternhelferin sich an sie erinnerte und ihr zu Hilfe kam. Als sie fünfzig wurde, mietete sie sich eine Wohnung. Heute hat sie einen Freund. Wegen ihrer und seiner Behinderungen engagieren sie jemanden, der es ihnen ermöglicht, miteinander zu schlafen.

Ich kenne auch eine Frau, die seit Jahren an AIDS leidet. Sie ist jung, schön und hat ein ebenso sicheres wie aktives Liebesleben (mit Liebhabern wie mit Freunden). Sie hat mehr Freier als die meisten Frauen in meinem Bekanntenkreis.

Letztlich ist es Ihr Körper – ganz egal, ob er versagt oder in Topform ist.

Man sagt uns, was wir wann essen sollen – kein oder wenig Cholesterin, kein Fleisch, viele Nudeln, keine Eier.

Manchmal hat es den Anschein, als würde jeder etwas anderes empfehlen. Immer steht irgendwo ein Nahrungsmittel auf den Regalen der Geschäfte, das lauthals schreit: *Wenn du mich isst, stirbst du!*

Wir können auf die Ratschläge des Arztes hören. Wir können eine zweite, dritte und vierte Meinung einholen. Wir können der westlichen oder der holistischen Medizin oder einer Kombination aus beiden anhängen. Wir können vorbehaltlos jede Medizin einnehmen, die ein Arzt uns verabreicht, oder aber ihm Fragen stellen und uns weiter informieren.

• • • • •

Doch wenn wir über achtzehn sind, ist es allein unsere eigene Entscheidung, wie wir mit unserem Körper umgehen, was wir ihm zu essen und zu trinken geben und auf welche Weise wir ihn medizinisch behandeln lassen.

9

Sie ritt auf dem Rad

Sobald du deine Lektionen lernst, hört der Schmerz auf. Das schrieb sie in ihrem Buch *Das Rad des Lebens.*

Nun lag die berühmte Sterbeforscherin auf dem Krankenhausbett in ihrem Wohnzimmer. Sie konnte nicht aufstehen. Eine Reihe von Schlaganfällen – neunzehn oder noch mehr – hatte sie in einen Zustand schwerer Behinderung und halbseitiger Lähmung versetzt. Es war früher Vormittag. Sie hatte Durst. Elisabeth Kübler-Ross sprach ein kurzes Gebet. »Gott, bitte schicke mir jemanden. Eine Tasse Tee wäre so wunderbar.«

Auf den abgelegenen Straßen Arizonas hatte ich mich verfahren. Selbst mit Hilfe des Navigationssystems in meinem Wagen konnte ich die gesuchte Adresse nicht finden. Mit Vierradantrieb holperte ich durch die Gegend. Meine Begleiterin namens Lori runzelte die Stirn.

»Hast du dich noch nie mit Vierradantrieb fortbewegt?«, fragte ich.

»Nein«, erwiderte sie.

»Dann wird's aber Zeit.« Sie hatte ihre Stelle als Reporterin für den *Miami Herald* aufgegeben. Jetzt arbeitete sie freiberuflich und schrieb an einem Buch. Wir waren unterwegs, um Elisabeth Kübler-Ross zu interviewen. Ich habe nicht viele Heldinnen in dieser Welt. Elisabeth aber ist zweifellos eine von ihnen – eben aufgrund ihrer bahnbrechenden Arbeiten zu den Themen Trauer, Sterben, Tod und Leben nach dem Tod. Bevor sie starb, wollte ich sie unbedingt kennenlernen.

Schließlich fanden wir die Adresse und läuteten an der Tür. »Kommen Sie herein«, rief Elisabeth mit lauter Stimme. Wir stießen die Tür auf.

»Hallo, Elisabeth«, sagte ich. »Möchten Sie, dass ich Ihnen eine Tasse Tee mache?«

Wir bereiteten ihr etwas zu essen. Sie bat mich, ihr beim Anziehen behilflich zu sein. Behutsam tat ich, worum sie mich bat.

»Es geht darum, etwas anzunehmen«, sagte sie. »Das habe ich nie gelernt. Nun hat Gott mich in eine Lage versetzt, wo mir keine andere Wahl bleibt, als um Hilfe zu bitten und sie anzunehmen.«

Ich half ihr in den Rollstuhl, schob sie ins Badezimmer und schaute weg, um ihr ein wenig das Gefühl von Ungestörtheit zu vermitteln, während sie sich das Gesicht wusch und die Zähne putzte.

Ich schob sie zurück ins Wohnzimmer. Lori und ich nahmen vor ihr Platz.

»Nur zu«, sagte sie. »Fragen Sie mich rundheraus.«

Lori räusperte sich. »Ich habe mich in eines Ihrer Bücher vertieft und versuche herauszufinden, was es heißt, sich zu seiner Stärke zu bekennen.«

»Das ist einfach, meine Liebe«, erklärte Elisabeth. »Man muss nur eines tun, nämlich so sein, wie man ist.«

Elisabeth sah mich an. »Und Sie«, sagte sie. »Was möchten Sie wissen?«

Jetzt musste ich mich räuspern.

»Glauben Sie wirklich an ein Leben nach dem Tod? Haben Sie nicht Angst vor dem Tod, zumindest ein bisschen?«

Elisabeth lachte. »Haben Sie etwa mein Buch nicht gelesen, meine Liebe?«, fragte sie zurück. »Ob ich daran glaube, spielt keine Rolle. Ich weiß, dass es ein Leben nach dem Tod gibt. Sterben ist der einfache Teil. Es ist das Leben, das Schwierigkeiten bereitet.«

Wir verabschiedeten uns voneinander. Elisabeth tat, was sie eine ET-Berührung nannte – sie streckte behutsam ihren Zeigefinger aus, da jede weitere Berührung ihr Schmerz verursacht hätte.

Ich beugte mich vor und flüsterte ihr ins Ohr: »Danke. Und kommen Sie wohlbehalten nach Hause.«

Lektionen, Lektionen und noch mehr Lektionen. Bei jedem Schritt auf dem Weg gibt es etwas zu lernen. Gerade wenn man denkt, sie alle quasi in der Tasche zu haben, ergibt sich plötzlich eine neue Lektion.

Einige von ihnen verbergen sich hinter Problemen, die gelöst werden müssen. Andere sind normale Folgeerscheinungen des Lebens und des täglichen Älterwerdens. Außerdem beinhaltet jede Kategorie von Lektionen viele kleine Lektionen.

Angst kann auch eine Lektion sein, die Spaß macht. Ich begann nicht zuletzt deshalb mit dem Fallschirmspringen, um darüber etwas in Erfahrung zu bringen. Auch Spielen ist eine unterhaltsame Lektion – obwohl manche von uns zunächst steif und unnatürlich sind. Für einige Leute wiederum besteht die Lektion gerade darin, nicht mehr zu spielen und stattdessen zu lernen, wie man diszipliniert arbeitet. Andere Lektionen sind teilweise nicht so angenehm. Sie schmerzen uns, sobald wir mit ihnen konfrontiert sind. Trauer, ein gebrochenes Herz, belastet Körper und Seele und kann sehr lange anhalten. Das Leid infolge eines schwerwiegenden Verlusts kann sich zwei bis acht – und manchmal sogar noch mehr – Jahre hinziehen.

Schuldgefühle sind mit Abstand das Schlimmste. Sie lähmen uns, und oft verbannen wir sie so tief in unser Innerstes, dass wir uns ihrer gar nicht mehr bewusst sind. Doch die peinigenden Gedanken gehen uns auch weiterhin durch den Kopf.

Das ist etwa so wie in einer Beziehung mit dem lästigsten Quälgeist der Erde. Ständig geben uns die Schuldgefühle zu verstehen: *Du hast das nicht verdient. Die Leute könnten es herausfinden. Du kannst nicht so sein, wie du bist.* Bisweilen treiben sie uns sogar bis zum Äußersten: *Du hast es nicht verdient, glücklich zu sein. Ja, du hast es nicht einmal verdient zu leben.* Sie sind ebenso raffiniert wie heimtückisch. Und selbst wenn wir sie auffordern zu schweigen, starren sie uns mit vorwurfsvollen Blicken an.

Einige von uns haben nicht nur die Lektion der Schuldgefühle zu lernen – sie fühlen sich überdies schuldig wegen der Lektionen, die sie durchmachen. Ihr Leben ist zutiefst von Schuldgefühlen geprägt.

Die allgemeine Vorstellung, dass das Leben bestimmte Lektionen bereithält, erschien mir so lange interessant, bis ich selbst immer wieder mit ihnen konfrontiert wurde. Ich wartete darauf, dass sie endlich aufhörten, hatte zwischendurch Augenblicke der Ruhe, der Unbeschwertheit, des Spiels – nur um dann vom Schicksal die nächste Lektion aufgebürdet zu bekommen.

Na gut, dachte ich. *Ich will sie hinter mich bringen, um mein Stück von der Torte, meinen Teil vom Traum abzukriegen.* Im Großen Buch der Anonymen Alkoholiker spricht Bill Wilson über persönliches Glück, Freude und Freiheit. Diesen Zustand wollte ich erlangen. Und jedes Mal, wenn ich eine weitere Lektion intus hatte, sagte ich mir: *Jetzt hast du's endlich geschafft.* Und schon begann die nächste Lektion.

Bei einem Seminar in Pasadena im Jahre 2001 erklärte der Dalai Lama, dass alle Menschen das Gleiche wollen – nämlich einfach glücklich sein.

Genau das hat jenes große, knirschende Rad des Lebens mit uns vor – es will uns dorthin bringen, wo wir glücklich und frei sind. Wir erhalten den großen Pokal tatsächlich – aber oft ist dieser ersehnte Preis nicht so, wie wir ihn uns vorgestellt haben. Manchmal wird er uns erst nach einiger Zeit, dann wieder durch eine blitzartige innere Transformation zuteil – je nachdem, welche Lektion wir gerade »durchnehmen«. Nach Jahren des Wartens haben wir so viel Geduld, dass die Tatsache des Wartens ebenso aus unserem Bewusstsein verschwunden ist wie die Frage, worauf wir eigentlich warten. Während der Jahre, in denen wir Kontrolle auszuüben versuchen, reiben wir uns völlig auf und kapitulieren schließlich. Nachdem wir unser Herz über Jahre daran gewöhnt haben, ängstlich und unnachgiebig zu sein, werden wir plötzlich übermannt von Versöhnlichkeit, Toleranz, Mitgefühl. Und wenn wir jahrelang an anderen Menschen zerren, verspüren wir irgendwann eine tiefe Zufriedenheit, tragen wir das zu unserem eigenen Wohlbefinden bei, was bisher noch fehlte.

Nach Jahren der Selbstsucht, in denen wir auf niemand anderen Rücksicht nahmen, lernen wir zu geben. Oder vielleicht verhält es sich umgekehrt. Nach Jahren, in denen wir alles hergaben, gestatten wir uns, verletzlich zu sein und auch zu empfangen.

Das Substantiv *Erfahrung* hängt mit dem Verb *erfahren* zusammen. Etwas passiert mit uns, und wir vertiefen uns in die Geschehnisse, tauchen darin ein. Durchleben Sie sie, tauchen Sie unter. Und gehen Sie dann verwandelt – oder auch nicht – daraus hervor. Wieder und wieder umrunden wir – manchmal auf unterschiedlichen Ebenen – das Rad der Lektionen, bis wir die jeweils notwendige Lektion *begriffen* haben.

• • • • •

Auch wenn die Lektion bereits hinter Ihnen liegt,
dürfen Sie sie nicht vergessen. Sie werden sie brauchen,
sobald Sie den nächsten Berg besteigen.

Vierter Teil

Den Himmel auf die Erde bringen

»Wahlmöglichkeiten? Schwierige Entscheidungen?«, sagte mein Freund Dan Cain eines Tages. »Das ist doch eigentlich gar nicht so schwer. Anfangs habe ich meine Entscheidungen allein danach getroffen, was für *mich* am besten war. Damit meine ich, dass sie eigennützig und zwanghaft waren. *Ich, ich und nochmal ich.* Später kam ich mit etwas Glück und einiger Lebenserfahrung dahinter, dass das Leben paradox ist. Je weniger ich mich selbst wichtig nahm, desto mehr blieb für mich.

Und die Klischees sind alle wahr: Sag die Wahrheit, dann musst du dich nicht an so vieles erinnern. Es gibt nichts umsonst. Du kriegst das, wofür du bezahlt hast. Wenn du dich auf den Weg zu Gott machst, dann nimm genügend Proviant mit. Und wenn du einfach die Goldene Regel praktizierst, wird Gott zu dir kommen.«

Sie helfen, Erde und Himmel zusammenzuhalten, schrieb der Dichter Li Bai, als er die neun glänzenden Berge und die neunundneunzig Gipfel des Jiuhua Shan sah – den heiligen Berg Nummer zwei.

»Ich weiß schon, dass das mein Lieblingsberg sein wird«, sagte Joe, als der Bus in das Dorf fuhr, das am Fuße des Berges lag.

Ich wusste es noch nicht, aber Jiuhua Shan sollte auch mein Lieblingsberg werden.

Als wir die Treppen hinaufzusteigen begannen, regnete es. Mit zunehmender Höhe wurde die Kletterpartie immer anstrengender. In 1342 Meter Höhe war klar, dass sie beschwerlicher sein würde als die davor. Indem ich mich auf jeden Schritt konzentrierte, kam ich besser voran. Die Stufen schlängelten sich abwechselnd nach oben und nach unten. *Uff!* dachte ich. *Sobald wir bergab gehen, heißt das ja, dass wir anschließend wieder bergauf müssen.*

Wir kletterten stundenlang und machten dann Halt an einem Unterstand, um uns auszuruhen. Der Abhang war jetzt steil. Es war, als stiege man über die sehr steilen und schmalen Sprossen einer Leiter geradewegs in den Himmel. Jeder Schritt erforderte mehr Kraft und Konzentration als der vorhergehende.

Plötzlich erschien ein dünner Mann, der Balken auf dem Rücken trug und gewiss nicht mehr als 70 Kilogramm wog. Obwohl er nicht sehr kräftig wirkte, war er entschlossen, die hölzerne Last, die seinem Körpergewicht wohl fast entsprach oder es gar übertraf, auf diesen Stufen nach oben zu schleppen.

»Für Tempel auf Gipfel«, sagte er nickend und lächelnd.

Wir bewegten uns nun im gleichen Rhythmus fort wie er, indem wir an denselben Imbissständen Halt machten und dann wieder zur Treppe zurückkehrten. An einem Stand kauften wir ihm eine Banane und ein Sodawasser.

»Das ist das Mindeste, was wir tun können«, sagte Joe zu ihm. »Unfassbar, dass Sie diese Zentnerlast die Treppen hochschleppen.«

Während wir uns dem Gipfel näherten, staunte ich über die Stärke und Entschlossenheit des Mannes. Meine Anspannung und Erschöpfung waren jenseits dessen, was ich aufgrund der extremen Höhe und der schieren Strapaze des Aufstiegs glaubte ertragen zu können. Jeder Schritt setzte sämtliche Muskeln und Fasern in meinem Körper einer Zerreißprobe aus. Doch irgendwie wurde mir die Kraft zuteil, immer weiter zu klettern.

Auch dem Mann war sie gegeben.

Ich schaute auf den Stapel von Rechnungen, den ich in der Schublade versteckt hatte. Aus meiner Ehe war ich mit 50 000 Dollar Schulden hervorgegangen. Ich verdiente 800 Dollar pro Monat und musste zwei Kinder ernähren. Wie sollte ich das je schaffen? *Indem du die Entscheidung triffst, Verantwortung für dich selbst zu übernehmen*, sagte meine leise innere Stimme. *Indem du dein Bestes gibst. Indem du einen Schritt nach dem anderen unternimmst.* Nach und nach trug ich meine Schulden ab. Ich sprach ein offenes Wort mit meinen Gläubigern. Irgendwann machte sich eine Kraft bemerkbar, und die Sache kam in Gang. Ich erreichte den Gipfel des Berges – und war schuldenfrei.

Diese Kraft war auch in der entgegengesetzten Richtung wirksam. Als ich alkoholsüchtig und drogenabhängig war, ging mir ständig die Frage durch den Kopf, wie ich in den nächsten Rauschzustand gelangen könne. Damals, 1969, brachte ich es fertig, mitten im verschlafenen St. Paul, Minnesota, Heroin, Kokain und jede andere Droge aufzutreiben, die ich brauchte, um wieder und wieder high zu werden.

Wann immer ich eine – günstige oder nachteilige – Entscheidung traf, markierte sie einen Anfang. Dann stellte sich eine Kraft ein, die mir Schwung verlieh und jene Ereignisse herbeiführte, dank deren ich einen einfachen Gedanken in die Tat umsetzen konnte. Diese Reise mochte für mich ebenso mühsam und anstrengend gewesen sein wie die Besteigung des Berges und heftige Gefühle in mir hervorgerufen haben; doch rückblickend erwies sich das scheinbar Unmögliche immer wieder als Möglichkeit gerade aufgrund der Entscheidungen, die ich traf.

Ich beobachtete, wie der Mann mit den Balken auf dem Rücken den Gipfel erreichte. Ganz gewöhnliche Menschen sind – im Guten wie im Bösen – zu ungewöhnlichen Taten fähig, wenn sie eine Entscheidung treffen und dann Schritt für Schritt vorangehen.

Auch wir bezwangen den Gipfel, schauten in die Ferne und ruhten uns eine Weile aus. Als wir dann nach dem Abstieg im Dorf eintrafen, war es schon dunkel. Wir gingen in ein kleines Lebensmittelgeschäft, um vor der Rückkehr ins Gästehaus des Klosters etwas fürs Abendessen einzukaufen. Ich wählte drei Dinge – eine Packung Kekse, eine Instant-Nudelsuppe und eine Banane. Der Mann hinter dem Ladentisch addierte die Preise und schrieb die Summe auf einen Zettel. Ich betrachtete die Zahl und rechnete sie in Dollar um. Zwanzig Dollar für Kekse, Suppe und Banane? Ich diskutierte mit ihm über den Preis. Er bestand darauf, dass er korrekt sei. Ich saß in einer Zwickmühle. Die anderen Lebensmittelgeschäfte im Dorf hatten schon geschlossen, und ich war völlig ausgehungert. Ich schob ihm die Nahrungsmittel über den Ladentisch, schüttelte den Kopf und bewegte mich zum Ausgang. Er brüllte mich an, schrieb dann aber einige neue Zahlen aufs Papier. Nun beliefen sich meine Einkäufe auf 2,50 Dollar. *Das kommt der Sache schon näher,* dachte ich.

Am nächsten Tag bestiegen wir in aller Frühe den Bus, um nach Wuhu zurückzukehren. Er war ungefähr zur Hälfte voll. Eine Gruppe von uns beobachtete vergnügt, wie eine Frau sich ebenso eifrig wie erfolgreich dagegen wehrte, dass andere Fahrgäste neben ihr Platz nahmen. Auf den Sitz hatte sie ihre Handtasche gelegt. Jedes Mal, wenn wir anhielten, um weitere Passagiere aufzunehmen, gingen sie auf die Frau zu, schauten auf den freien Sitz, bemerkten die Handtasche und trotteten dann weiter, um sich anderswo niederzulassen. Sie blickte nicht auf. Wenn einige zu lange vor ihr standen und den Sitz mit der Handtasche anstarrten, deutete sie einfach darauf, so als wollte sie sagen: *Sie können nicht auf diesen Platz. Er ist besetzt.*

Schließlich waren alle Sitze im Bus besetzt – bis auf den mit der Handtasche neben der Frau. Der Bus stoppte. Ein etwa dreizehnjähriges Mädchen stieg ein. Es war hübsch, trug Jeans und Turnschuhe der neuesten Mode und hatte eine liebe, unschuldige Ausstrahlung. Es bewegte sich auf den freien Sitz zu und sah dort die Handtasche. Die Frau schüttelte den Kopf und zeigte darauf. Das Mädchen stand wartend da und schien verwirrt.

Offensichtlich hatte auch der Busfahrer die Frau beobachtet. Er brachte das Getriebe in Parkstellung, stand auf, marschierte zu dem von der Handtasche besetzten Platz, nahm sie, legte sie in den Schoß der Frau und bedeutete dem Mädchen, sich auf den Platz zu setzen.

Die Fahrgäste klatschten Beifall, während die Frau verlegen und unruhig wirkte. An der nächsten Haltestelle verließ sie eilig den Bus.

Als wir uns immer weiter von dem Dorf entfernten, fühlte ich eine Traurigkeit in mir aufsteigen. In Wuhu angekommen, war ich dann äußerst aufgewühlt, ja deprimiert. Das überraschte mich, denn jedes Gefühl, das ich am Jiuhua empfunden hatte, war so subtil gewesen, dass es mir erst hinterher bewusst wurde.

Genau das ist es, dachte ich. *Die Besteigung des Jiuhua kam einem Besuch im Himmel gleich.* Nun, da ich ihn hinter mir gelassen hatte, vermisste ich das Gefühl, das mir dort so natürlich erschienen war. *Was im Reiseführer stand, stimmte tatsächlich: Eine fast greifbare Spiritualität durchwehte dort die Luft. Diese Niedergeschlagenheit, diese Schwere, diese innere Unruhe ist die Leere, die wir fühlen, wenn wir Gott fern sind.*

Manipulation. Lügen. Hochstapelei. Jeder will alles für sich haben. Die Menschen betrügen einander. Und manchmal betrügen wir sie und uns selbst.

Sie können so freundlich, so liebevoll sein – und zugleich so gemein, so niederträchtig.

Es gibt viel Schlimmes auf dem Planeten Erde.

Es ist leicht, sich umzuschauen und zu denken: *Ich muss vorsichtig sein. Werde nur für mich und meinesgleichen sor-*

gen. Oder wir bemerken die Leere in unserem Innern, sehen eine Anzeige für jenes neue Auto und sagen uns: O, *genau das wird mich glücklich machen und meine Leere ausfüllen.*

Die meisten von uns wünschen sich im Grunde gar nicht mehr Dinge oder eine andere Beziehung. Wir wollen, wie Rabbi Philip S. Berg erklärt, dass unsere Beziehungen funktionieren und dass die Dinge, die wir besitzen, Teil unseres Glücks sind.

Außerdem wollen wir, dass unsere Entscheidungen die gewünschten Auswirkungen haben.

Jede Weltreligion und jede spirituelle Lehre, die ich studiert, engagiert vertreten oder praktiziert habe, trat für folgende unumstößliche Wahrheit ein: Wir sind dann am weitesten vom Himmel entfernt, wenn wir nur uns selbst dienen – wenn wir von allem immer mehr haben wollen und es ausschließlich für uns beanspruchen. Ob wir dies als eine Art Selbstbedienung, reinen Egoismus oder Eigensinn bezeichnen – es ist immer die gleiche unheilvolle Einstellung.

Überprüfen Sie diese Aussage. Führen Sie ein Experiment durch. Überzeugen Sie sich selbst. Gehen Sie in ein Lebensmittelgeschäft. Kaufen Sie alle Zutaten für ein Festessen, zum Beispiel einen Truthahn, die Füllung, die Soße, Rotkohl, Kartoffeln – und vergessen Sie nicht die Preiselbeeren. Nachdem Sie das Ganze zubereitet haben, setzen Sie sich an den Tisch und verspeisen Ihr Gericht – ganz allein.

Macht keinen Spaß, oder?

Laden Sie jetzt Familienmitglieder beziehungsweise Freunde zu sich ein – und vielleicht auch einige Fremde: Menschen, die hungrig, einsam, müde oder arm sind. Bitten Sie sie, an Ihrem Festmahl teilzunehmen. Sprechen Sie mit ihnen. Lachen Sie. Seien Sie ihnen gegenüber wirklich aufgeschlossen.

Verstehen Sie, was ich meine?

Es ist die altmodische Art, die es schon seit vielen Jahren gibt. Wenn Sie bloß an sich denken und sich fragen, warum

Sie nicht genug, etwas Besseres oder mehr haben, besteht das Geheimnis gerade darin, jemand anderem zu Diensten zu sein.

Im folgenden Teil werden wir Geschichten von Menschen betrachten, deren Entscheidungen anderen zugute kamen und gleichzeitig ein gesundes Interesse an der eigenen Person widerspiegelten. Einstellungen und Absichten wohnt eine besondere Kraft inne. Wir können auf all das Elend und das Abscheuliche ringsum in der Weise reagieren, indem wir eigennützig, ichbezogen und gehässig werden – oder dadurch, dass wir selbstlos handeln und uns in einen Quell der Liebe verwandeln.

• • • • •

Wenn wir diese schwierige Entscheidung treffen,
schaffen wir den Himmel auf Erden.

I

Sie traf eine schwierige Entscheidung

Brenda ging den Korridor zu den Verwaltungsbüros hinunter und betrachtete aufmerksam jedes Foto an der Wand. Der Gouverneur gratuliert dem Vorsitzenden der Organisation. Dann drei Mitarbeiter auf der Bühne mit einigen Berühmtheiten, Händeschütteln. Daneben Tafeln und Zeitungsausschnitte, die überschwänglich davon künden, welch wunderbare Dienstleistungseinrichtung dies sei.

Was für ein maroder Laden, dachte Brenda, als sie sich an ihren Schreibtisch setzte. *Wenn die nur wüssten.*

»Jeder schöpft den Rahm ab«, hatte der Chef zu ihr gesagt. »Nicht der Rede wert. Es handelt sich um eine Zusatzvergütung, die wir dafür erhalten, dass wir in der Dienstleistungsbranche tätig sind. Sie zahlen uns ja sonst nicht genug, damit wir über die Runden kommen. So werden wir wenigstens für all unsere harte Arbeit belohnt.«

Brenda hatte nun schon seit Monaten Schecks über diese »Zusatzvergütungen« ausgeschrieben. Das war ihre Aufgabe. *Es wäre um vieles einfacher, wenn ich nur eine unbeteiligte, kaltschnäuzige Person wäre, die sie sich von irgendwoher geholt hätten,* dachte sie. *Das Problem ist, dass diese Leute, die sich da schamlos bereichern, meine Freunde sind.*

Sie hatte versucht, das Problem zu ignorieren. Heute jedoch brannte es ihr unter den Nägeln. Ein Kunde hatte sie beiseite gezogen, sich über die mangelhaften Serviceleistungen und über die Qualität der Mahlzeiten beklagt, die er erhielt.

»Ich habe diesen Fraß satt, Brenda«, sagte er. »Außerdem bin ich die ganze Zeit hungrig. Was soll das? Warum können sie uns hier nicht richtig verköstigen?«

Brenda hatte herumgedruckst, aber innerlich kochte sie. Die Kunden wurden deshalb nicht richtig mit Essen versorgt, weil die Leute in der Führungsspitze immer fetter wurden. Das Geld, das für einen bestimmten Zweck vorgesehen war, wurde einer anderen Stelle zugeleitet. Sie starrte aufs Telefon. Wenn Sie den Hörer abnahm und die zuständigen Behörden über die Missstände informierte, würde das Programm eingestellt werden. Sie könnte nicht mehr die Arbeit verrichten, die sie sich so lange gewünscht hatte. Auch ihre Freunde wären dann arbeitslos. Vielleicht würden sie nie wieder in diesem Bereich tätig werden. Wenn sie dagegen den Anruf unterließ, würde die Organisation weiterhin ihre Dienstleistungen erbringen, von denen einige durchaus nützlich und wertvoll waren.

Wie gerne hätte sie einfach eine gleichgültige Haltung eingenommen und weggeschaut. Doch die heftige Wut, die sich in ihr aufstaute, ließ sich nicht mehr verdrängen. Die Kunden waren darauf angewiesen, dass dieses Programm ihre Bedürfnisse befriedigte, solange sie von hier aus verpflegt wurden; es handelte sich um hilfsbedürftige Menschen.

Sie holte das Telefonbuch hervor, schaute die Nummer nach. Als sie den Hörer ergriff, waren ihre Hände feucht.

»Verbinden Sie mich bitte mit jemandem aus der Zulassungsabteilung«, sagte sie. »Ich arbeite für ein Sozialdienst-Programm und habe über ein internes Problem zu berichten, das Sie vielleicht näher untersuchen möchten.«

Als sie auflegte, war sie immer noch besorgt, ängstlich und voller Schuldgefühle. Plötzlich war vieles unsicher geworden – ihr Arbeitsplatz, ihre Zukunft, ihre Beziehungen zu den Freunden. Doch überraschenderweise verspürte sie ein Gefühl, das noch tiefer ging: *Friede*. Zum ersten Mal seit Monaten konnte sie ruhig schlafen.

Künftig würde sie mit zahlreichen Problemen leben müssen, aber wenigstens konnte sie *mit sich* leben.

• • • • •

Wofür tragen wir die Verantwortung – und wofür nicht? Welche Absichten verfolgen wir? Was ist richtig, was ist falsch? Inwieweit sollten wir uns auf eine bestimmte Sache einlassen? Welchen Weg nehmen wir? Möglicherweise erscheint uns keine Alternative günstig. Doch eine erscheint *wirklich* falsch.

• • • • •

Deshalb werden diese Entscheidungen ja als schwierig bezeichnet.

2

In einem Kriegsgebiet fand er Frieden

Marvin saß am Esszimmertisch und betrachtete den Kriegsschauplatz.

Seine Tochter schrie seine Verlobte an. »Du bist nicht meine Mutter. Du kannst mir nicht vorschreiben, was ich tun soll.«

Deren Tochter wiederum starrte *ihn* wütend an.

Auch er und seine Verlobte starrten einander wütend an.

Das war für ihn der entscheidende Fingerzeig. Er hatte alles versucht, damit diese Beziehung funktionierte, aber sie war gescheitert. Ihr Kind. Mein Kind. Feindliche Lager. Er hielt es nicht mehr aus. Auf diesen ganzen Mist konnte er gerne verzichten.

Es war so einfach, als ich für mich lebte und meine Tochter allein großzog, dachte Marvin, als er vom Tisch aufstand. *Das alles ist so schrecklich kompliziert. Familiengeschichten, Familienangelegenheiten, die überhaupt nichts mit mir zu tun haben. Ich möchte nur meine Ruhe wiederfinden. Ich will mein früheres Leben zurückhaben.*

Er beobachtete, wie seine Verlobte das Geschirr abräumte.

Das Problem, dachte er, *ist nur, dass ich sie wirklich liebe.*

Er nahm seine Jacke und ging hinaus, um einen langen Spaziergang zu machen.

Es war keine tiefe Gewissensprüfung, sondern bloß ein stilles Gebet. *Sieht ganz so aus, als hätte ich nur zwei Möglichkeiten, Gott,* sagte er leise. *Entweder in einem Kriegsgebiet zu leben oder die Frau zu verlieren, die ich liebe.*

Keine der beiden Alternativen erschien ihm akzeptabel.

Marvin schlenderte zum Haus zurück. Er half seiner Verlobten, die restlichen Arbeiten in der Küche zu erledigen, küsste sie auf die Wange und sagte, er werde zu Bett gehen. Sie wünschte ihm eine gute Nacht und wollte dann zu sich nach Hause fahren. Eine bedrückende Spannung erfüllte die Luft. Er wusste, dass die Situation nicht nur für ihn hart war, sondern auch für die geliebte Frau. In einem stillen Augenblick der Kapitulation beschloss er, zu sich selbst zu sagen: *Ich weiß nicht, was ich tun soll.*

In jener Nacht lag er im Bett und ließ seine Vergangenheit Revue passieren. Er hatte vieles durchgemacht – nach der Trunksucht die Abstinenz, mit der er seinem Leben eine neue Wendung gegeben hatte, außerdem eine Scheidung. Jetzt leitete er eine große Firma. Den Leuten zuzuhören und ihnen bei der Lösung von Problemen behilflich zu sein, war für ihn eine Art Lebensform. Doch offenbar konnte er das drängende Problem mit jenen Menschen nicht lösen, die er am meisten liebte.

Marvin forschte in Gedanken nach einem Lösungsmuster, das er in früheren Fällen erfolgreich angewandt hatte. Was waren die gemeinsamen Nenner all jener Situationen, in denen er zunächst gegen eine Wand geprallt war, um schließlich doch noch den Durchbruch zu schaffen? Er konnte nur zwei entdecken. Nein, eigentlich drei. Sich engagieren. Loslassen. Und dann einen Weg finden, um aufgrund der eingegangenen Verpflichtung Menschen zu helfen und zu dienen.

Plötzlich kam ihm eine Idee, sah er eine Möglichkeit, an die er vorher nicht gedacht hatte.

Zeit, Kraft und Engagement waren dafür nötig, aber vielleicht würde es klappen.

Am nächsten Tag rief er vom Büro aus seine Verlobte an.

Ihr gefiel diese Idee ebenfalls.

Nach drei Monaten leiteten die beiden eine zwanglose Selbsthilfegruppe für andere Familien, deren Mitglieder neu zueinander finden mussten. Jedes zweite Gruppentreffen war offen, sodass auch die Kinder teilnehmen konnten. Man traf sich mehr als zwei Jahre lang. Auf diese Weise hatten die Familien genügend Zeit und Raum, ihre Gefühle zum Ausdruck zu bringen und sich bei den in Gang gekommenen Veränderungen gegenseitig zu unterstützen.

Inzwischen ist Marvin mit der Frau verheiratet, die zwölf Jahre lang seine Verlobte war. »Ich hatte keine Ahnung, ob meine Idee praktikabel war oder nicht«, sagt er. »Aber indem ich anderen die Tür aufhielt und ihnen zur Seite stand, eignete ich mir die Fähigkeit an, auch selbst durch diese Tür zu gehen.«

Anderen die Tür aufzuhalten ist ein Gedanke, der sich schon oft bewährt hat. Er bildet die geistige Grundlage von Organisationen wie den Anonymen Alkoholikern und anderen Selbsthilfegruppen.

Das Leben ist angenehmer, wenn man es mit Menschen teilt, was dann natürlich auch Probleme mit sich bringt. Manchmal hören wir so von einer Idee, die wir vorher nicht hatten, oder betrachten unsere Erfahrungen aus einem neuen Blickwinkel. Allein die Botschaft, dass andere sich genauso fühlen wie wir, bestärkt uns, hilft uns, die eigene Person zu akzeptieren, und besänftigt uns in dem Maße, dass wir weitermachen.

Wir bekommen Mut, Kraft und Inspiration, die wir aus eigenem Antrieb nicht finden können.

Einmal ging ich ins Café und traf dort zufällig einen Freund, der sich in einem Zwölf-Schritte-Programm engagiert. Er saß mit einem Mann zusammen, der solche Gruppen weder besucht noch besonders gut kennt, und mein Freund versuchte ihm begreiflich zu machen, warum er sich immer noch und immer wieder um die Neulinge in seiner Gruppe kümmerte.

»Das mache ich nicht, um *ihr* Leben zu retten«, erklärte er, »sondern *meins*. Wenn ich ihnen helfe, höre ich mich ihnen sagen, was ich selbst tun muss.«

Dem persönlichen Dienst am Nächsten wohnt ebenso ein Zauber inne wie den gruppendynamischen Prozessen.

Wenn wir etwas für uns haben wollen, müssen wir es hergeben.

• • • • •

Bei schwierigen Entscheidungen gibt es nicht immer nur zwei Möglichkeiten, sondern manchmal auch eine dritte: Wir können Gott bitten, uns zu zeigen, was wir tun sollen.

3

Und den Menschen ein Wohlgefallen

Marlyss legte das letzte verpackte Geschenk unter den Weihnachtsbaum und trat dann ein paar Schritte zurück, um ihr Werk zu bewundern. Der Baum war über eineinhalb Meter hoch, und darunter türmten sich die Gaben. Sie hoffte, dass es dieses Jahr ein schönes Fest würde. Gott war sehr gut zu ihr gewesen. Sie hatte eine reizende Tochter. Sie tätschelte ihr Bäuchlein: Ein zweites Kind war unterwegs. Sie lebte in einem prächtigen Haus. Ihre Familie erfreute sich bester Gesundheit. Und ihr Mann hatte einen guten Job, der so viel einbrachte, dass sie nicht arbeiten musste. Sie konnte zu Hause bleiben und sich ausschließlich ihren mütterlichen Pflichten widmen.

In fast jeder Hinsicht fühlte sie sich gesegnet.

Allerdings wusste sie nicht, warum er ihr all das hatte sagen müssen. Ohne diese Details hätte sie viel unbeschwerter weiter leben können. Doch eines Tages hatte er das große Bedürfnis verspürt, auf sie zuzugehen und ihr zu beichten, dass er in einer schwierigen Phase ihrer Ehe eine Affäre gehabt hatte. Sie waren zwar in die Therapie gegangen, aber das gemeinsame Leben war danach nicht mehr so wie vorher.

Aus vielerlei Gründen beschloss sie, bei ihrem Mann zu bleiben. Sie wollte ihre Familie nicht zerreißen. Außerdem liebte sie ihn über alles. Sie betrachtete ihn nicht nur als ihren Liebhaber, sondern auch als besten Freund. Seit jenem Zwischenfall verstanden sie sich manchmal glänzend, dann wieder kam es aus nichtigem Anlass zu Wortgefechten und Auseinandersetzungen. Sie stritten sich über die belanglosesten

Angelegenheiten. Immerhin war ihr die eigentliche Ursache dieser Zwistigkeiten bewusst – seine Affäre, in die sie nun eingeweiht war.

Sie hatte die Entscheidung getroffen, ihre Zelte nicht abzubrechen. Sie war kein Opfer, das wusste sie. Und sie versuchte wirklich, die Sache auf sich beruhen zu lassen. Doch es fiel ihr schwer und erforderte ein hohes Maß an innerer Arbeit. Wenn sie ihn anschaute, konnte sie überströmen vor Liebe – oder das Gefühl haben, als starrte sie auf einen Fremden. *Wer ist dieser Mann,* fragte sie sich dann. *Kenne ich diese Person überhaupt, neben der ich jede Nacht verbringe?*

Sie befürchtete, dass er es wieder tun würde.

Aufgrund ihrer Angst war sie bisweilen gemein zu ihm.

Sie betrachtete die zahlreichen Geschenke unter dem Baum, hin und her gerissen zwischen Selbstmitleid und Glückseligkeit. Plötzlich schoss ihr das Bild des alten Mannes, der drei Häuser weiter wohnte, durch den Kopf. *Habe ich wirklich die Kraft, mich nicht nur um meine Kinder und mich zu kümmern, sondern auch um jemand anders?* Eine Weile lag sie mit sich im Widerstreit, doch dann ging sie in die Küche, band die Schürze um und backte zwei Stunden lang.

Als die Plätzchen fertig waren, legte sie sie in eine Tupperware-Dose und platzierte einen roten, fröhlichen Halbmond obenauf. Sie rief einen Teenager in der Nachbarschaft an und bat das Mädchen, für kurze Zeit babyzusitten.

Mit der Dose begab sie sich zum Haus des alten Mannes und klopfte an seine Tür. Über die Sprechanlage gab sie sich zu erkennen. Sie wusste, dass er nicht selbst öffnen konnte, weil er ans Bett gefesselt war.

»Möchten Sie ein wenig Gesellschaft haben?«, fragte sie.

»Immer«, ächzte er.

Sie überreichte ihm die Plätzchen mit Erdnussbutter, die er besonders gern mochte, und zog sich einen Stuhl an sein

Bett. Sie unterhielten sich über seine Kinder, drei erwachsene Töchter. »Ich sehe sie nicht sehr oft, aber das ist schon in Ordnung«, sagte er. »Sie sind mit ihrem eigenen Leben beschäftigt. Ich weiß, wie das läuft. Aber am Heiligen Abend holen sie mich zu sich nach Hause.«

Er sprach über seine Enkel, ihre Vorlieben, darüber, wie froh es ihn mache, wenn sie ihn »Opa« riefen.

Dann schwelgte er in Erinnerungen an seine Frau.

Sieben Jahre zuvor war sie gestorben, und seither hatte er allein gelebt. Er glaubte nicht im Geringsten an ein Leben nach dem Tod, das er als »Unsinn« bezeichnete. Er war traurig und einsam, denn für ihn bestand keinerlei Zweifel daran, dass er seine Frau nie mehr wiedersehen würde.

Es störte Marlyss, ihn so reden zu hören. Sie glaubte fest an ein Leben nach dem Tod. Darüber hatten sie beide schon diskutiert. Diesmal jedoch biss sie sich auf die Zunge und lauschte ihm einfach. Sie war herübergekommen, um ihn zu trösten, nicht um ihn zu ihrer Ansicht zu bekehren.

Heißer Tee, Plätzchen und Gespräch ließen zwei Stunden schnell vergehen. Sie merkte, dass er müde wurde und dass es für sie Zeit zum Aufbruch war. »Frohe Weihnachten«, wünschte sie ihm beim Abschied.

Sie ging nach Hause. All ihre früheren Probleme waren weiterhin vorhanden. Sie hatte keine Ahnung, wie diese gelöst werden sollten – und ob ihr Mann sie durch eine Untreue erneut demütigen würde. Doch ihr Schritt fühlte sich ein wenig leichter an. Auf ihrem Gesicht lag ein Lächeln. Es war doch gar nicht so schwer, von jenen Zwangsvorstellungen abzulassen, die sie schier um den Verstand brachten.

Sie ging zur Stereoanlage und legte eine CD auf.

»Joy to the World« erfüllte ihr Haus.

Ich bin nicht naiv genug zu glauben, dass das Backen von Plätzchen für einen Nachbarn die Probleme in der Ehe – oder in irgendwelchen anderen Bereichen – tatsächlich lösen oder klären wird. Außerdem gibt es Phasen, in denen viele von uns vorübergehend Abstand nehmen müssen vom Geben, eben weil die zwanghafte Großzügigkeit unser Leben fast zerstört hätte.

Wir wissen nicht immer, wie eine Situation ausgehen wird. Manchmal dauert es eine Weile – oder sogar ziemlich lange –, bis Beziehungsprobleme sich bereinigen. Ungeachtet unserer angestrengten Bemühungen kann es uns schwer fallen, *die Zügel schleifen zu lassen,* wenn ein mehr oder weniger latentes Problem immer bedrohlicher wird. Doch eines der besten Heilmittel dagegen, dass wir uns ständig den Kopf zerbrechen, ob und wann wir wieder verletzt werden, ist, uns selbst für einen Augenblick zu vergessen und jemand anderem etwas Gutes zu tun.

• • • • •

Schenken Sie nicht etwas, das Sie glücklich macht, sondern etwas, von dem Sie glauben, dass der oder die andere es beglückt empfangen wird.

4

Er bekam das, wofür er bezahlt hatte

Sie hatten es nur zwei Wochen lang miteinander versucht. Seither hatte er sie weder gesprochen noch gesehen. Er wusste nicht, warum er sie gerade an jenem Tag anrief. Es war nur so ein Gefühl, das in ihm aufstieg.

»Wie geht's dir?«, fragte er.

»Ganz gut«, erwiderte sie. »Ich bin gerade aus der Klinik nach Hause gekommen.«

»Aus der Klinik? Was ist passiert?«

»Ich habe ein Kind zur Welt gebracht.«

Jerry spürte, wie er eine Gänsehaut bekam, als er in Gedanken zurückrechnete. Sie hätte den nächsten Satz gar nicht sagen müssen. Ihm war bereits klar, dass es sein Kind war.

Er legte auf, lief einige Minuten hin und her, stieg dann ins Auto und fuhr so schnell wie möglich. Als Jerry das Baby sah, wusste er, dass er seinen Sohn vor sich hatte.

Er hob ihn sanft in die Höhe und küsste ihn vom Scheitel bis zur Sohle.

»Ich wollte ihn mir zu Eigen machen«, flüsterte er.

Es fiel ihm schwer, sich an die Vaterrolle zu gewöhnen. Anfangs kam er nur zu Besuch, hielt sich in der Wohnung auf, um mit dem Kleinen ein bisschen zusammen zu sein. Doch als sein Sohn größer wurde und etwa eineinhalb Jahre alt war, verbrachte Jerry so viel Zeit mit ihm, wie es nur ging – drei bis vier Tage in der Woche. »Es tut mir Leid, dass mein Sohn in zerrütteten Familienverhältnissen aufwächst«, sagte er. »Aber ich kann ihm mehr geben als nur mein Geld. Ich kann ihm meine Zeit, meine Kraft und meine Liebe geben.«

Für einen Einundzwanzigjährigen war er sehr klug. Er kannte eines der wichtigsten Geheimnisse des Lebens: Man bekommt immer das, wofür man bezahlt hat. Ob bei der Arbeit, beim Hobby oder in einer Beziehung: Man erhält nur so viel von einer Person oder Sache zurück, wie man zuvor investiert hat.

Ich sprach einmal mit einer Frau. Sie war jung, Anfang zwanzig, hatte gerade ihr erstes Kind geboren und eine schwierige Zeit durchgemacht. Monatelang war sie Tag und Nacht ununterbrochen im Einsatz gewesen. In diesem ersten Jahr, da sie ihr Kind aufzog, versuchte sie immer wieder, ihrem Beruf nachzugehen, und fragte sich, ob es für frisch gebackene Mütter irgendwelche Bücher darüber gab, wie sie mehr Zeit für sich gewinnen können.

»Mir ist etwas bewusst geworden«, sagte sie. »Die vielen Energieleistungen, das ständige Aufstehen mitten in der Nacht, die Anstrengungen, die es braucht, um die nötigen Handgriffe zu lernen – all das hat mich in einer Weise mit diesem Kind verbunden, die ich mir nie vorstellen konnte.«

Beginnen Sie gerade mit etwas Neuem? Einer Arbeit? Einem Heilungsprogramm? Vielleicht gewährt Ihnen die Familie oder die berufliche Laufbahn nicht jene Befriedigung, die Sie sich wünschen. Es kann durchaus sein, dass Sie mit dem falschen Menschen zusammen sind. Oder Sie mögen Ihre momentane Tätigkeit nicht und die Lösung bestünde eventuell darin, die Stelle zu wechseln. Doch wenn Sie heute am gewohnten Platz sind, warum probieren Sie nicht einfach eine noch ungewohnte Vorgehensweise aus?

• • • • •

Bringen Sie in all Ihre Beschäftigungen etwas mehr von sich selbst ein.

5

Sie erhielt ein Trinkgeld

Leslie schaute auf die Uhr. Gott sei Dank. Ihre Schicht im Restaurant war fast zu Ende. Sie brachte die Rechnungen zu den letzten beiden Tischen, scherzte kurz mit ihren Gästen und zog sich dann ins Hinterzimmer zurück.

Es war Zeit, nach Hause zu gehen. Nun, nicht wirklich nach Hause. Sie hatte nämlich noch einen zweiten Job; doch zumindest diesen hier konnte sie für heute abhaken.

Seit Beginn der schweren Krankheit ihrer Tochter hatte sie große Mühe, die Termine aufeinander abzustimmen. Die Kleine lag nun schon seit über einem Monat im Krankenhaus. Die Ärzte wussten nicht, ob sie überleben würde. Immerhin schien die Knochenmarktransplantation anzuschlagen. Aber Leslie war eines klar: Man kann nie wissen.

Ihr Freund Eddy war reizend. Er kümmerte sich hingebungsvoll um sie und auch um die Kinder. Allerdings verdiente er nicht sehr viel. Und er war nicht der Vater dieser Kinder. Sie schaute in den Spiegel. Ein bisschen Übergewicht. Sei's drum. Im Moment war Essen so ziemlich die einzige Erleichterung, die sie sich verschaffen konnte.

Sie durchquerte das Restaurant in Richtung Ausgang. Der Chef winkte sie zu sich, um mit ihr zu sprechen. Sie trottete hinüber. Mein Gott, sie war hundemüde. Manchmal merkte sie erst, wie müde sie eigentlich war, wenn sie alle viere von sich streckte. Er war ein anständiger Chef, der ihr viel Freiraum ließ und der seine Angestellten gut behandelte.

Sie lächelte ihm zu.

»Jemand hat das für dich hinterlegt«, sagte er. »Keine Ahnung, was da drin ist.«

Er reichte ihr einen Umschlag in der Größe einer Glückwunschkarte. *Es ist Valentinstag. Wahrscheinlich hat ein Gast mir eine Karte geschrieben,* dachte sie. Sie steckte den Umschlag in ihre Brieftasche, fuhr nach Hause und sank in die Wanne voll heißen Wassers. Sie hatte zwei Stunden, um sich ein wenig auszuruhen.

Leslie kochte sich eine Tasse Kaffee und erinnerte sich an den Umschlag. Sie öffnete ihn. Fünfzehn Einhundert-Dollar-Noten fielen heraus.

Die Botschaft auf der Karte war einfach: »Wir wissen, dass Sie gerade eine schlimme Zeit durchmachen. Bleiben Sie auch weiterhin eine so reizende Person. Und bitte hören Sie nicht auf, an Gott zu glauben. Einen frohen Valentinstag wünschen Ihnen Menschen, die Sie bedient haben.«

Ich hielt einen Vortrag in Washington, D.C. Eine Frau hob die Hand.

»Mrs. Beattie! Mrs. Beattie!«, sagte sie. »Ich bin auf diesem Gebiet noch eine Anfängerin und versuche gerade herauszufinden, was es heißt, für das eigene Wohlbefinden zu sorgen. Ich begreife es nicht wirklich. Meinen Sie, dass man das nur eine Zeit lang tun muss, bis man jemanden trifft, der sich dann um einen kümmert?«

Die meisten Leute im Saal kicherten.

»Hm, nein«, erwiderte ich. »Aber ich weiß, wie Sie sich fühlen. Die Sache ist die, dass man praktisch ein Leben lang für das eigene Wohlbefinden sorgen muss.«

Ich kann mich daran erinnern, wie ich im Bett neben meinem damaligen Mann lag, die Wand anstarrte und wusste, dass etwas völlig verkehrt lief, ohne dass ich eine Ahnung gehabt hätte, was genau es war. Haben Sie je Geschichten über Leute gehört, die Stein und Bein schworen, die Jungfrau Maria gesehen zu haben? Auf einer Wand in der U-Bahn oder auf dem Boden entdeckten sie einen Fleck, und dieser Fleck nahm in ihren Augen die Gestalt einer heiligen

Person an. Nun, je länger ich damals die Wand anstarrte, desto mehr ähnelte der Fleck einem Bild von Jesus. Es war töricht, ich weiß. Doch der springende Punkt ist, dass ich die Wand fixierte und mich fragte, warum Gott mir so fern schien, warum er mich derart auf mich selbst zurückgeworfen hatte.

Es dauerte viele weitere Monate und Jahre, in denen ich schwierige Lektionen durchmachen musste, bis mir schließlich klar wurde, dass Gott mich nicht aufgegeben hatte.

Ich hatte mich selbst aufgegeben.

Manchmal denke ich, dass wir sehen, was wir sehen müssen, um die nächste Stufe erklimmen zu können.

Ich hatte sehr vielen Menschen sehr viel gegeben. Zugleich aber fühlte ich mich schrecklich schuldig wegen all der Dinge, die ich falsch gemacht hatte. Ich wusste einfach nicht, wie ich Nein sagen sollte, ohne die zahlreichen Schuldgefühle, die ich bereits mit mir herumtrug, weiter zu vermehren. Und ich wollte weder einem Menschen wehtun noch ihn wütender auf mich machen, als ich selbst es schon war.

Ich verstand einfach nicht, was es mit dem Geben auf sich hatte. Immerhin war mir bewusst, dass ich wegen meiner Alkohol- und Drogenabhängigkeit endlich an einem Heilungsprogramm teilnahm. Bis dahin war ich stets egoistisch, verwirrt und eigensinnig gewesen. Es erschien mir daher wichtig, meine Aufmerksamkeit nicht mehr auf mich, sondern auf jemand anders zu richten.

Doch meine zwanghafte Freigebigkeit hatte üble Folgen. Gut, sie half mir auch, von meinen Süchten loszukommen. Dann aber führte sie dazu, dass ich Al-Anon aufsuchen musste. Es gibt eine durchaus gesunde Art, zu geben oder jemandem einen Dienst zu erweisen, und eine, die sich weniger günstig auswirkt.

Eine Zeit lang war ich gezwungen, vom Geben Abstand zu nehmen. Ich musste lernen, zwischen dem Geben als *Reak-*

tion und dem Geben als *Aktion* zu unterscheiden. Ich musste mir beibringen, auch für mich zu sorgen und mir etwas zu geben.

Als Kind hatte ich nicht Nein sagen dürfen. Gerade deshalb war es für mich als Erwachsene so wichtig, dieses Wort meinem Sprachschatz einzuverleiben, zu begreifen, was es heißt, für sich selbst einzutreten und die anderen auf ihre eigenen Angelegenheiten hinzuweisen; zu erkennen, wann ich angelogen beziehungsweise manipuliert wurde, und einzusehen, dass ich mein Bestes tun sollte – obwohl Gott für mich das tun würde, wozu ich aus eigener Kraft nicht fähig war.

Als mein Buch *Codependent No More* (*Die Sucht, gebraucht zu werden*) ein Bestseller wurde, erwarteten viele Menschen viel von mir. Auch ich erwartete viel von mir. Ich besaß kein allzu großes Wissen, war eine einfache Journalistin, hatte mir alles selbst beigebracht. Und ich hatte nur einige Ideen mitgeteilt, die mir selbst nützlich gewesen waren.

Da ich zuvor in ärmlichen Verhältnissen gelebt hatte, veränderte der Erfolg dieses Buches meinen Lebensstil, was eine ganze Reihe von *Annehmlichkeiten* mit sich brachte. Ich konnte meine Rechnungen bezahlen, mir ein neues Auto und neue Kleider kaufen, wann immer ich wollte. Außerdem war ich in der Lage, anderen Menschen wesentlich mehr zu geben.

Der Nachteil dieser Entwicklung bestand darin, dass zahlreiche Menschen auf mein Vermögen aufmerksam wurden. Gewiss dachten sie: *Warum sie und nicht ich?* Auch ich stellte mir diese Frage. Offensichtlich sagen wir: *Warum ist das gerade mir passiert?* nicht nur dann, wenn uns etwas Unangenehmes widerfährt. Viele von uns sagen es auch, wenn sich etwas Angenehmes ereignet.

Ich weiß nicht, warum mir dieser finanzielle Segen zuteil wurde. Mir ist schleierhaft, warum ich dank der Gnade Gottes von meinen Suchtkrankheiten genesen konnte, was doch viele Menschen nicht schaffen. Ich habe keine Ahnung, warum mein Sohn sterben musste.

Und ich kenne nicht den Grund, warum ich weiterhin am Leben bin.

Aber so viel habe ich auf meinem Weg gelernt: Wir können uns wirklich leicht einreden, dass eine harmonische Beziehung, ein schönes Zuhause und bestimmte Dinge uns glücklich machen werden. Verstehen Sie mich nicht falsch: All das ist durchaus angenehm. Doch Dinge haben mich noch nie glücklich gemacht. Nur eines hat meinem Herzen ein Gefühl von anhaltender Freude beschert – nämlich jene Augenblicke, in denen ich mich durch Gott gesegnet glaubte, in denen ich mich öffnete und das Wagnis der Liebe einging.

Nach dem Tod meines Sohnes fiel es mir schwer, am Leben Anteil zu nehmen. Ich hatte Mühe, mich darum zu kümmern, ob meine Arbeit anderen Menschen half oder nicht. Aber vielleicht war mein Rückzug von der Welt genau das, was ich eine Weile brauchte.

Da war dieser Abend mit Vorträgen in New Jersey. Ich sollte nach Deepak Chopra sprechen. Das Programm geriet ein wenig durcheinander. Es war heiß im Saal. Erst zu fortgeschrittener Stunde trat ich aufs Podium. Ich schaute auf das Meer von Gesichtern vor mir. Das Einzige, was mir auf dem Herzen lag, was ich zu sagen hatte, war: »Es gibt Phasen, in denen das Leben wirklich an einem zehrt.«

Diesmal konnte ich mich nicht durchmogeln. Ich mochte Erfahrungen gemacht haben, die mitteilenswert waren, aber ich hatte keine große Hoffnung zu vermitteln. Ich betrachtete nur die Leute da unten und sagte dann: »Es ist spät. Ich habe nicht viel zu sagen. Ich werde in mein Hotel zurückkehren und zu Bett gehen.«

Mir schien, als würde ich nie mehr glücklich werden, als müsste ich darauf ebenso verzichten wie auf die Einsicht, *warum* mein Sohn sterben musste. Aber der springende Punkt dieser ganzen Geschichte und meiner schmerzlichen

Erlebnisse ist folgender: Ungeachtet dessen, wie übel das Schicksal mir mitspielte, konnte ich, sobald die innere Bereitschaft vorhanden war, nur dadurch ins Leben zurückkehren, dass ich meine eigennützigen Einstellungen aufgab und die einzige mir bekannte Methode anwandte, um wieder lebendig zu werden – eben die, zu geben und anderen zu dienen.

Vielleicht müssen sich einige von Ihnen beim Geben eine Weile zurückhalten. Möglicherweise haben Sie auch den Wunsch, dass jemand vorbeikommt und sich einfach Ihrer annimmt. Ich jedenfalls verspüre ihn manchmal. Aber jedes Mal, wenn ich mich der Aufgabe, selbst für mein Wohlergehen zu sorgen, entledigt habe, übernehme ich sie schließlich doch wieder. Es gibt einen Weg, die eigene Person zu achten und gleichzeitig für andere da zu sein – also jede Tätigkeit mit einer dienstbaren Einstellung auszuführen.

Ich hasse es, verletzlich zu sein. Das heißt, von Leuten gelegentlich übervorteilt zu werden, bevor ich merke, was vor sich geht. Das heißt, manchmal innehalten und den Schmerz einfach ertragen zu müssen. Das heißt, trotz wirklich aufreibender Lebensphasen offen, fürsorglich und großzügig zu bleiben – denn das sind die Werte, die wir uns erworben haben.

Völlig normale Menschen sind zu schrecklichen Taten fähig. Doch Gott kann sich auch völlig normaler Menschen bedienen, die nur ein Minimum an unverfälschter Sehnsucht in sich tragen, um großartige Werke der Nächstenliebe und der Güte zu vollbringen. Ich für meinen Teil muss beten, um mich nicht zu verschließen, gerade weil das Sich-Abkapseln in dieser Welt das Allernormalste wäre. Da draußen gibt es viel Schlimmes – viele Menschen, die viele Dinge tun, die allen schaden. Ich muss beten, um freundlich und liebevoll zu sein. Das fällt mir nicht leicht. Aber es gibt weiterhin Entscheidungen, die jede(r) von uns treffen kann.

»Wir müssen anderen die Tür aufhalten, Melody«, sagte mein Freund Dan Cain einmal. »Wir wären nicht hier, wenn nicht jemand sie für *uns* aufgehalten hätte.«

Und er fügte hinzu: »Das tut wirklich gut.«

• • • • •

Jetzt wollen wir mal sehen, was wir vom heiligen Berg Nummer drei lernen können.

Fünfter Teil

Gegensätze ziehen sich an

Haben Sie je dieses Spielzeug gesehen, das »Chinesische Handschellen« genannt wird, oder es einmal ausprobiert?

Eine Chinesische Handschelle oder Fingerfalle ist ein schmales, etwa 12 Zentimeter langes Bambusrohr. Es geht darum, in jedes der beiden Enden einen Zeigefinger zu stecken. Dann beginnt das Spiel, bei dem das instinktive Verhalten im Vordergrund steht. Denn was machen wir? Instinktiv versuchen wir, unsere Finger herauszuziehen. Bald wird uns bewusst, dass wir nicht dazu in der Lage sind. Der Bambus dehnt und verengt sich, sobald wir die Finger befreien wollen, und schließt sie ein. Ein kleines Spielzeug hält uns gefangen.

Je fester wir ziehen, desto weniger lassen sich die Finger bewegen.

Meistens geraten wir dann in Panik. Anstatt darüber nachzudenken, was wir eigentlich tun, reagieren wir nach wie vor rein instinktiv – und versuchen mit immer größerem Kraftaufwand, die Finger aus dem Bambusrohr herauszuziehen, obwohl das nicht funktioniert.

Nicht die Chinesischen Handschellen sperren uns ein, sondern wir selbst. Aufregung und Überlebensinstinkt blockieren uns so lange, bis wir wieder klar denken können und eine andere Vorgehensweise wählen.

Entspannung und Loslassen reichen nicht aus, um uns zu befreien. Wir müssen eine Maßnahme ergreifen – nämlich genau das Gegenteil dessen tun, was uns die niedrigeren Instinkte befehlen. Wir müssen unsere Zeigefinger zurück in Richtung Mitte bewegen und sie dann behutsam – ohne

Ruck, ohne Gewalt – aus dem Rohr herausgleiten lassen. So erst kommen sie frei.

Sobald wir den richtigen Dreh gefunden haben, sitzen wir nicht mehr in der Falle. Wir übergehen unsere Instinkte, unsere Aufregung, unsere Panik und treffen die richtige Entscheidung.

Wann immer ich durch meine voreiligen Reaktionen in eine Zwangslage komme, hilft mir mein Freund Michael mit einem einfachen Rat, mich daraus zu befreien: »Erinnere dich nur an den alten chinesischen Handschellen-Trick. Entspann dich und mach das Gegenteil dessen, was du denkst.«

Wutai Shan, der heilige Berg Nummer drei, bestand aus fünf ringförmig angeordneten Gipfeln, die das klösterliche Dorf Taihuai umgaben.

»Wir könnten ungefähr einen Monat hier bleiben und jeden Gipfel erklimmen«, sagte Joe, mein Reisegefährte. »Besteigen wir sie alle?«

Ich schüttelte den Kopf.

»Nein. Besorgen wir uns lieber einen Jeep. Manchmal ist es gut, den schwierigen Weg zu gehen. Aber es ist auch okay, sich der Technologie zu bedienen«, erwiderte ich. Wir hatten eine kurze Diskussion. Schließlich fuhren wir mit dem Jeep auf jeden der fünf Gipfel. Dort oben lag die Temperatur bei mehr als 30 Grad unter null. Der eisige Wind drang durch unsere Kleidung. Im Schneesturm konnten wir fast nichts sehen. Der durch die extreme Höhe bedingte Sauerstoffmangel machte mich atemlos, benommen und freudig erregt. Die Tempel waren herrlich, doch der neuartige Reiz der Klöster nutzte sich bald ab. Wie viele hatten wir uns schon angeschaut? Zehn, zwanzig oder noch mehr?

Um jedes Kloster in der Gegend zu besuchen, müsste man entweder ein frommer Buddhist oder verrückt nach Tempeln sein, stand im Reiseführer. Ich fühlte mich keiner der beiden Gruppen zugehörig.

»Allmählich habe ich genug von Tempeln«, sagte ich zu Joe.

Er pflichtete mir bei.

Anstatt weiter irgendwelche Klöster zu besichtigen, verbrachten wir einen Tag im Freien, um spazieren zu gehen und die Schönheit der Landschaft auf uns wirken zu lassen. Ich beobachtete einen Mann, der auf einem Feld Weizen erntete. Dann zog ich meine Schuhe aus und watete durch einen Bach.

Es überraschte mich, wie schnell ich wieder ins innere Gleichgewicht kam. Das Gefühl von Spiritualität, das während der zahlreichen Tempelbesuche nachgelassen hatte, schien durch den Aufenthalt in der Natur, durch die tiefen Eindrücke, die sie hervorrief, wieder aufzuleben. Dort spürte ich Gottes Gegenwart.

Genau, dachte ich. *Es ist der Yin-Yang-Kreis. Der Kreis des Lebens (dunkel in der einen Hälfte, hell in der anderen) beinhaltet die ständige Bewegung zwischen diesen beiden Extremen. Wenn man von einer Sache zu viel macht – also das gesunde Maß überschreitet –, setzt der Verschleiß ein. Dann wird man so lange in die entgegengesetzte Richtung gedrängt, bis das Gleichgewicht von neuem hergestellt ist.*

»Ich habe ein Problem mit Dualitäten«, sagte mir einmal eine Freundin. »In dem Augenblick, wo ich glücklich bin, überkommt mich die Angst, eben weil ich weiß, dass das Glück nicht von Dauer sein wird.«

Ich wollte ihr erklären, was ich gelernt hatte, unterließ es jedoch. Die Sache ist kompliziert, und ich bin keine Expertin für die Geheimnisse des Lebens. Außerdem widerstrebt es mir, Menschen zu belehren. Ich genieße es zu beobachten, wie sie ihre Lektionen selbst lernen. Doch diese Vorstellung macht für mich Sinn. Tag und Nacht sind sowohl Gegensätze als auch komplementäre Hälften eines Ganzen: ein Vierundzwanzig-Stunden-Zyklus des Lebens. Es bedarf des einen, um das andere zu definieren, ihm Form, Struktur und Bedeutung zu verleihen.

Vor Jahren zog mich eine Frau beiseite. »Sie werden die Freude kennen lernen«, sagte sie. »Ich kann es in meinen Knochen fühlen. Es ist die Zeit dafür.« Ihre Worte versetzten mich in Hochstimmung, und ich dachte an all jene wunderbaren Dinge, die mir zuteil würden. Eine große Liebe, eine aufregende Affäre? Grandioser Erfolg? Befreiung von familiären Spannungen? Viele angenehme Tage?

Eine Woche später starb mein Sohn Shane. Ich war verzweifelt, am Boden zerstört, völlig durcheinander, zutiefst traurig. Die Prophezeiung der Frau machte mich wütend. Welch grausames Spiel – ein gemeiner, widerlicher kleiner Trick des Universums. Eine Person, der ich vertraute, war in mein Leben getreten, hatte mir in die Augen geschaut und verkündet, dass ich die Freude kennen lernen würde. *Was für eine Verschwörung,* dachte ich. *Die Verschwörung vor dem Fall.*

An Shanes elftem Todestag fiel mir jenes Gespräch wieder ein. Ich war nicht mehr wütend auf das, was die Frau gesagt hatte. Ich lachte. Sie hatte Recht. Die Lektionen ergeben sich gewöhnlich nicht in der Weise, wie wir gedacht haben. Das Universum übermittelt uns oft die gegenteilige Botschaft der Erfahrung, die wir gerade machen.

Es konfrontiert uns zum Beispiel mit einer Situation, in der wir uns binden und krampfhaft an etwas festhalten wollen – damit wir die Lektion des Loslassens und Abstandnehmens lernen. Oder es setzt uns einem Verrat aus, der uns schmerzt und erzürnt, um uns so eine versöhnliche Einstellung beizubringen. Der Yin-Yang-Kreis ist ein ziemlich geeignetes »Lehrmittel«, sobald wir seinen Zweck und Sinn verstehen. Dann ist er auch nicht annähernd so kompliziert, wie es zunächst scheint.

Dieser Kreis lässt sich auch auf unsere Verhaltensweisen übertragen. Wenn wir zu viel arbeiten und uns dabei völlig auslaugen, bedürfen wir der Ruhe und des Spiels. Wenn wir anderen zu viel geben, müssen wir uns selbst etwas geben und lernen, Geschenke zu empfangen. Das ist eine Methode, die wir anwenden können, um zwischenmenschliche Krisen zu meistern. Wenn jemand aufgeregt und wütend ist, neigen wir instinktiv zu den gleichen Gefühlsausbrüchen. Doch meistens wird die Situation dadurch nicht bereinigt. Vielmehr verharren beide Personen auf der dunklen, von Aggression und Unbeherrschtheit geprägten Seite des Lebens. Die Lage beruhigt sich erst dann, wenn wir selbst den Kreis in Bewegung versetzen und unsere Sanftheit mit einbringen.

Der Yin-Yang-Kreis zielt nicht darauf ab, dass wir von einem Extrem ins andere fallen, obwohl viele von uns häufig bis zum Äußersten gehen müssen. Eine Freundin gab hierzu folgende Erklärung, nachdem sie der Predigt ihres Pfarrers gelauscht hatte:

»Wenn ein Metallstück zu weit in die eine Richtung gebogen ist, muss man es manchmal genauso weit in die andere Richtung zurückbiegen, damit es aufrecht stehen kann.«

Der Mittelweg – die Mäßigung, das Gleichgewicht – ist das Ziel.

Entweder warten wir ab, bis der Kreis uns – gewaltsam – auf die gegenüberliegende Seite wirft; oder wir erreichen den Gleichgewichtszustand, indem wir uns ihm aus eigenem Antrieb und mit Bedacht nähern.

Vor unserer Abreise aus Taihuai stiegen Joe und ich eine Treppe hoch, die zu einem Tempel im Zentrum des Dorfes und des Gipfelkreises führte. Eine winzige Nonne verbeugte sich vor mir, die Hände vor dem Herzen gefaltet.

»Sagen Sie *amitofa*«, forderte sie mich auf.

»Wie bitte?«, fragte ich.

Sie lächelte und huschte davon.

Ich fragte jeden Englisch sprechenden Menschen, der mir begegnete, und viele des Englischen nicht mächtige Leute in China und Tibet, was dieses Wort bedeute. Sie kannten und mochten es. »O ja. *Amitofa*«, sagten sie vergnügt. Aber niemand konnte es mir erklären. Nach meiner Heimkehr suchte ich monatelang nach dem Inhalt dieses Begriffs. Schließlich kam ich über das Internet in Kontakt mit einem Mann, der es ebenfalls kannte und benutzte. Er hatte in Großbritannien und Irland Kampfsportarten unterrichtet und einige Jahre in China verbracht, um seine Fertigkeiten zu verbessern.

»Die englischen Ausdrücke, die *amitofa* am nächsten kommen, sind ›Segnungen‹ und ›unendliches Licht‹.«

Das ist es, dachte ich. *Amitofa* bedeutet *»durch die Gnade Gottes«*.

Manchmal finden wir den Mittelweg und das Gleichgewicht aus eigener Kraft. Dann wieder benötigen dafür ein wenig – oder große – Hilfe.

Es gibt eine alte Redensart, und einige behaupten, sie stamme von Earnie Larsen aus dem Mittleren Westen: »Wahnsinn ist, wenn man immer wieder das Gleiche macht und jedes Mal ein anderes Ergebnis erwartet.« Das stimmt, aber bei vielen von uns geht die Sache tiefer. Wahnsinn ist das Gefühl, keine Wahl zu haben oder nichts anderes wählen zu können als das, was nicht funktioniert.

Im folgenden Abschnitt werden wir einige Situationen betrachten, in denen Menschen dank des chinesischen Handschellentricks das innere Gleichgewicht – den Mittelweg – erreichten. Das Geheimnis besteht darin, *Glück* durch ein anderes Wort zu ersetzen.

Es lautet *Friede*.

1

Sie fand die richtigen Worte

Grübeln. Schwirren im Kopf. So viele Wörter, und doch konnte sie keines davon festhalten, keinen klaren Gedanken fassen. Sherrys Verstand arbeitete zu schnell. Es war mitten in der Nacht. Sie fand keinen Schlaf. Ihr Mann lag neben ihr und schlief. Sherry stand auf, sah nach ihrer Tochter im Zimmer nebenan. Auch sie schlummerte tief. Sherry schloss sich ins Badezimmer ein, durchwühlte ihre Handtasche, zog einen kleinen Plastikbeutel heraus und schnupfte eine weitere Portion Kokain.

Ihr Mann war ein erfolgreicher Architekt. Er dachte, sie sei eine süße Mutter und eine gute Ehefrau. Was er nicht wusste, verletzte sie, ihn und ihre Tochter. Sherry widerstrebte es, den Ausdruck *süchtig* zu benutzen. Aber es fiel ihr immer schwerer, die Tatsache zu verdrängen, dass in ihrem Leben so manches außer Kontrolle geraten war.

Am nächsten Morgen ging er zur Arbeit. Sie hatte kein Auge zugetan. Ihre Tochter wachte auf. Sherry richtete ihr eine Schale mit Müsli her und suchte dann in ihrer Handtasche erneut nach Kokain. Es war keines mehr da. Sie hatte die gesamte Ration aufgebraucht.

Okay, dachte Sherry. *Ich muss damit aufhören. Ich muss clean werden.*

Im Laufe des Nachmittags schnupfte sie wieder Kokain.

Eine weitere schlaflose Nacht folgte, in der ihr zu viele Wörter und zu viele Gedanken wild durch den Kopf schossen. *Ich kriege die Situation einfach nicht in den Griff*, dachte Sherry. *Ich weiß nicht, was los ist.*

Am folgenden Nachmittag, nach zwei schlaflosen Nächten, machte sie in der Stadt vor einem kleinen Buchladen Halt. Er gehörte nicht einer großen Kette an – und füllte nur eine Art Nische aus, in der esoterische Bücher und spirituelle Gegenstände verkauft wurden. Sherrys Tochter saß in der Ecke für Kinder und beschäftigte sich mit Spielzeugen und Büchern. Sherry lief im Laden auf und ab. Schließlich wandte sie sich an den Geschäftsführer.

»Was kann ich für Sie tun?«, fragte der Mann.

Sherry stand sprachlos da und versuchte, die richtigen Gedanken zu fassen, die richtigen Worte zu finden. Der Mann schaute sie an. Sie erwiderte seinen Blick.

»Ich brauche Hilfe. Das Kokain macht mich total fertig. Bitte helfen Sie mir, das Richtige zu tun.«

So unbeholfen und peinlich berührt sich Sherry auch fühlte – sie fand tatsächlich die richtigen Worte.

Es mag uns leicht fallen, die Sucht eines anderen Menschen und sein offensichtliches Bedürfnis nach Hilfe zu erkennen. Schwerer tun wir uns meistens dann, wenn wir selbst gefangen sind, nicht weiterkommen, immer wieder die gleichen mechanischen Tätigkeiten ausführen, obwohl das keinerlei Sinn ergibt, und anscheinend nicht damit aufhören können. Jede Art von Problem bringt uns möglicherweise in eine solche Zwangslage – Sex- oder Spielsucht, finanzielle Engpässe, das verletzende Verhalten gegenüber anderen oder die Neigung, sich von ihnen verletzen zu lassen.

Das Problem kann auch unauffälliger sein – etwa in Form einer Depression, einer krankhaften Angst oder der Co-Abhängigkeit. Vielleicht geht es um ein Problem, mit dem wir am Arbeitsplatz, in einer Beziehung oder in einem anderen Lebensbereich fertig zu werden versuchen. Wenn all unsere Lösungsansätze scheitern und wir dennoch damit fortfahren, sollten wir uns entspannen, die erfolglosen Bemühungen einstellen und eine neue Methode ausprobieren: den Mund aufmachen und um Hilfe bitten.

Wir können einen Menschen, Gott oder beide darum bitten. Unter Umständen müssen wir das mehrmals tun oder mehrere Menschen ansprechen, um den gesuchten Beistand zu finden. Vergessen Sie nicht: Sobald wir eine Entscheidung treffen, wird eine große Kraft wirksam, die uns leitet. Gewiss, es ist wichtig, das Geben zu erlernen. Aber der Kreislauf des Lebens verlangt auch, dass wir beschließen, um Hilfe zu bitten und sie dann auch anzunehmen.

Einer der übelsten Streiche, die wir uns selbst spielen, besteht darin, dass wir uns einreden, die Oberhand zu gewinnen, indem wir mehr Macht ausüben, verstärkt unseren Willen durchsetzen und alles allein bewerkstelligen. Doch manchmal tragen wir nur dann den Sieg davon, wenn wir zunächst unsere Niederlage eingestehen.

• • • • •

Bisweilen erscheint uns die echte Lösung unseres
Problems als das Schwierigste überhaupt,
als das Gegenteil dessen, was wir unserer Meinung
nach tun sollten, und als der am wenigsten
erfolgversprechende Ansatz.
Dann müssen wir uns und anderen einfach die Wahrheit
eingestehen:
Ich kann dieses Problem nicht aus eigener Kraft lösen
und brauche Hilfe.

2

Pferdeverstand

»Wenn du möchtest, dass ein Pferd dir ein Leben lang folgt, so nähere dich ihm. Streichle es«, sagte Jeanies Reitlehrer. »Sag dem Pferd, wie wunderbar es ist. Gib ihm in kurzer Zeit viele Streicheleinheiten. Dreh dich dann einfach um und geh weg. Lass das Pferd zurück. Vergiss es. Löse dich von ihm. Und es wird ein Leben lang deines sein.«

Jeanie beendete ihre Reitstunde, säuberte den Stall, stieg in ihren Jeep und fuhr nach Hause.

Etwas in den Ausführungen ihres Reitlehrers ließ sie die ganze Woche nicht mehr los.

Ich brauche Menschen so sehr – manchmal zu sehr, dachte Jeanie. *Aber anstatt sie mir näher zu bringen, stößt mein Bedürfnis sie ab.*

Das ist es. Mein Reitlehrer hat mir soeben beigebracht, wie ich mich aus diesen ganzen Verstrickungen befreien und zugleich mein Verlassenheitsgefühl überwinden kann.

Dieser besondere Kreis des Lebens kann eine unangenehme, qualvolle und verwirrende Prüfung beinhalten. Wir sehnen uns nach mehr Liebe und Intimität. Wir möchten den Menschen näher sein. Doch sobald sie oder wir das dafür nötige Engagement aufbringen, hat eine(r) der Beteiligten das Gefühl, keine Luft mehr zu bekommen, das Interesse zu verlieren, in eine leidige Geschichte verstrickt zu werden.

Viele von uns haben diesen »Beziehungstanz« schon einmal vollführt. Zunächst zeigte er (oder sie) Interesse, war Feuer und Flamme, lief Ihnen mit Ausdauer und Leidenschaft hinterher. Sie sträubten sich, waren eher gleichgültig und nicht verfügbar. Schließlich nahm der (oder die) andere Sie für sich ein. Und in dem Moment, da Sie in die Beziehung einwilligten, stieg er (oder sie) aus.

Dann fingen Sie an, besessen zu sein und ihm (oder ihr) hinterherzulaufen.

Vielleicht stellt sich die Sache auch anders dar. Wir wollen den Menschen wirklich näher sein. Wir müssen eine Beziehung haben (egal mit wem), weil wir uns so verlassen fühlen. Aber sobald wir mit Leuten zusammen sind, verjagen wir sie förmlich durch unser Klammern.

Nicht alle Beziehungen sollen funktionieren. Manchmal ist es besser, wenn er (oder sie) Reißaus nimmt. Dennoch können wir in unseren Begegnungen den chinesischen Handschellentrick anwenden. Er stellt eine nützliche – unter Umständen sogar großartige – Methode dar, um die dabei auftretenden Schwierigkeiten zu meistern.

Widerstehen Sie dem Drang, Ihr Gegenüber zu umklammern und zu ersticken. Entspannen Sie sich. Lassen Sie los. Seien Sie ernsthaft interessiert an anderen Menschen – aber nicht um der Dinge willen, die sie Ihnen geben können. Und bevor Sie es für angebracht halten, den Telefonhörer hinzuknallen oder davonzulaufen, sollten Sie sich lieber entschuldigen und innerlich Abstand nehmen. Setzen Sie Ihren Weg fort.

Das mag Ihnen zunächst unnatürlich und seltsam vorkommen. Aber vielleicht ist es an der Zeit, den Spieß umzudrehen (oder in die gegenüberliegende Hälfte des Kreises zu wechseln).

Sorgen Sie dafür, dass die anderen mehr von Ihnen wollen.

• • • • •

Liebevoll loszulassen ist eine Entscheidung.

3

Sie drehte den Spieß um

Carolyn kämmte ihr Haar, trug etwas Make-up auf und rückte ihren Rock zurecht.

Es läutete. Sie ließ ihn herein, voller Vorfreude auf ihr Rendezvous.

Er sagte »Hallo«, erspähte sein Hemd, das auf dem Esszimmerstuhl hing, nahm es und schlenderte zurück zur Tür.

Carolyn fühlte die Angst und den Wahn, die in ihr aufstiegen. *Was ist los? Ich dachte, wir würden ein paar schöne Stunden miteinander verbringen. Wohin geht er?* Sie schaute ihn treuherzig an und versuchte, ihre Bedürftigkeit zu verbergen.

»Tut mir Leid«, sagte er. »Es kam etwas dazwischen. Ich muss weg.«

Männer sind solche Trottel, dachte sie, als er das Haus verließ.

Carolyn war hübsch, intelligent, erfolgreich. Aber wenn sie in den Spiegel blickte, sah sie nicht diese Eigenschaften, sondern ein armes Kind, das geliebt werden wollte. Wann immer sie mit Menschen in Beziehung stand, die sich dann aus irgendeinem Grund entfernten – um Einkäufe zu tätigen, einen Abend allein auszugehen oder die eigenen Angelegenheiten zu erledigen –, konnte sie nicht einfach sagen: *Was soll's*, und ihr Leben leben.

Ihre Mutter hatte sich davongemacht, sie im Stich gelassen, als Carolyn acht Jahre alt war. Der Tod des Vaters traf sie zu Beginn ihres Erwachsenenlebens. Jetzt rief jeder engere Kontakt mit einem Menschen in ihr das Gefühl hervor, aufgegeben worden zu sein.

Auf diese Interaktionen hatte sie die Maßstäbe der Therapie angewandt – oder zumindest das, was sie für deren Maßstäbe hielt. »Ich fühle mich im Stich gelassen, wenn du so von mir gehst«, sagte sie zu ihrem Liebhaber, zu ihrer Tochter, zu ihrer Freundin. »Und das tut mir weh.«

Doch diese Art der Mitteilung bescherte ihr nicht das gewünschte Resultat. Sobald sie einem Menschen sagte, wie sehr sie sich von ihm im Stich gelassen fühlte, ergriff dieser die Flucht.

Eines Abends plauderte Carolyn mit einer Freundin und sprach darüber, wie gerne sie ein Kind adoptieren würde. Sie erzählte, wie wütend und verletzt sie gewesen sei, als ihre Mutter sich damals von ihr abgewandt hatte.

»Vielleicht musst du zuallererst eine Art Ritual durchführen und dich selbst adoptieren«, sagte ihre Freundin.

Dieser Vorschlag machte Sinn. Carolyn hatte nach Menschen gesucht, von denen sie etwas bekäme, das ihr in der Kindheit vorenthalten worden war – das sie nun aber sich selbst geben konnte. Sie erstellte eine Liste all der Dinge, die jemand anders für sie tun sollte, und anschließend eine zweite Liste, die klar zum Ausdruck brachte, wie sie diese Dinge selbst für sich tun konnte.

»Von dem Augenblick an, da ich für meine Bedürfnisse, die noch aus der Kindheit stammten, Verantwortung übernahm, konnte ich offen, ja liebevoll sein und um Gottes willen die Leute wenigstens zum Lebensmittelgeschäft gehen lassen.«

»Ich würde gerne bei dir vorbeikommen und dich in meinem Bentley mitnehmen.«

»Wie wär's mit einem gemeinsamen Besuch im *Queen Mary*?«

»Samstagabend steigt in der Stadt eine Party. Würdest du mich gerne begleiten?«

»Ich denke ständig an dich. Ich kann dich fühlen, den Duft deines Haares riechen, obwohl wir mehr als dreitausend Kilometer voneinander entfernt sind.«

Carolyn lachte. Vier Männer wollten gleichzeitig mit ihr ausgehen. Wer hätte das gedacht? Und wer hätte gedacht, dass Männer so romantisch sein konnten, wie sie es plötzlich feststellte?

Indem wir das Gegenteil dessen tun, was wir denken, erhalten wir manchmal genau das, was wir uns wünschen. Wenn wir nicht mit einem Menschen zusammen sind, damit er unsere ungestillten Bedürfnisse aus der Vergangenheit befriedigt, und ihn auch nicht als Notnagel für unseren Kummer benutzen, kann ein wirklich schönes Erlebnis daraus werden.

Nach all den Jahren, in denen wir darauf warteten, ausgewählt zu werden, sind wir endlich in der Lage, selbst auszuwählen.

4

Er wusste, wie er sich fühlte

Hank bereitete das Abendessen zu, deckte mit großem Aufwand den Tisch und zündete auch Kerzen an. Als es läutete, schlenderte er zur Tür, ließ sie herein und küsste sie auf die Wange. Sie verhielt sich ein wenig seltsam, aber das war bei Frauen manchmal so. Er wusste, dass er sie – aufgrund seiner beruflichen Verpflichtungen – in letzter Zeit nicht oft gesehen hatte. Doch Hank war im Grunde seines Herzens ein Romantiker.

Und für diesen Abend hatte er gewisse Pläne.

Sie aßen, machten Konversation. Er hielt sich für besonders charmant und war ganz bei der Sache. Sie beendete ihr Mahl und wischte sich mit der Serviette geziert den Mund ab.

»Ich bin heute Abend nur gekommen, um dir zu sagen, dass es aus ist zwischen uns«, erklärte sie.

Hank beobachtete, wie sie sich den Mantel überzog, ihre Handtasche nahm und aus der Tür ging.

O Mann!, dachte er. *Soeben bin ich fallen gelassen worden wie eine heiße Kartoffel.*

Hank sprach mit seinen Freunden darüber, was passiert war und wie es ihm nun erging. »Ist nicht gerade angenehm«, sagte er.

Er wusste genau, was er fühlte.

Nur eines wollte er nicht tun: seine Gefühle tatsächlich empfinden.

• • • • •

Ich unterhielt mich mit einer Frau, die jede Woche ihren Therapeuten aufsucht. »Welche Gefühle kommen während der Sitzungen bei Ihnen zum Vorschein?«, fragte ich. »Eigentlich reden wir nicht viel über Gefühle«, antwortete sie. »Wir reden darüber, wie man Verhaltensweisen ändern kann, über verstandesmäßige Sachen.« – »Aber was fühlen Sie bei diesen wöchentlichen Sitzungen?« – »Hm«, machte sie. »Ich glaube, mein Grundgefühl ist Langeweile.«

Ich sprach mit einer Freundin, die in einem anderen Bundesstaat wohnt. Ihre Großmutter war gerade gestorben. »Das Schlimmste an meiner Trauer war, dass sie mich völlig absorbierte und dass mir dabei meine Intuition abhanden kam«, sagte sie.

»Ich hasse es, Gefühle in aller Deutlichkeit empfinden zu müssen«, erwiderte ich.

»Ekelhaft«, rief sie. »Mir geht's genauso.«

Wir können über Gefühle sprechen. Wir können sie benutzen, um andere Menschen unter Kontrolle zu halten. Oder wir können diesen fühlenden Teil unserer selbst abtrennen – und manchmal *müssen* wir dies auch tun, um uns zu schützen. Als ich nach vierundzwanzig Jahren betäubten Lebens zum ersten Mal wieder eine Beziehung zu meinen Gefühlen herstellte, war noch die kleinste Regung eine äußerst heikle Angelegenheit. Ich wusste nicht, wie ich damit umgehen oder was ich mit ihnen anfangen sollte. Auf sie zu reagieren kostete mich mehr Zeit als alles Übrige.

»Jetzt fühle ich mich so. O, und jetzt habe ich dieses Gefühl«, erzählte ich jedem, der gewillt war, es zu hören.

Es fiel mir schwer, in die Bereiche unterhalb meines Kopfes vorzustoßen. Ich sprach zwar gern über meine Gefühle, sträubte mich aber dagegen, sie tatsächlich zu empfinden. Oft kam ich mir wie ein Beobachter vor, der mich im Auge behielt und mit ansah, wie ich immer wieder in die emotionale Sackgasse geriet.

Als ich Elisabeth Kübler-Ross interviewte, befragte ich sie auch über Gefühle, speziell über die Angst. »Wie lernen Sie diese Lektion? Was machen Sie mit der Angst?«

»Das ist einfach«, erwiderte sie. »Wenn du Angst hast, dann geh in den Keller und schrei.«

Sie erklärte, dass viele Probleme, unter denen Menschen leiden, durch die Unterdrückung der Gefühle in der Kindheit entweder hervorgerufen oder verkompliziert würden. Damals durften oder konnten sie nicht einfach fühlen, was in ihrem Innern vorging – etwa Schmerz, Angst, Panik, Wut oder irgendeine andere der vielschichtigen Nuancen und Schattierungen, die unsere Gefühle annehmen können.

Nein, wir lassen nicht zu, dass Gefühle über unser Verhalten bestimmen. Doch wenn wir sie verdrängen, werden sie wahrscheinlich genau das tun. Nein, gewöhnlich bringt es nichts, jemand anderen mit unseren Gefühlen zu drangsalieren. Dadurch befreien wir uns nicht von ihnen, und unser Gegenüber ist nur verärgert. Ja, manchmal hilft es, einem Menschen mitzuteilen, wie wir uns fühlen – was dazu beiträgt, Probleme zu lösen, vertraulichen Umgang zu pflegen oder eine schwierige Phase heil zu überstehen.

Für jene unter uns, die sich von den eigenen Gefühlen gleichsam abkoppelten, ist es nützlich zu wissen, dass jeder Gefühlszustand in jedwedem Augenblick ein ebenso begründetes wie wertvolles Ereignis darstellt – und dass andere Leute sich auch schon so fühlten.

Falls wir aus irgendeinem Grund völlig gefühllos sind, brauchen wir vielleicht therapeutische Hilfe.

Doch in den meisten Fällen müssen wir mit unseren Gefühlen selbst klarkommen.

Die eigentliche Ironie besteht darin, dass einige der fröhlichsten und glücklichsten Menschen, die ich kenne, mit die schlimmsten Schmerzen überhaupt durchgemacht haben. Mir ist nicht ganz klar, wodurch sich dieser Zusammenhang ergibt, obgleich er ja teilhat am Wechselspiel der Gegensätze.

Aber meine Vermutung ist die: Sobald wir keine Angst mehr davor haben, jedes auftauchende Gefühl zu empfinden, werden wir in der Tat zu fröhlichen, glücklichen und freien Menschen.

Nur zu. Tun Sie das Gegenteil dessen, was Sie denken. Gehen Sie ein Wagnis ein. Kommen Sie wieder ins Gleichgewicht. Empfinden Sie Ihre Gefühle – oder seien Sie zumindest bereit, es einmal zu versuchen. Auf diese Weise bringen Sie Farbe und Leidenschaft in Ihr Leben.

So oft denken wir: *Nun, ich muss dieses Gefühl kontrollieren und darüber nachgrübeln, was ich als Nächstes mache, welche Entscheidung ich treffen sollte.*

• • • • •

Wenn wir uns gestatten, gerade jenes Gefühl bewusst wahrzunehmen, dem wir zu entfliehen suchen, kann das eine magische Wirkung haben. Dann wissen wir instinktiv, was als Nächstes zu tun ist.

5

Lasst die Winde wehen

Lynne spürte nicht, wie er sich näherte.

Sie hatte keine Ahnung, woher er kam. Das musste sie noch herausfinden. Doch plötzlich war er da. Ihr Hals war wie zugeschnürt, ihr Herz raste, und ihr Nacken war steif. Sie spürte einen Schmerz im Kopf. Sie wusste nicht, wie sie sich fühlte, und konnte keinen klaren Gedanken fassen.

Mensch! dachte sie. *Ein weiterer Angstanfall.*

Als solche Anfälle – kurz nach Beginn ihrer Abstinenz – zum ersten Mal auftraten, war ihr schleierhaft, wie sie sie in den Griff bekommen sollte. Inzwischen hatte sie es gelernt. Sie beendete, was sie tat, ganz gleich, was es war. Denn es war sinnlos, in derartigem Zustand etwas erledigen zu wollen. Aber gerade dadurch entstand ein Teufelskreis. Wenn sie nichts zuwege brachte, geriet sie noch mehr in Panik, fühlte sie sich noch schlechter.

Sie machte ein paar Schritte und legte sich auf die Couch.

»Ich bitte Gott einfach immer wieder, mich zu halten«, sagte sie. »Dann liege ich nur da, bis ich ohnmächtig werde oder Er mir zu Hilfe kommt.«

• • • • •

Wenn jene eisigen Winde aus dem Nirgendwo wehen, können wir nicht viel tun, um ihnen Einhalt zu gebieten. Gegen sie anzukämpfen oder so zu tun, als existierten sie gar nicht, hat keinen Zweck. Zugleich aber müssen wir ja nicht draußen in der Kälte stehen.

Einen sicheren, warmen Ort zu finden, an dem wir uns ausruhen, bis der eisige Wind sich gelegt hat, ist manchmal das Beste, was wir tun können.

6

Sie schwebte im siebten Himmel

Amy Lou frisierte sich nervös, bürstete dann ihr Haar noch einmal. Sie wandte sich ihrer besten Freundin zu: »Sehe ich gut aus?«

Ihre Freundin sagte Ja und schaute dann auf ihre Uhr.

»Los, Mädchen. Lass uns gehen. Es ist Zeit.«

Die Zeremonie fand in einer kleinen örtlichen Kirche statt. Dort mussten mindestens hundert Menschen gespannt gewartet haben. Die Musik – der traditionelle Hochzeitsmarsch – erklang, als Amy Lou anmutig zum Altar schritt. Sie war bezaubernd gekleidet in hellen Tönen, trug ein enges, bis zur Hüfte geschnürtes Mieder, einen cremefarbenen wallenden Rock und hochgeschnürte Satinstiefel.

Der Pfarrer sagte irgendetwas, aber Amy Lous Aufregung ließ die Wörter undeutlich werden. Sie schaute in die Augen des Mannes an ihrer Seite und fand ihn so entzückend, wie er da stand. Er war so schnell, so unerbittlich auf sie zugegangen – und eben zur rechten Zeit in ihr Leben getreten. Sie hatte die Nase voll gehabt von schlechten Jungs, nicht verfügbaren Männern, die sie falsch behandelten.

Dieser hier hatte sich wirklich ins Zeug gelegt – ihr einen großen Diamantring geschenkt, sie zu wunderbaren Diners und stillen Abenden zu Hause eingeladen. Er versprach hoch und heilig, ihr alles zu geben, was sie begehrte – Familie, Sicherheit, Zugehörigkeit und Stabilität. Keine Spielereien, keine Unzuverlässigkeiten mehr in der Liebe.

Gewiss, er hatte auch Fehler. Er besaß keine anderen Fotos als die von sich. Er war langweilig, fast dilettantisch im Bett. Doch sie hatte es satt, die Liebe von Gefühlen und Leidenschaften beherrschen zu lassen. Das hatte nicht funktioniert. Diesmal verfuhr sie anders.

»Willst du mit diesem Mann den Bund der Ehe eingehen?«

»Ja«, sagte Amy Lou.

»Damit erkläre ich euch zu Mann und Frau. Gib der Braut jetzt einen Kuss.«

Amy Lou küsste ihn. Die Menge jubelte. Sie ging gemessenen Schrittes den Mittelgang hinunter und hielt den Arm ihres Ehemannes. Sie lächelte, grüßte Leute, nahm deren Glückwünsche und Umarmungen entgegen. Er sah sie an, lächelte und flüsterte: »Wie ist es, meine Frau zu sein?«

Sie hoffte, nicht wie ein Reh zu wirken, das im Scheinwerferlicht eines Autos gefangen war, denn so fühlte sie sich plötzlich.

O mein Gott, dachte sie. *Was habe ich getan? Ich habe einfach »Ja« gesagt, aber ich glaube, das will ich gar nicht.*

Wenn wir das Gegenteil dessen tun, was wir denken, dann bedeutet das manchmal etwas anderes, als wir denken. Liebe und Romantik sind eine Wahl. Aber wir können den Mittelweg zwischen Gefühlen und Gedanken finden.

Im Allgemeinen wird der Ort, der ihn repräsentiert, als »Herz« bezeichnet.

Viele Menschen, die ich kenne, sind durch Beziehungen gestolpert – vom ersten Rendezvous über das Verliebtsein bis zur Hochzeit. Wir unternehmen einen Versuch. *Ups!* Das hat nicht funktioniert. Doch unterwegs gewinnen wir wertvolle Einsichten.

Ein Freund rief mich an. Seine Verlobte hatte die Hochzeit nur Stunden vor dem festgesetzten Termin abgesagt.

»Ich fühle mich schlecht, nicht weil ich sie verliere, sondern weil ich nicht heirate«, sagte er. »Seit meiner Scheidung habe ich mich verzweifelt bemüht, eine neue Familie zu gründen. Immerhin verbirgt sich hier eine Lektion«, fügte er hinzu. »Und ich werde sie schon noch lernen.«

Wenn es um Beziehungen, Romanzen und Liebe geht, kann das dem Denken entgegengesetzte Verhalten darin bestehen, tief Luft zu holen und sich Zeit zu lassen.

Im siebten Himmel zu schweben ist lustig, aufregend, spannend. Endlich, denken wir, habe ich die große Liebe gefunden. Aber passen Sie auf. Seien Sie auf der Hut. Wenn Sie zu schnell in den siebten Himmel aufsteigen, landen Sie vielleicht unsanft auf dem Hinterteil.

Ungeachtet dessen, wie sehr uns ein Irrtum in Verlegenheit bringt, können wir uns hinterher wieder aufrappeln. Erinnern Sie sich an den alten chinesischen Handschellentrick?

• • • • •

Wir brauchen uns durch die eigenen Fehler nicht in die Enge treiben zu lassen.

7

Ihr Traum zerbrach an der Wirklichkeit

Melanie gab ihr Passwort ein und hörte ihre Voice-Mailbox ab.

Er hatte nur eine Nachricht hinterlassen, aber sechs Mal angerufen.

Zwei Jahre zuvor hätte sie alles in der Welt dafür gegeben, dass dieser Mann sie ständig anrief. Aber jetzt ärgerte sie sich nur darüber. Ja, sie hatte die Nase voll.

Sie hörte sich die Nachricht an. »Hallo, ich bin's.« *Warum nennen sie sich immer »ich«?*, dachte sie. *Warum sagen sie nicht ihren Namen? Wie viele »Ichs« gibt es ihrer Meinung nach auf der Welt? Oder glauben sie etwa, das einzige »Ich« zu sein?*

Er wollte sie gerne heute Abend wieder sehen.

Oje. Sie wollte lieber zu Hause bleiben.

Er ist so stattlich. Ich muss ihn haben. Er verkörpert all das, was ich mir wünsche. Bitte, Gott, lass mich ihn einfach haben, dann werde ich nie mehr um etwas bitten. Wegen dieses Typs hatte sie zwei Jahre lang gebeten, gebettelt, gebetet, gequengelt, gestöhnt – und war innerlich fast gestorben. O ja, sie war felsenfest davon überzeugt gewesen, dass es sich um die große Liebe handelte, um das einzig Wahre, um zwei Seelengefährten, die einander gefunden hatten.

Das war in jener Zeit, als sie ihn nicht haben konnte, als er ihr den Laufpass gab und mit einer anderen Frau eine Beziehung einging. Aber je weniger sie ihn haben konnte, desto größer wurde dieser nagende kleine Gedanke in ihrem Kopf: *Ich muss ihn haben, sonst bleibt mein Leben unerfüllt.*

Sie hatte losgelassen und ihr Leben gelebt. Eigentlich war diese Phase innerer und äußerer Entfaltung durchaus positiv für sie gewesen. Dann aber hatte er sich von seiner Freundin getrennt. Das Blatt wendete sich. Nun wollte er sie.

Das war zunächst interessant und vergnüglich. Aber der Reiz des Neuen war bald verflogen. *Er ist langweilig, egoistisch, schwerfällig, auf Manipulation bedacht und nicht vertrauenswürdig. Kurzum, ein Idiot. Offenbar badet er nicht gern und ist auch nicht besonders intelligent. Was habe ich bloß in ihm gesehen, was mich derart fanatisch und besessen machte, dass ich an unserer Liebe keine Sekunde gezweifelt habe? Laufe ich nur deshalb davon, weil ich Angst habe? Sabotiere ich etwa mich selbst?* Melanie drückte auf die entsprechende Taste, um seine Nachricht zu löschen, und fragte sich, wie lange sie ihren Rückruf hinauszögern könne.

Melanie brauchte weitere sechs Wochen mit tristen Verabredungen, bis ihr klar wurde, dass sie nicht in diesen Mann verliebt gewesen war, sondern in die Phantasievorstellung, die sie sich von ihm gemacht hatte.

Wenn wir einen Fehler begehen, neigen wir leicht dazu, das Vertrauen in uns selbst zu verlieren. Das Gegenteil dessen zu tun, was wir denken, bedeutet keineswegs, vom Kopf her zu leben, sondern nicht mehr auf diese zwanghafte innere Stimme zu hören, die uns anschreit, und stattdessen der leisen inneren Stimme zu lauschen.

Wer weiß? Vielleicht war jene Beziehung, die Sie als Irrtum bezeichnen, im Grunde gar nicht so schlecht. Könnte es nicht sein, dass sie Ihnen genau das bescherte, was Sie damals brauchten?

Haben Sie in ihr etwas gelernt? Half sie Ihnen, den eigenen Weg fortzusetzen? Trug sie dazu bei, dass Sie wieder lebendig wurden?

»Nach dem Tod meines Vaters war ich in einer verhängnisvollen Beziehung«, erzählte mir eine Frau. »Heute schaue ich darauf zurück und bin entsetzt über meine Wahl. Doch diese Einsicht kommt durch den zeitlichen Abstand. Damals war ich völlig betäubt und tief betrübt. Erst als ich diese Beziehung begann – und schließlich beendete –, konnte ich wieder ins Leben zurückkehren.«

Einige Menschen gehen in der Liebe einen geraden, überschaubaren Weg.

Bei anderen wiederum ist er gebogen, unterbrochen, steinig, ansteigend und abfallend.

Manche Beziehungen sind für eine Saison. Andere dauern ein Leben lang.

Mit welchen Liebhabern, Ehepartnern und Freunden werden Sie zusammen sein? Wie lange werden Sie bei dem jeweiligen Menschen bleiben? Was werden Sie von ihm lernen? In welcher Weise werden Sie diese Lektion in Ihre späteren Beziehungen mit einbringen? Ahnen Sie was?

Das ist Ihre Entscheidung.

• • • • •

Jene Beziehung, die Sie in quälende Selbstzweifel stürzte,
diente unter Umständen dazu, dass Sie lernen,
der inneren Stimme zu lauschen und zu vertrauen.

8

Er ging bis zum Äußersten

Es war ein erstes Rendezvous, nichts Besonderes.

Sie gingen in ein nettes italienisches Restaurant, um gut zusammen zu essen. Sie lehnte sich über den Tisch und flüsterte ihm zu: »Willst du diesen Joint mit mir rauchen und high werden? Ich hab' auch Ecstasy dabei. Wir könnten doch viel Spaß haben.«

Sein Herz schlug schneller und heftiger. Er überlegte sich das Angebot. Nie hatte er Ecstasy geschluckt. Ja er wusste nicht einmal, woraus diese Droge bestand. Doch allein schon das Wort klang interessant.

»Was ist denn da drin?«, fragte er.

»O, keine Ahnung«, erwiderte sie. »Ich glaub', von allem etwas. Du weißt schon. Heroin. Kokain. Amphetamin.«

Er hatte das Gefühl, als träfe ihn ein Ziegelstein am Kopf. Was hatte er sich eigentlich dabei gedacht? Neunzehn Jahre war er jetzt schon clean und trocken.

»Sieh mal, Süße – ich würde wirklich gerne high werden. Wahrscheinlich wirst du nie begreifen, wie sehr ich es möchte. Aber genau das ist der Punkt. Die Welt beruht auf einem inneren Gleichgewicht, und in diesem Leben hab' ich all meine Drogenräusche gewissermaßen schon aufgebraucht. Seit neunzehn Jahren bin ich in einem Heilungsprogramm. Jetzt ist bei mir angesagt, ganz ohne Drogen auszukommen.«

Sie blickte ihn finster an.

»Findest du nicht, dass du ein bisschen übertreibst?«, fragte sie. »Meinst du wirklich, dass du wegen einem einzigen Rausch wieder anfängst zu trinken und Drogen zu nehmen? Abgesehen davon werde ich keinem Menschen ein Sterbenswörtchen darüber sagen. Niemand außer dir und mir braucht je davon zu erfahren.«

Er spürte, wie die Versuchung ihn erneut aus der Bahn zu werfen drohte. Er ging noch einmal mit sich zu Rate. Niemand außer ihr und ihm würde von der Sache Wind bekommen. Würde er nach nur einem Drogenkonsum tatsächlich einen Rückfall in die Sucht erleiden? Vielleicht. Vielleicht aber auch nicht.

»Außerdem«, fügte sie hinzu, »bleibe ich dann ein paar Tage bei dir und sorge dafür, dass du nicht wieder abhängig wirst.«

Diesmal katapultierten ihn ihre Worte in die Wirklichkeit zurück. Als ob irgendjemand in der Welt ihn davon abhalten könnte, zur Flasche oder zur Droge zu greifen.

»Ich spreche bei vielen Gruppentreffen. Daneben bin ich für andere Mitglieder eine Vertrauensperson, die ihnen hilft, abstinent zu werden. Möglicherweise sind sie sich dessen nie bewusst, aber ich selber weiß, was ich getan habe. So läuft das«, sagte er, während er sich über den Tisch lehnte und mit leiser Stimme sprach. »Nicht ich habe mich von der Sucht geheilt. Mein Drang nach Alkohol und Drogen war völlig außer Kontrolle. Ich verlor die Fähigkeit, frei zu entscheiden. Meine Abstinenz verdankt sich einer Kraft, die wir *Gnade* nennen.

Solange ich diese Fähigkeit – die mir lange Zeit fehlte –, besitze, werde ich wohl beschließen, Nein zu sagen.«

Wie mir die glückliche kleine Nonne im Tempel von Taihuai sagte: »*Amitofa*«

Das genügt.

• • • • •

Schalten Sie einen Gang höher. Stellen Sie sicher,
dass alle Lektionen in Ihrem Rucksack sind.
Der höchste Berg liegt noch vor Ihnen.
Nehmen Sie sich jedoch vor den Affen in Acht.
Ich habe gehört, dass sie beißen.

Sechster Teil

Suchen Sie nach dem Gold

»Wir sehen die Dinge nicht so, wie *sie* sind; wir sehen sie so, wie *wir* sind«, sagte ein Freund. »Diese Auffassung vertreten heute Wissenschaftler, Zen-Buddhisten, Christen – ja alle Religionen.«

In Therapie-Kreisen erzählt man sich folgende alte Geschichte. Ein Therapeut leitet eine Gruppe und fordert einen der Teilnehmer auf: »Nur zu. Erzählen Sie der Gruppe alles, was Sie falsch gemacht haben, weswegen Sie sich schämen oder schuldig fühlen. Jeder hier hat genauso viel – oder noch mehr – falsch gemacht als Sie.«

Also schüttet der Teilnehmer sein Herz aus und enthüllt die tiefsten Geheimnisse seiner Seele.

Dann nimmt er wieder Platz und wartet.

Der Therapeut und die anderen Gruppenmitglieder sitzen da und schauen ihn bestürzt an.

»O wie schrecklich«, sagen sie im Chor. »So was haben wir nie getan!«

Nun, oft gehen wir mit den gleichen Gefühlen durchs Leben wie dieser Mann. Und diese Gefühle beeinflussen in mehr oder minder hohem Maße, wie wir die Welt im Ganzen, wie wir einzelne Ereignisse, andere Menschen, uns selbst und Gott sehen.

Einige sagen, alles drehe sich um die Liebe. Das mag stimmen. Doch wenn ich anfange, mich im Kreis zu drehen, dann liegt das meistens an meinen Schuldgefühlen.

Drei Wege führen zum Gipfel des Emei Shan, des heiligen Berges Nummer vier. Der erste, mühsam und lang, windet sich durch den Affenwald im Tal und steigt dann an; der zweite ist ebenfalls mühsam und lang, steigt aber steiler an; der dritte ist schnell und leicht zu bewältigen – auf der gesamten Strecke verkehren Seilbahnen.

Joe und ich beschlossen, zwei Routen miteinander zu verbinden. Beim Aufstieg wollten wir den Weg durchs Tal nehmen, beim Abstieg den anderen. Das gesamte Unternehmen würde drei bis vier Tage in Anspruch nehmen.

Wir betraten den Affenwald im Tal. Nach sieben Stunden Marsch hatten wir noch immer keinen Affen gesehen, und es wurde allmählich dunkel. Doch wir befanden uns an einem üppigen, magischen Ort. Die Luft war erfüllt mit Geräuschen vom Fluss, der tosend dahinglitt, und von den Wasserfällen zu beiden Seiten. Bambusplattformen säumten die Hänge. Alte schwankende Brücken spannten sich über den Fluss, so schmal, dass jeweils nur eine Person – oder mehrere Affen –, darüber trippeln konnten.

Auch Täler sind manchmal wunderbare Orte, dachte ich.

Auf einer der in den Hügel eingefügten Bambusplattformen schlugen wir unser Lager auf und entrollten die Schlafsäcke. In Anbetracht des Verbots, hier zu campen, waren wir ein wenig nervös, als wir unter dem Nachthimmel lagen und die Sterne betrachteten.

»Was ist denn das?«, fragte ich Joe, auf ein Licht in der Ferne deutend.

»So ein Mist. Man hat uns erwischt. Das ist ein Wächter, der eine Taschenlampe schwenkt«, erwiderte er. Wir verhielten uns beide ganz still. Wir wussten nicht, was als Nächstes zu tun sei, und beobachteten, wie das Licht hin und her pendelte. Es kam anscheinend überhaupt nicht näher.

»Vielleicht kommen wir ja ungeschoren davon«, flüsterte ich.

In dem Moment, als ich das sagte, tauchten sechs weitere Lichter auf. Wir sahen, wie sie näher rückten und sich dann wieder entfernten. Ich fragte mich, was sie mit uns wohl tun würden, wenn wir ihnen in die Hände fielen. Uns hinauswerfen? Aber wohin? Man brauchte fünf bis sieben Stunden, um den Wald in irgendeiner Richtung zu durchqueren. Würden sie uns verhaften?

»Das sind keine Wächter«, flüsterte ich Joe schließlich zu.

»Aber was dann? Affen mit Taschenlampen?«

»Das sind die größten Glühwürmchen, die ich je gesehen habe«, sagte ich.

Am nächsten Morgen standen wir in der Dämmerung auf. Wir marschierten durch das Tal, über Plateaus und begannen dann den Aufstieg zum Gipfel. Am Ende des zweiten Tages erreichten wir ein Kloster und beschlossen, dort die Nacht zu verbringen. Wir waren weiterhin mindestens einen Tag von der Bergspitze entfernt.

Stufen, Stufen und nochmals Stufen. Ich fror und war müde. Seit fünf Wochen hielt ich mich nun in China auf. Ich wollte in mein eigenes Bett, wollte nach Hause. Die ganze Reise, diese ganze Suche verlor allmählich ihren Reiz.

In meinem Zimmer gab es zwar warmes Wasser, aber keinen Tee. Also ging ich zu einem Imbiss hinter dem Kloster, um mir Tee zu besorgen. Der Verkäufer wollte mir stattdessen ein Sodawasser verkaufen – zu einem Preis, der mindestens doppelt so hoch war wie üblich. Ich lehnte ab und suchte den nächsten Stand auf. Die Verkäuferin war klein und rund und trug eine Baseballkappe. Auf ihrem Gesicht zeigte sich ein breites Lächeln.

»Ich möchte Tee kaufen und ihn mit aufs Zimmer nehmen«, sagte ich.

Sie wühlte in ihren Vorräten und drückte mir dann einen Teebeutel in die Hand.

»Kostet nichts«, sagte sie. »Genießen Sie's.«

Als ich am darauf folgenden Morgen aufwachte, sehnte ich mich nach einer Tasse Kaffee, um meinen Tag zu beginnen. Ich kehrte zu dem Stand zurück, wo ich den Tee erhalten hatte.

»Sechs Uhr. Sieben Uhr. Die Sonne schon am Himmel. Guten Morgen!«, sagte die runde lächelnde Frau mit der Baseballkappe. Ich bestellte ein Frühstück – Reis und Kaffee – und beobachtete den mürrischen kleinen Mann am Stand daneben. Niemand ging dorthin, um zu frühstücken. Alle drängten in das Café der Frau.

Nach dem Frühstück stiegen Joe und ich weiter in Richtung Gipfel. Emei Shan war der bisher höchste und kraftraubendste aller Berge. Nachdem wir sechs Stunden lang Stufe um Stufe erklommen hatten, entschlossen wir uns, die letzte Wegstrecke in der Seilbahn zurückzulegen.

Der Gipfel lag so hoch, dass ich aufgrund des Sauerstoffmangels kaum gehen konnte.

Ich setzte mich auf ein Felsgesims und beobachtete, wie die Leute in den Tempel strömten.

Einige beteten und formulierten ihre Wünsche. Ob sie zu Fuß oder mit der Seilbahn gekommen waren – sie wollten die Hände falten und den geistigen Wert dieses Ort erfahren. Andere wiederum besichtigten einfach nur die Sehenswürdigkeiten.

So oft schon habe ich religiöse Werte durcheinander gebracht. Ich dachte, ein spirituell ausgerichteter Mensch predige spirituelle Wahrheiten und setze sich für sie ein. Doch ich fühlte mich Gott und den Menschen gerade in jenen Augenblicken am nächsten, als ich ihnen davon berichtete, was in mir vorging oder was ich getan hatte – von Dingen, durch die ich mich seltsam, nicht gut genug, wie eine Außenseiterin fühlte –, und als sie dann sagten: »Genau, auch ich habe mich schon so gefühlt oder so gehandelt.«

Auf den allerhöchsten Punkt des Emei Shan gelangte man nur mit einer Zahnradbahn. Joe und ich fuhren mit dem kleinen Zug und stiegen dann zu Fuß weitere Stufen empor. Inzwischen litt ich derart unter der Höhe, dass ich nur noch stolperte, ja fast auf allen vieren kroch. Schließlich schafften wir es doch noch zum obersten Gipfel, wo sich eine Glocke befand. *Dong. Dong. Dong.* Wir läuteten sie abwechselnd und trugen unsere Namen in ein Buch ein.

Eine Weile blieben wir sitzen, schlenderten umher und genossen die Aussicht. Der Blick in die Ferne war atemberaubend und unterschied sich doch sehr von dem, was wir im Tal gesehen hatten. Auf der Spitze des Berges zu stehen ist aufregend – aber wie lange hält man es dort aus? Gipfel sind wie Täler nur Durchgangsstationen.

Joe und ich stiegen hinab in Richtung des Klosters, in dem wir die letzte Nacht verbracht hatten.

Ehe die Seilbahn eintraf, die uns zum einige Stunden entfernt liegenden Quartier an den Stufen zurückbringen sollte, kaufte ich an einigen Ständen ein. Einer bot eine Auswahl an Kräutern und Tees an; ich besorgte mir einen Beutel mit exotischem Tee. Ich hoffte, endlich jenen geheimnisvollen »Höhenkrankheitstee« gefunden zu haben, von dem ich vor der Reise gehört hatte.

Als wir abends im Kloster ankamen, betrachtete ich den Tee, den ich erworben hatte, und kämpfte ein wenig mit mir selbst. *Meiner, meiner, meiner,* dachte ich. *Nein,* sagte ich mir dann, *ich schulde ihn ihr.*

Ich ging zu dem Stand der Frau, die mir tags zuvor den Teebeutel geschenkt hatte. Ich drückte ihr meinen Tee in die Hand und bedankte mich für ihre Freundlichkeit.

Sie nahm mein Geschenk an.

Geht es auf diesem Berg vielleicht darum?, fragte ich mich. *Was wir bekommen, geben wir weiter, bis es schließlich wieder zu uns zurückkehrt? Karma – das elementare Spiel von Ursache und Wirkung?*

Am nächsten Tag nahmen wir die letzte Wegstrecke in Angriff. Sie war lang, ermüdend und anstrengend. Auf dem Schild stand: 1,4 Kilometer bis zum Tal. Doch wir waren viel länger unterwegs. Mir kam der Gedanke, dass jemand an dem Schild herumgefummelt hatte und dass die Entfernung eigentlich 14 km betrug.

»Wie lange dauert es noch, bis wir am Ziel sind, was meinst du?«, fragte ich Joe mehrmals mit quengelnder Stimme.

»Fang nicht wieder damit an, Melody«, erwiderte er. »Wir merken schon, wann die Tour zu Ende ist, weil wir dann auf dem Parkplatz stehen, wo wir losgegangen sind. Setz bis dahin einfach einen Fuß vor den anderen.«

Einmal erzählte mir ein Freund: »Als ich Kind war, glaubte ich wirklich an die Goldene Regel. Aber irgendwann hatte ich es derart satt mit anzusehen, wie die Halunken triumphierten und ich den Kürzeren zog, dass ich so ziemlich alle Hoffnung verlor. Die eigentliche Bezeichnung des Spiels, das da draußen gespielt wird, lautet offenbar: ›Was springt für mich dabei heraus?‹«

Sobald ich im Laufe meines Lebens die Goldene Regel anwendete, stellte ich fest, dass etwas äußerst Seltsames geschah. Wenn ich Menschen etwas zukommen ließ – ob Liebe, Mitgefühl, Nachsicht oder Geld –, bekam ich von ihnen nicht unbedingt etwas zurück.

Im Gegenteil, oft verlangten sie noch mehr von mir.

Manchmal übernimmt jemand am Arbeitsplatz, in der Liebe, in der Familie oder in der Freundschaft die nötigen Pflichten, und diese Person ist wirklich fürsorglich. Sie steht uns in guten wie in schlechten Zeiten zur Seite. Sie verzeiht uns, wenn wir eine Sache vermasseln. Vor allem aber glaubt sie an uns. Wenn sie sagt: *Das schaffst du schon; Ich glaube an dich; Du bist nicht so schlecht, mein Kind; Ich habe das Gleiche getan; Denk an all die positiven Dinge, die du bewirkt hast* – dann meint sie es auch so. Und in diesem Augenblick erfahren wir tatsächlich unbedingte Liebe.

Es tut dieser Person (ohne jede Schadenfreude) aufrichtig Leid, wenn uns etwas Schlimmes widerfährt. Und wenn sie uns etwas gibt, dann nicht in der Absicht, dafür etwas zurückzubekommen.

Im Grunde bestand die Lektion der Reise genau darin, dachte ich viel später, nach meiner Rückkehr in die Vereinigten Staaten – *in Versöhnlichkeit, Barmherzigkeit, Mitgefühl und Liebe.*

In diesem Teil werden wir uns mit Geschichten befassen, die zeigen, inwieweit diese Tugenden die Entscheidungen einiger Menschen beeinflussten. Nur allzu leicht reden wir uns ein, dass wir die Einzigen seien, die sich schuldig und unsicher fühlen. Die anderen Leute hingegen wirken äußerlich oft so sicher und selbstbewusst. Wie sie sich jedoch tief innen fühlen – das ist das am besten gehütete Geheimnis weit und breit.

Vergessen Sie jetzt den Pokal. Vergessen Sie Ihre großen Wünsche.

Suchen Sie nach dem echten Gold.

Machen Sie langsamer. Es geht um den Bereich unterhalb Ihres Kopfes. Genau. Begeben Sie sich in Ihr Herz. Haben Sie wirklich geglaubt, Sie wären der einzige Mensch auf der Welt, der so dachte und fühlte?

Achten Sie darauf, wie jene Spirale aus Schuldgefühlen sich allmählich in einen Kreis der Liebe verwandelt.

1

Sie berief sich auf das Gesetz

Sophie stand in der Küche ihrer Freundin. Die Ereignisse am letzten Wochenende waren unerträglich gewesen. Wenn sie darüber mit jemandem sprach, würde vielleicht auch sie selbst alles besser verstehen.

»Ich kann einfach nicht glauben, was da passiert ist«, sagte sie und schüttelte den Kopf.

»Du weißt doch, dass wir, Richard und ich, uns vor einigen Monaten getrennt haben? Nun gut, letzten Samstagabend hatte ich einen Freund bei mir zu Hause. Wir waren miteinander verabredet, gingen zusammen auf eine Party und amüsierten uns. Danach kam er zu mir nach oben. Wir redeten eine Weile, und dann begleitete ich ihn nach unten zu seinem Wagen. Die Windschutzscheibe war zerbrochen. Jemand hatte einen Stein dagegen geworfen.

Ich weiß, wer es war.

Seit unserer Trennung hat Richard mich ständig belästigt; es macht ihm größte Mühe *loszulassen*. Er denkt, ich gehöre ihm, und eines Tages würden wir wieder zusammenkommen. Sobald ich irgendjemand treffe, gerät er außer sich.«

»Was hast du unternommen?«, fragte ihre Freundin.

»Ich habe die Polizei gerufen und Anzeige erstattet«, antwortete Sophie. »Ich habe alles Notwendige getan, um mich zu schützen. Allerdings sagten die Polizisten, dass es schwierig sein werde, Fingerabdrücke auf einem Stein zu finden.

Doch damit nicht genug«, fuhr Sophie fort. »Hör dir das an. Am Sonntagmorgen ging ich zur Kirche. Richard ist dort im Chor. Er stand einfach da und sang lauthals: ›Halleluja, preiset den Herrn.‹

Dabei liefen ihm sogar Tränen übers Gesicht.«

Sophie schüttelte erneut den Kopf. »Wenn es nicht so traurig wäre, könnte man darüber lachen.

Außerdem rief mich gestern Abend eine von Richards Nachbarinnen an und lud mich zu einer Party in ihrem Haus ein. Ich kannte sie aus der Zeit, als Richard und ich zusammen waren. Ich sagte Nein, wahrscheinlich würde ich nicht kommen. Dann fragte sie mich, wo Richard sei. Sie habe sein Auto nicht vor dem Haus gesehen.

Ich weiß, was los ist«, seufzte Sophie. »Er versteckt sein Auto, weil er befürchtet, dass ihm genau das widerfahren könnte, was er jemand anderem angetan hat.«

• • • • •

Wenn das Gesetz des Karmas uns nicht zu fassen bekommt, bestrafen uns die eigenen Schuldgefühle.

2

Sie gab sich selbst die Schuld

Auf der Fahrt zur Arbeit hörte Tina im Autoradio Nachrichten. »Das Ministerium für Transport und Verkehr teilt mit, dass die Reparaturarbeiten am beschädigten Highway etwa ein Jahr in Anspruch nehmen werden.«

Ein Jahr?, dachte Tina. *Ein ganzes Jahr?*

Dieser Highway war die Hauptverkehrsstraße in die Stadt, und die meisten ihrer Kunden kamen aus der größeren Nachbarstadt. Die Miete. Die Gehälter für die Angestellten. Wie sollte sie das nur schaffen? Ihre Firma würde bestimmt Pleite gehen.

Als sie an einer bestimmten Straße vorbeikam, verlangsamte sie wie üblich das Tempo. Mein Gott, wie sehr wünschte sie sich, dort zu wohnen. Doch selbst im günstigsten Fall waren solche Immobilien zu teuer. Da ihr Geschäft jetzt unweigerlich vor dem Bankrott stand, würde sie sich in dieser Gegend ganz sicher kein Haus leisten können.

Sie liebte ihr Geschäft – und war im Begriff, es zu verlieren. Sie hasste ihre Eigentumswohnanlage – und kam sich darin wie gefangen vor.

Alles lief verkehrt.

Ich muss etwas falsch gemacht haben, dachte Tina. Sie zog alles in Betracht, dessentwegen sie sich schuldig fühlte. Sogleich erschienen vor ihrem inneren Auge einige Gespenster aus der Vergangenheit. Sie hatte versucht, die angerichteten Schäden so gut wie möglich wieder gutzumachen. Aber je länger sie lebte, desto mehr Fehler unterliefen ihr.

Tina schloss den Laden auf und verbrachte einige Zeit damit, die Geschäftsbücher durchzuschauen und ihren Kontostand zu überprüfen. Sie konnte es sich nicht erlauben, den Betrieb aufrechtzuerhalten. Sie war zwar kein Mensch, der schnell aufgab, aber ein paar einfache Kalkulationen bestätigten ihre Entscheidung.

Bald schon würde sie ihre Angestellten darüber informieren müssen. Es war nur fair, diese Menschen nicht im Unklaren zu lassen, damit sie sich eine neue Arbeit suchen konnten. Sicherlich würden sie verstimmt, ja aufgebracht sein. Das war ihr gutes Recht. Bei dem Gedanken, ihnen die Arbeitsplätze wegnehmen zu müssen, fühlte sie sich schuldig. Aber auch sie war verärgert. Sie hatte 100 000 Dollar in das Geschäft investiert, und jeden Monat fegte es ihr Bankkonto leer.

Es ist nicht bloß das Geld, dachte Tina. *Dieses Geschäft war mein Traum. Ich wollte es nicht nur für mich. Ich hatte so sehr gehofft, ich könnte damit den Leuten aus den umliegenden Gemeinden einen Dienst erweisen und ihnen darüber hinaus etwas Gutes tun.*

Am späten Nachmittag unterrichtete sie ihre Angestellten über die Lage. Noch in der gleichen Woche begann der Räumungsverkauf. Tina sah zu, wie die Veräußerung ihrer letzten Bestände ein wenig Geld in die Kasse brachte. In kurzer Zeit war vom Inventar fast nichts mehr übrig.

»Kann ich mit Ihnen sprechen?«, fragte eines Tages eine Kundin.

Tina dachte, dass sie die ohnehin schon niedrigen Preise noch weiter herunterhandeln wollte.

»Natürlich«, erwiderte Tina. »Schießen Sie los.«

»In meinen Lebensumständen ist eine Änderung eingetreten«, sagte die Frau. »Wahrscheinlich hätte ich sie voraussehen müssen. Aber offenbar sind wir dazu nie imstande. Jedenfalls muss ich mein Haus verkaufen, und zwar schnell. Und aus irgendeinem Grund hatte ich das Gefühl, dass ich mit Ihnen darüber reden sollte.«

Sie nannte ihre Adresse. Das Anwesen lag in ebenjener Straße, in der Tina unbedingt wohnen wollte. Dann nannte sie den Preis. Da wurde Tina unwillig, misstrauisch und skeptisch. Das war ja fast geschenkt! Das konnte Tina sich leisten. Jeder hätte es sich leisten können.

Das ist zu schön, um wahr zu sein, dachte Tina. *Sinnlos, damit meine Zeit zu vergeuden.*

Die Frau drängte sie, sich das Haus einmal anzuschauen. Tina zögerte, machte Ausflüchte und sagte dann Nein. Im Laufe des Tages sprach sie mit einem Freund.

»Warum bleibst du nicht wenigstens offen? Geh der Sache auf den Grund«, empfahl er. »Wenn du möchtest, begleite ich dich.«

Widerwillig stimmte Tina zu. Sie wusste genau, wie ihr Zuhause aussehen sollte. Sie lebte bereits an einem Ort, der ihr gegen den Strich ging, und wollte sich keinesfalls darauf einlassen, ein Objekt zu kaufen, das ihren Wünschen nicht entsprach. Dann würde sie lieber dort bleiben, wo sie war.

Am nächsten Tag fuhr Tina zu der besagten Adresse. Sie betrachtete die Außenseite des Hauses. *Genau wie ich es erwartet habe,* dachte sie. *Sieht schrecklich aus. Ich wette, dass es eine Bruchbude ist.*

»Geh einfach rein und schau dich um«, insistierte ihr Freund.

Tina schlenderte zur Tür. »Wenn es nichts ist, mache ich sofort kehrt«, sagte sie.

Sie klopfte. Die Frau öffnete die Tür. Tina trat ein und nahm Platz. Das Innere des Hauses war herrlich. Sie begutachtete Ober- und Untergeschoss. Bis ins kleinste Detail war alles vorhanden, was auf ihrer Wunschliste stand.

»Mir schien, als würde ich für alle Fehler und Irrtümer in meinem Leben entschädigt werden«, sagte Tina später zu einer Freundin. »Fast hätte ich wegen meiner Schuldgefühle und Vorurteile diese Gelegenheit verpasst. Ich nahm an, dass die Widrigkeiten in meinem Leben – die Verluste – eine

Strafe seien für das Unrecht, das ich anderen zugefügt hatte. Und ich war überzeugt, dass jede Wohltat, die mir zuteil wurde, einfach zu schön sei, um wahr zu sein.«

»Ich fühle mich schuldig«, sagte ich einmal zu einem Freund, um meine Reaktion auf etwas, das ich gesagt oder getan hatte, zu erklären. Vielleicht handelte es sich dabei um eine unkluge Handlung, um eine Bagatelle oder um eine Maßnahme zugunsten meines inneren Wohlbefindens.

»Nein, du fühlst dich nicht *deswegen* schuldig«, erwiderte mein Freund. *»Du fühlst dich wegen allem schuldig.«*

Er hatte Recht. Manchmal fühle ich mich sogar schuldig dafür, dass ich so viele Schuldgefühle habe.

Wir suchen. Wir stellen Fragen. Wir fühlen. Wir überlegen. Wir lassen die eigene Vergangenheit Revue passieren. Wir sind bemüht, unsere Sache besser zu machen und bessere Menschen zu sein. Die meisten von uns wollen das wirklich. Vieles ist schief gelaufen. Manchmal begann diese negative Entwicklung schon früh – quasi als wir noch im Mutterleib waren.

»Der erste Satz meiner Mutter, an den ich mich erinnere, war nicht: *Ich liebe dich*«, erzählte mir ein Mann, »sondern: *Ich wünschte, du wärst nie geboren worden.*«

Könnte es sein, dass all die Schuldgefühle, die wir empfinden, im Grunde gar nicht die unseren sind?

Hm. Das ist eine berechtigte Frage, ein plausibler Gedanke.

»Mein Vater ist Alkoholiker. Er trinkt nach wie vor. Wenn er mich anruft, sagt er nicht, dass er mich liebt. Nein, er fragt mich, ob *ich* ihn noch liebe«, sagte eine meiner Bekannten. »Stell dir das mal vor: Ich fühle mich schuldig, weil *er* trinkt und *mich* nicht genügend liebt.

Gelegentlich ist das so, als hätte ich eine große offene Wunde. *Frag mich nicht, ob ich dich liebe,* sage ich zu ihm. *Sag mir lieber, dass du mich liebst.*

Und hinterher fühle ich mich sogar dafür noch schuldig.«

Bisweilen müssen wir unsere Fehler wieder gutmachen; nicht aber dann, wenn wir uns lediglich den Kopf zerbrochen haben über Dinge, die gar nicht auf unser Konto gehen. Das beste Mittel, das ich gegen derlei Schuldgefühle kenne, kam in einer Szene des Films *Die Royal Tenenbaums* zum Vorschein.

In dieser Geschichte, die an J. D. Salinger erinnert, hat der Vater, gespielt von Gene Hackman, in seinem Leben vieles falsch gemacht – seine Familie wegen einer anderen Frau verlassen, Menschen und Ereignisse manipuliert, solche Sachen eben. Jetzt kehrt er zu seiner Familie zurück. Auf seine unbeholfene Art versucht er, diese unerfreulichen Angelegenheiten zu regeln.

»Du solltest dich vor dir selbst schämen«, sagt seine Tochter während eines gemeinsamen Spaziergangs zu ihm.

Er denkt über ihre Worte nach und erklärt: »Das tue ich auch.« Doch dann macht er sofort weiter mit dem, was er eigentlich sagen und tun wollte.

Gewiss, wir haben Schuldgefühle. Einige davon resultieren aus *unseren* Irrtümern, andere nicht. Sie kommen und gehen in Wellen. Die meisten Menschen mit einem aktiven Bewusstsein hängen oft ihren Gedanken nach. Bisweilen ist es einfacher, über bestimmte Ereignisse nachzudenken, anstatt zu fühlen, wie sehr sie schmerzen.

Ringen Sie mit Ihren Dämonen. Sprechen Sie mit Ihren Engeln. Möglicherweise sind Sie gar nicht so daneben, wie Sie meinen. Wenn Sie sich schuldig fühlen, müssen Sie manchmal das eigene Verhalten ändern und Wiedergutmachung leisten – manchmal aber reicht es auch, wenn Sie sich nur sagen: *Ja, es ist wieder soweit. Ich fühle mich mal wieder schuldig.*

Setzen Sie dann Ihren Weg unbeirrt fort.

Die eigentliche Ironie dieser leidigen Anwandlungen von Schuldgefühl, Angst und Selbstverachtung besteht darin, dass ich, sobald ich meine üblichen Tätigkeiten wieder aufgenommen habe – also einen Spaziergang unternommen, einen Film angeschaut, etwas Sanftes, Liebevolles und Nettes gemacht habe –, oft auf mein Handeln, dessentwegen ich mich schuldig fühlte, zurückblicke und mir sage: *Mensch, das war trotz allem genau richtig.* Oder ich denke: *Worum habe ich eigentlich so viel Aufhebens gemacht? Das war doch gar nicht so wichtig.* Oder ich ziehe die Angelegenheit in Betracht und rede mir gut zu: *Das war nicht so schlimm, wie ich dachte. Das haben schon viele getan.*

• • • • •

Ungeachtet dessen, was wir uns alles eingeredet haben, sind wir letztlich vielleicht doch keine so seltsamen Vögel. Wenn wir uns umschauen und den Eindruck gewinnen, als hätten wir ständig nur Fehler begangen, dann ist es wohl an der Zeit, in Sachen Schuldgefühl so lange eine Verschnaufpause einzulegen, bis wir mit den Augen des Herzens sehen können.

3

Er rechnete ab

Zunächst war Carl wie betäubt. Dann fühlte er sich tief verletzt.

Und dann wollte er nur noch eines: Rache nehmen.

Mark war nicht nur sein Geschäftspartner, sondern auch sein Freund. Carl hatte ihm vertraut. Und dieser Mark hatte ihn kürzlich um 70 000 Dollar betrogen.

Wie konnte er so was nur tun? Wie konnte er jeden Tag im Büro auftauchen und mir in die Augen schauen, als sei nichts gewesen?, fragte sich Carl. *Was für ein Heuchler. Was für ein Betrüger. Was für ein Idiot. Jetzt geht er selbstgefällig durch die Stadt, während ich hilflos dastehe und um all dieses Geld ärmer geworden bin.*

Außerdem habe ich gerade einen Freund verloren.

Nein, habe ich nicht, überlegte Carl, ins Selbstgespräch vertieft. *Dieser Typ war nie ein Freund. Freunde behandeln einander nicht so niederträchtig. Von Anfang an hat er mich nur ausgenutzt.*

Den werde ich kriegen. Und wenn es das Letzte ist, was ich in diesem Leben tue.

Carl lud all seine Geschäftsbücher und Aufzeichnungen ins Auto und fuhr zur nächsten Polizeistation. Er schleppte den Karton mit den Unterlagen in die Wache und bat um ein Gespräch mit jemand, der ihm helfen könne, seine Forderungen durchzusetzen. Was in der Vergangenheit zwischen ihm und Mark gewesen war, kümmerte ihn nicht mehr. Mark hatte ihn hereingelegt und damit ein Verbrechen begangen. Carl würde ihn dafür hinter Gitter bringen.

Der diensthabende Beamte hörte sich die Geschichte an. Er betrachtete den Stapel Papier, den Carl mitgebracht hatte.

»Sieht so aus, als handle es sich hier um eine Straftat«, sagte der Polizist. »Aber die Beweislast liegt weiterhin bei Ihnen. Irgendwie müssen Sie beweisen, dass Ihr Geschäftspartner keinen Anspruch auf dieses Geld hatte. Da jeder von Ihnen eine Vollmacht für das Bankkonto besaß, wird die Sache darauf hinauslaufen, dass Ihr Wort gegen seins steht.«

»Was sagen Sie mir da?«, rief Carl entrüstet.

»Ich sage, dass Ihnen Geld gestohlen wurde – vorausgesetzt, Ihre Angaben stimmen. Aber das zu beweisen und einen Schuldspruch gegen Ihren Partner zu erwirken, ist etwas anderes. Außerdem gibt es dafür keinerlei Garantien. Ich bin mir nicht sicher, ob der Staatsanwalt den Fall ohne weitere Beweise überhaupt aufgreift.«

Carl bedankte sich bei dem Polizisten, nahm seine Papiere und fuhr nach Hause. In Gedanken ging er alle Alternativen durch.

Er konnte Zivilklage erheben. Aber das Verfahren würde möglicherweise Jahre dauern und mehr Geld verschlingen, als Carl verloren hatte.

»Willst du, dass ich einige Leute beauftrage, ihn zu verprügeln?«, fragte einer seiner Freunde. »Ja, das würde mir gefallen«, erwiderte Carl. »Aber es widerspricht meinen Wertmaßstäben. Egal, wie wütend ich bin – von Gewalt halte ich nichts.

Doch dein Vorschlag ist verlockend«, fuhr Carl fort. »Zu wissen, dass er eins auf die Nase kriegt, würde mir sicher gut tun.«

Einige Wochen lang rumorte es in ihm. Dann ersann er einen Plan. Wenn es ihm nicht gelang, den Geschäftspartner ins Gefängnis zu bringen oder ihm eine Abtreibung zu verpassen, so konnte er doch wenigstens dessen Ruf in der Stadt schaden. Er konnte dafür sorgen, dass Mark alle seine Freunde verlor, denn jeder von ihnen – wirklich jeder – sollte erfahren, wie er war und was er getan hatte.

Voller Rachegedanken erzählte Carl jedem, der Mark auch nur entfernt kannte, was der gemacht hatte. Die Leute hörten zu und bekundeten ein gewisses Maß an Sympathie. Doch in ihren Augen entdeckte Carl nicht die Reaktion, die er erhofft und beabsichtigt hatte. Anstatt ihm darin beizupflichten, was für ein schlechter Mensch Mark war, betrachteten sie ihn in seiner Aufregung, seiner Wut, seinen wilden Gefühlsausbrüchen so, als wäre er, Carl, völlig verrückt.

»Ich spürte, dass ich wie ein Wahnsinniger redete und handelte, dass ich mit meinem Zorn außer Kontrolle geraten war«, sagte Carl. »Aber ich wusste einfach nicht, wie ich mich sonst verhalten sollte. Ich hatte in dieser Situation das Gefühl, völlig von der Rolle, tief verletzt und total machtlos zu sein. Ich war betrogen worden. Es erschien mir verkehrt, dass Mark nach all dem, was er mir eingebrockt hatte, keinerlei Konsequenzen tragen und einfach ungeschoren davonkommen sollte.

Er sollte seinen Teil am Karma abkriegen. Und ich wollte sicherstellen, dass es auch tatsächlich geschieht. Wenn ich ihn schon nicht hinter Schloss und Riegel bringen konnte, war ich doch immerhin imstande, allen möglichen Leuten zu erzählen, was er getan hatte. Ich musste irgendetwas tun, um mir Erleichterung zu verschaffen.«

Das Problem war nur, dass es Carl durch diesen Rachefeldzug keineswegs besser ging.

Sobald er jemandem wutentbrannt über Marks Fehlverhalten berichtete, fühlte er sich hinterher nur umso schlechter. Er war noch beunruhigter und aufgebrachter als vorher. Bis dahin hatte die Vergeltungsaktion nichts anderes bewirkt, als dass Carl ständig außer Fassung geriet.

»Natürlich war ich wütend, verletzt und durcheinander«, fuhr er fort. »Aber was ich tat, funktionierte nicht. Es war an der Zeit, etwas anderes auszuprobieren. Das fiel mir zunächst unglaublich schwer. Doch ich zwang mich, diesen Weg weiterzugehen, und das tat ich dann auch. Ich fing an, für meinen Ex-Geschäftspartner und Ex-Freund Mark zu beten. Jedes Mal, wenn mir sein Name einfiel, bat ich Gott, ihn zu segnen. O nein, das meinte ich zuerst nicht so, überhaupt nicht. Aber es war immer noch besser als das, was ich vorher getan hatte. Denn selbst wenn ich es gar nicht so meinte, war ich doch kaum noch gereizt und verärgert.

Ungefähr zehn, zwanzig oder dreißig Mal am Tag dachte ich an Mark, und sofort stiegen Ressentiments und Wutgefühle in mir auf. Dann sagte ich leise oder auch laut: *Gott segne ihn. Gott segne ihn.* Ich brauchte Monate, um das einzuüben, doch allmählich veränderte sich meine Wut.«

Wenn Carl sich heute an Mark erinnert oder seinen Namen hört, ist er nicht mehr ungehalten oder verdrossen. Doch der Gedanke an die vergangenen Tage der Freundschaft und der Partnerschaft stimmt ihn manchmal traurig.

»Ich will ihn nicht wieder in meinem Leben haben. Inzwischen ist zu viel Wasser den Bach hinuntergeflossen«, erklärt Carl. »Aber ich wünsche ihm aufrichtig alles Gute – Glück, Wohlergehen und Erfolg. Jeder macht Fehler. Wir handeln verkehrt, und dann verzweifeln wir. Ich hoffe, er führt ein angenehmes Leben.«

Carl wurde mit Mark quitt, doch nicht so, wie er dachte. Innerhalb von neun Monaten, nachdem er seinem früheren Kompagnon verziehen hatte, schloss er einen Vertrag ab, der unverhofft mehr als das Fünffache dessen einbrachte, was Mark ihm entwendet hatte.

Darüber hinaus kam er sogar mit sich selbst wieder ins Reine.

Er fand erneut seinen geistigen Frieden.

Wäre es nicht schön, wenn das Leben, das Karma und die Goldene Regel gewissermaßen wie ein Kaugummiautomat funktionierten? Dann bräuchten wir nur ein Zehn-Cent-Stück der Liebe hineinzustecken und bekämen dafür sofort zwei oder drei Kugeln der Liebe zurück.

Meistens jedoch gleicht die Anwendung der Goldenen Regel eher der Betätigung eines Spielautomaten. Man wirft Münzen hinein, ohne zu wissen, ob man gewinnt oder verliert. Wir alle mögen Situationen, in denen es uns leicht fällt, Liebe zu schenken und unsere Tugendhaftigkeit unter Beweis zu stellen – und in denen wir dafür umgehend belohnt werden. Aber normalerweise vollzieht sich der Ablauf der Ereignisse nicht nach diesem Schema – zumindest nicht in meinem Leben.

Gerade dort, wo ich auf die Probe gestellt und herausgefordert werde, wünsche ich mir am allerwenigsten, dass irgendetwas schief geht. Gewöhnlich erlebe ich dann aber eine Überraschung, etwas völlig Unerwartetes – und ganz bestimmt nicht jene Dinge, die ich mir ausgesucht hätte, wenn ich für die »Prüfungsbedingungen« verantwortlich gewesen wäre.

Ressentiment und Rache erscheinen uns oft als die einzigen vernünftigen Reaktionen.

Manchmal tragen wir erlittenes Unrecht mit Fassung. Nehmen ruhig alles auf uns. Ich weiß, es tut wirklich weh. Doch was werden wir tun, wenn Raserei, Gekränktheit, Qual und Ärger überwunden sind?

Wir können uns in Wut und Schmerz derart hineinsteigern, dass wir die in einer misslichen Situation enthaltenen Geschenke ebenso übersehen wie die Möglichkeit, dass das Leben uns bald neue Wohltaten zuteil werden lassen könnte.

• • • • •

Nur zu. Stecken Sie ein weiteres Zehn-Cent-Stück in den Automaten. Wer weiß? Diesmal erhalten Sie vielleicht Ihren geistigen Frieden zurück.

4

Liebste Mami

Das Telefon läutete. Jackie hob ab. Es war ihre Schwester. Sie kam gleich zur Sache.

»Ich rufe nur an, um dir zu sagen, dass Mami letzte Nacht im Schlaf gestorben ist.«

Jackie schreckte hoch und erwachte. Es war nur ein Traum gewesen, aber er verfolgte sie. Mitten in der Nacht stand sie auf und machte sich eine Tasse Tee. Sie konnte die mit dem Traum verbundenen Gefühle einfach nicht abschütteln.

Trauer. Schuldgefühl. Nostalgie. Der Wunsch nach einer besseren, lebendigeren Beziehung zu ihrer Mutter. Seit Jahren hatte Jackie kaum mit ihr gesprochen. Aus Pflichtgefühl tat sie hin und wieder etwas für sie. Doch ihre Mutter war ein wenig daneben. Ein wenig? Zum Teufel! Meistens war sie total verrückt.

Wie ginge es mir, wenn meine Mutter jetzt sterben würde? Jackie stellte sich diese Frage während der ganzen nächsten Woche. Sie dachte zurück an Zeiten, als sie noch klein war, etwa fünf oder sechs Jahre alt. Ihre Mutter war damals so wunderbar gewesen – der einzige Mensch in Jackies Welt. *Nun, vielleicht nicht wunderbar,* dachte sie. Aber sie hatte ihre Mutter mit der Unschuld eines Kindes geliebt.

Im Laufe der Jahre war ihre Beziehung immer schwieriger geworden. Jetzt redete Jackie nur noch selten mit ihrer Mutter. Und wenn sie es tat, machte sie innerlich völlig zu. Sie unternahm alles Notwendige, um mit heiler Haut davonzukommen – in ihrem Leben und in dieser Beziehung. Sie hatte eine Therapie gemacht und an sich gearbeitet. Ihre Mutter wollte jedoch von Jackies Gefühlen nichts wissen; keine ihrer Entdeckungen hinsichtlich der eigenen Persönlichkeit hatte für die andere eine besondere Bedeutung.

Der entscheidende Punkt ist der, dachte Jackie. *Wenn meine Mutter jetzt sterben würde, hätte ich das Gefühl, dass unsere Beziehung für immer unvollkommen bleibt.*

»Ich war derart damit beschäftigt, die negativen Aspekte unserer Beziehung zu betrachten, dass ich mir gar keine Mühe gab, auch deren positive Seiten in Erwägung zu ziehen«, sagte Jackie. »Sie hat mir beigebracht, innerlich stark zu sein. Sie hat mich gelehrt, dass man eine lohnenswerte Aufgabe gut machen soll. Und gerade anhand der Dinge, die sie mir vorenthielt – durch die Löcher in unserer Beziehung –, habe ich begriffen, was ich meinen eigenen Kindern geben muss. Vor allem aber hat sie mir durch meine Wut auf sie und durch meine große Enttäuschung im Familienleben die wichtigste Lektion überhaupt erteilt.

Sie hat mir eine Möglichkeit geboten, allmählich zu begreifen, was eine versöhnliche Einstellung ist.«

• • • • •

Ist es nicht seltsam, dass wir, wenn wir jemand anderem verzeihen, im Grunde uns selbst befreien?

5

Sie verlor ihren Heiligenschein

Samantha und ihr neuer Ehemann verließen die Kirche und schlenderten zum Restaurant. Es war weder ihre noch seine erste Heirat. Er hatte sie gebeten, gemeinsam in die Kirche zu gehen, die er regelmäßig besuchte. Danach würden sie seine Ex-Frau im Restaurant treffen, um mit ihr einige *Dinge* zu besprechen.

»Ich mochte die Kirche«, sagte Samantha. »Als wir beim Restaurant ankamen, strahlte ich vor Freude und Glück. Es war, als würde ich einen Heiligenschein auf dem Kopf tragen.«

Samantha bestellte eine Pastete. Ihr Mann entschuldigte sich, um zur Toilette zu gehen. Das war der Augenblick, den seine Ex-Frau wählte, um hereinzuspazieren.

»Zunächst war es seltsam, sich einfach so gegenüberzusitzen, ohne ihn. Aber im Großen und Ganzen hatten wir einen freundlichen Kontakt«, fuhr Samantha fort. »Sie und mein Mann hatten zwei Kinder zusammen. Beide würden wir für lange Zeit im Leben der anderen eine Rolle spielen. Deshalb hielt ich es für wichtig, dass wir eine gute Beziehung zueinander haben und lernen, miteinander auszukommen.«

Ein Gesprächsthema führte zum nächsten. Dann kehrte Samanthas Mann an den Tisch zurück.

»Wir drei fingen an, über solche Fragen zu reden wie das Besuchsrecht für die Kinder. Aber ich wusste, dass es im Grunde um etwas anderes ging«, sagte Samantha. »Das fühlte ich ganz deutlich. Sie ärgerte sich, weil ich nun da war und die bisher gültigen Spielregeln über den Haufen geworfen hatte.«

Es passierte sehr schnell, wie so oft bei plötzlichen Umschwüngen. Gerade noch diskutierte ihr Mann mit seiner Ex-Frau, da wurde Samantha auch schon angefahren.

»Sie halten sich da raus!«, schrie die Ex-Frau und fuhr ihr mit dem Finger ins Gesicht. »Das alles geht Sie überhaupt nichts an! Sie haben kein Recht, sich einzumischen. Also, halten Sie den Mund!«

Im Laufe der Unterhaltung war Samantha immer wütender geworden. Doch als die Ex-Frau nun auch noch ihr Gesicht berührte, fiel der Heiligenschein von ihr ab.

»Ich fing an zu schreien, ich reagierte. Ich nahm ihr Gesicht in die Hand, schüttelte es und sagte ihr, dass sie das nie wieder tun solle. Meine Fingernägel sind lang, und ich weiß, dass ich sie gekratzt habe. Es kam zu einem Katzenkampf – direkt in der Öffentlichkeit, in diesem Restaurant. Ich konnte nicht glauben, was ich da tat. Ein solches Verhalten ist mir eigentlich zuwider. Erst später begriff ich, was geschehen war. Ich rastete aus, weil ich mich angegriffen fühlte.«

Samantha entschuldigte sich, ging zur Toilette und versuchte, ihre Fassung wiederzufinden. Als dann alle zusammen das Restaurant verließen, war sie ganz die Alte. Sie bat um Verzeihung, betonte, dass das, was sie getan und gesagt habe, ihr aufrichtig Leid tue.

»Vielleicht war meine Reaktion gerechtfertigt«, erklärte Samantha. »Einige Situationen sind wirklich schwierig – zumal wenn ich mich angegriffen fühle. Aber es gefällt mir nicht, wenn ich mich wie ein Tier aufführe. Ich mag diese Frau nicht besonders, doch ich möchte, dass wir in Frieden leben und dass ich in Frieden mit mir lebe.«

Wir alle haben schwache Augenblicke.

Nun, die meisten von uns.

Eines Abends fragte ich einen Freund, ob er glaube, dass eine bestimmte Person mein Vertrauen missbrauchen werde oder nicht.

»Gerne würde ich dir sagen: Keineswegs, aber das kann ich nicht«, antwortete er. »Unter gewissen Umständen sind wir alle praktisch zu allem fähig.«

• • • • •

Vielleicht sollten wir noch einige weitere Geldstücke in jenen Spielautomaten werfen – nämlich in den, auf dem Versöhnlichkeit steht. Wir wissen nie, ob und wann das Glück uns gewogen ist und wir für unseren Einsatz belohnt werden.

6

Er wollte den Schaden wieder gutmachen

Er lief in seiner Einzimmerwohnung auf und ab, versetzte sich zurück in die Vergangenheit, versuchte sich zu erinnern. Im Laufe der Jahre waren die Dinge in seinem Leben immer undeutlicher geworden. Der Alkohol hatte sein Gedächtnis getrübt. Aber nun war er wenigstens trocken.

Woran dachte er? Was trieb ihn? Ihre Beziehung war manchmal in eine Art Wahnsinn ausgeartet. *Wenn ich sie einfach anrufe, alles erkläre und ihr sage, wie sehr es mir Leid tut, wird sie vielleicht begreifen, dass ich sie nie verletzen wollte, obwohl genau das geschehen ist.*

Er brauchte einige Tage, um seinen ganzen Mut zusammenzunehmen. Dann griff er zum Telefon.

»Ich weiß, dass ich dich in Verlegenheit gebracht, verletzt und enttäuscht habe. Es tut mir Leid«, sagte er.

Er spürte ihre Wut durch die Leitung.

»Als wir uns begegnet sind, hatten wir beide unzählige Probleme«, fuhr er fort. »Ich glaube, jeder hat den anderen mit den schlimmsten Auswirkungen des eigenen posttraumatischen Stress-Syndroms konfrontiert. Ich hatte meine Probleme. Und du hattest großen Kummer. Ich wollte wirklich nüchtern bleiben. Aber aus irgendeinem Grund war ich dann doch immer wieder betrunken. Ich weiß nicht, warum so viele Alkohol- und Drogenabhängige es schaffen, abstinent zu werden und es auch zu bleiben. Ich dagegen bin unzählige Male rückfällig geworden.«

Er konnte ihre Antwort fühlen: Ein wütendes »Ich weiß«.

»Aber das ist der Punkt: Ich hatte alle Hoffnung aufgegeben. Jeder Versuch, dem Alkohol abzuschwören, scheiterte.

Ein ums andere Mal. Bei solchen Rückfällen wünschte ich mir oft, betrunken ins Bett zu gehen und im Schlaf zu sterben. Doch dazu kam es nicht. Jeden Morgen wachte ich erneut auf.

Ich musste einen Menschen finden, der mir wertvoll erschien und der ebenfalls seine Hoffnung aufgegeben hatte. Dann sind wir uns zufällig begegnet. Ich dachte, wenn ich dir helfen würde, in deinem Leben wieder einen Sinn und ein Ziel zu finden, könnte ich vielleicht auch in meinem eigenen irgendeine tiefere Absicht entdecken.«

Er erklärte, dass er sie nicht unbedingt wiedertreffen müsse, dass er nichts von ihr wolle, lediglich etwas wieder gutmachen möchte. Er wünsche sich, dass sie beide in Frieden lebten.

Ich hörte ihm aufmerksam zu.

Dann sagte ich: »Entschuldigung angenommen«, und dankte ihm. Einige Leute mögen ihn – oder mich – als coabhängig bezeichnen. Das ist mir egal.

Nach dem Tod meines Sohnes war er derjenige, der mir das Leben rettete.

Diese Welt ist ein ziemlich unvollkommener Ort.

Menschen lieben uns nicht so, wie wir es insgeheim ersehnen. Die Dinge laufen anders, als wir es erwartet oder geplant haben. Manchmal ist es leicht, das Handtuch zu werfen und die Hoffnung aufzugeben. Ich weiß, dass ich die meine schon mehrmals »verlegt« habe.

Eines Tages hatte ich gerade den Yoga-Kurs mit folgender Anweisung des Lehrers verlassen: »Ich möchte, dass du Mitgefühl empfindest für Menschen in anderen Teilen der Welt.«

Das ist eine gute Idee, dachte ich im Auto auf der Heimfahrt. *Denk an das Mitgefühl.* Zu Hause angekommen, fand ich eine Botschaft von Tracey vor, einer Freundin, die in einem anderen Bundesstaat wohnt. Nach meinem Umzug nach Kalifornien hatte ich sie aus den Augen verloren und etwa sieben Jahre lang nicht gesehen.

Ich war ihr durch ihren Vater begegnet. Er und ich hatten im selben Rehabilitationszentrum in Minnesota gearbeitet und versucht, anderen Menschen das Leben zu retten – und dabei auch das unsere. Das waren die guten alten Zeiten, als man zehn oder zwölf Stunden lang in eine Gruppensitzung ging. Und wenn man herauskam, hatte man sich verändert.

Doch dann wurde er rückfällig und musste schließlich wieder ins Gefängnis.

Er war ein intelligenter, kluger Mann.

Damals, in den Sechzigerjahren, hatte er in einem südlichen Bundesstaat ein gebrauchtes Polizeiauto gekauft. Es war noch voll funktionsfähig. Wann immer er Geld brauchte, schaltete er Sirene und Rotlicht ein, schnappte sich einen Passanten und stellte ihn vor die Wahl: Entweder hätte er ein Strafverfahren am Hals, oder er zahle auf der Stelle.

Einmal waren er und ein Freund in der Wohnung eines befreundeten Paares. Dieses geriet in einen häuslichen Streit, woraufhin ein Nachbar die Polizei rief. Die eingetroffenen Beamten nahmen alle Anwesenden fest – das Paar sowie die beiden Besucher. Auf der Polizeistation machte mein Freund seine Zeugenaussage. Dann sah er dort eine Schreibmaschine, die ihm gefiel. Also stahl er sie, indem er – direkt vor den Augen der Polizisten – mit ihr nach draußen spazierte.

Zu Hause angekommen, stellte er fest, dass das Farbband fehlte. Das ärgerte ihn, und er ging zur Wache zurück, bahnte sich den Weg ins Vorratslager, fand ein paar Farbbänder und nahm sie ebenfalls mit.

Eine Zeit lang war er im Besitz von Schlüsseln, mit denen man die Münzautomaten in Waschsalons öffnen konnte. Nach Geschäftsschluss brach er dort ein, schloss die Automaten auf und zog mit allen Münzen davon. In jenen Tagen war das sehr einträglich. Er hatte ein perfektes Timing. Er wusste genau, wie viel Zeit ihm zwischen dem Einbruch, der den Alarm auslöste, und dem Eintreffen der Polizei zur Verfügung stand.

Eines Nachts jedoch verrechnete er sich. Das Polizeiauto kam, als er sich vor dem Waschsalon zur Flucht bereit machte. Er schaute die Polizisten an, bewahrte die Fassung. »Er war ungefähr einsachtzig groß. Schlank. Dunkles Haar. Und er ist in diese Richtung gerannt«, sagte er, auf das Ende des Blocks deutend. Die Polizisten verfolgten den vermeintlichen Räuber, und mein Freund entwischte abermals.

Schließlich schwor er Alkohol und Drogen ab und begann, andere Suchtkranke zu therapieren. Als er einen Rückfall erlitt und erneut hinter Gitter musste, war seine Tochter tief verletzt und wütend auf ihn. Sieben Jahre lang saß er im Gefängnis. Nach seiner Entlassung versuchte er, wieder mit ihr in Verbindung zu treten. »Erst wenn du auf deinem Totenbett liegst«, sagte sie zu ihm.

Es dauerte nur kurze Zeit, bis er dorthin gelangte. Innerhalb der nächsten drei Monate rief er sie aus einer Klinik an. Er hatte gewusst, dass er krank war, aber er wollte nicht im Gefängnis sterben.

In dieser Situation lernte ich seine Tochter Tracey kennen. Sie bat mich, mit ihr am Krankenbett zu sitzen, während wir beide auf seinen Tod warteten. Das war etwa drei Jahre nach Shanes tödlichem Unfall; der Tod jagte mir keine so große Angst mehr ein.

»Einmal habe ich ihn gefragt, warum er denn weiterhin Drogen nehme, wo er doch wusste, dass sie ihn entweder umbringen oder ins Gefängnis bringen würden«, sagte Tracey. »Ich fragte ihn, warum er ständig sich selbst und mich verletze. Und er antwortete, dass er mit einigen seiner Entscheidungen nicht leben könne.

Irgendwie ahnte ich, was er damit meinte – nämlich einige dunkle schreckliche Geheimnisse aus seiner Vergangenheit. Auf eine seltsame Weise verstand ich ihn.«

Mein Freund glaubte, dass Gott ihm verzeihen würde. Das sagte er mir. Doch so klug, mutig und einfallsreich er auch war – er konnte nie herausfinden, wie er sich selbst verzeihen sollte.

Jetzt, sieben Jahre später, rief Tracey mich an, weil sie mit einem Menschen sprechen wollte, von dem sie wusste, dass er für ihre prekäre Situation Verständnis hätte. Vor etwa eineinhalb Jahren war ihre Tochter an Leukämie erkrankt, der sie nach einem Rückfall sowie einer notwendig gewordenen Knochenmarktransplantation vor kurzem mit dreizehn Jahren erlegen war.

»Ich trat nicht behutsam ins Unbekannte ein – das Leben katapultierte mich dorthin«, erzählte sie.

»Ich überwand alle Hindernisse. Befreite mich selbst von der Sucht. Beendete die Schule, erhielt mein Abschlusszeugnis. Fand einen guten Job. Zog aus der Wohnwagensiedlung aus und richtete mir eine schöne Wohnung ein. Wahrscheinlich dachte ich immer, dass das Leben leichter würde, dass die Lektionen irgendwann aufhörten.

Im Moment bin ich auf Gott wütend, ja total sauer«, fuhr sie fort. »Manchmal trete ich einfach um mich. Aber genau darin spiegelt sich meine innere Überzeugung wider: Es gibt nichts als Lektionen. Und jede gestaltet sich schwieriger, weil jede uns auf die nächste vorbereitet.«

Wir alle blicken auf eine ganze Reihe von Entscheidungen zurück, die wir in unserem Leben getroffen haben. Einige erfüllten ihren Zweck, andere nicht. Manche unter uns haben nur wenige Schuldgefühle, andere wiederum haben viele.

Ich kenne Menschen, die wie mein Freund mit ihren Entscheidungen nicht klarkommen, andere hingegen sehr wohl. Erinnern Sie sich an die Geschichte von Sherry im ersten Teil dieses Buches? Sie war jene Schwangere, die einen Autounfall hatte und daraufhin ein schwerbehindertes Kind zur Welt brachte.

»Wie ich damit umgehe?«, fragte Sherry. »Ein Therapeut half mir. Erst als meine Tochter sechsundzwanzig war, wurde mir allmählich klar, dass ich keine Schuld hatte, dass sich ein Fötus aus der Plazenta lösen kann. Dieses Unglück beschäftigt mich fast jeden Tag. Aber ich spreche kaum darüber. Ich habe Angst, von den Leuten verurteilt zu werden.

Ich kann nichts daran ändern. Es wird mich mein ganzes Leben lang begleiten. Ich besuche sie nicht oft. Sie kennt mich nicht, kennt überhaupt niemanden. Manchmal befürchte ich, in Tränen auszubrechen und unaufhörlich zu weinen. Ich fühle jeweils nur ein bisschen was, ein klein wenig – so als würde ich meinen Zeh in heißes Wasser stecken. Es ist weiterhin sehr heiß und tut weh, doch an der Stelle, wo mein Zeh sich befindet, habe ich den Schmerz unter Kontrolle.

Deshalb widme ich mich zum Beispiel dem Kampfsport und dem Angeln. Solche Beschäftigungen zerstreuen mich und lenken meine Aufmerksamkeit auf das, was gerade ansteht. Sie helfen mir wirklich. Durch all meine schlimmen Erfahrungen bin ich echt stark geworden. Aber die Grenzen zwischen *stark* und *abgestumpft* sind fließend.«

Viele Menschen (auch ich) führen aufgrund der von ihnen getroffenen Entscheidungen einen ständigen Kampf gegen die eigenen Schuldgefühle.

Den meisten von uns wird ein wenig leichter ums Herz, wenn wir für unsere Irrtümer und den durch Fehlentscheidungen angerichteten Schaden nach besten Kräften Wiedergutmachung leisten. Wir versuchen dann, dieses dauernde Gefühl, alles falsch zu machen, in den Griff zu bekommen, indem wir die Ursachen dafür ergründen, uns aussprechen, Zwangsvorstellungen vermeiden und unsere täglichen Angelegenheiten so gut wie möglich erledigen.

Eines habe ich gelernt: Wenn ich mir nicht vollständig verzeihen kann, besteht die nächstbeste Lösung darin, meine

Fehler dadurch wieder gutzumachen, dass ich sie benutze, um anderen Menschen zu helfen.

»Wir werden die Vergangenheit weder bereuen noch den Wunsch haben, sie zu verleugnen. Wir werden das Wort *Gelassenheit* verstehen und in geistigem Frieden leben. Ganz gleich, wie tief wir gesunken sind, werden wir erkennen, wie sehr unsere Erfahrung anderen Menschen nützlich sein kann.« Das verspricht uns das Große Buch der Anonymen Alkoholiker, wenn wir ein paar einfache Dinge tun.

Die Anweisung meines Yoga-Lehrers habe ich also falsch interpretiert.

• • • • •

Anstatt an das Mitgefühl zu denken, muss man es empfinden und zum Ausdruck bringen. Auch hierbei haben wir die Wahl.

Gut. Machen Sie sich bereit. Wir reisen jetzt erneut nach Tibet.

Siebter Teil

Auf dem richtigen Weg bleiben

»Dem Leben liegt ein bestimmter Rhythmus, eine Ordnung zugrunde«, sagte ein Freund. »Nicht immer mögen wir sie. Aber dieser Ordnung ist es ziemlich egal, ob wir sie mögen oder nicht.«

Joe und ich stiegen in Lhasa aus dem Flugzeug und schauten uns um. Hinter der Menge stand Lami und winkte uns zu.

Nach Tibet waren wir erst am Ende der China-Reise gefahren, und wir waren auch nur kurz geblieben: um Lami, unseren tibetanischen Führer, kennen zu lernen, um festzustellen, wie hoch dieses Land lag – und um zu spüren, wie müde wir eigentlich waren. Dann waren wir nach Hause zurückgekehrt. Jetzt, sechs Monate später, waren wir erneut hier, ausgeruht und bereit für Berg Nummer fünf – den höchsten aller heiligen Berge: Mount Kailash.

Der Legende nach hat die Umrundung des Berges die Befreiung vom Karma eines Lebens zur Folge. Ich glaube an die Vergebung der Sünden. Aber diese Vorstellung unterscheidet sich von der des Karmas. Sie hat nichts damit zu tun, dass wir uns von der negativen Energie weit zurückliegender Handlungen befreien. Und sie beinhaltet auch nicht, dass wir uns selbst verzeihen.

Seit ich zum ersten Mal daran dachte, Tibet zu besuchen, hatte mich irgendeine unerklärliche Kraft zum Mount Kailash hingezogen. Er war der eigentliche Grund dafür, dass ich durch China getrottet und jene unzähligen Stufen hinaufgestiegen war. Ich wollte zum Mount Kailash, aber dafür musste ich zuerst ins Reich der Mitte gehen. Ich wusste nicht, was der Mount Kailash mich lehren würde, doch lange Zeit schon hatte er nach mir gerufen. Er bildete den Höhepunkt meiner geistigen Suche.

Joe und ich verbrachten eine Woche in Lhasa, um uns an die extreme Höhe zu gewöhnen. Tagelang war ich aufgrund des Sauerstoffmangels benommen, atemlos, aus dem Gleichgewicht. Gegen Ende der Woche konnte ich die ersten Treppen hinaufsteigen. Dann unternahm ich mit Lami, Joe und den eingetroffenen Pilgern eine *kora* – einen Rundgang um die Stadt, um das Fest der Erleuchtung zu feiern. Da ich diesen Marsch gut bewältigte, ging Lami davon aus, dass ich auch für höher gelegene Gegenden gewappnet sei.

Wir starteten Richtung Mount Kailash – im Jeep, dem ein Lastwagen mit Campingausrüstung und Nahrungsmitteln folgte. Mit Höhen zwischen 4900 und 6700 Metern würde dies der höchste Berg sein, zu dem wir bisher gereist waren. Jede Stadt, jedes Dorf auf dem Weg dorthin würde an einem jeweils höheren Punkt liegen.

Lami ließ es langsam angehen, sodass wir uns täglich nur vier oder fünf Stunden lang fortbewegten und unser Körper sich der immer dünneren Luft anpassen konnte. Je höher man gelangt, desto weniger Sauerstoff atmet man ein. Die abnehmende Menge an Sauerstoff ähnelt in ihren überproportionalen Auswirkungen jenen, die auf der Richterskala zur Messung der Erdbebenstärke ablesbar sind: Mit zunehmender Höhe fällt einem jeder Schritt nicht nur einmal, sondern doppelt oder dreifach so schwer wie der letzte, eben aufgrund der umso heftigeren Reaktionen des Körpers auf eine immer dünner werdende Luft.

Am vierten Tag machten wir vor einem Gästehaus in einem kleinen Dorf Halt, um zu Mittag zu essen. Es war einer jener Orte, an denen ich mich vom ersten Augenblick an wie zu Hause fühlte. Amada, die Besitzerin, plapperte und lächelte, während sie das Essen zubereitete. Sie zeigte mir Fotos von ihrer Familie und fragte mich nach der meinen. Lami übersetzte, aber niemand braucht ein Lächeln in eine andere Sprache zu übersetzen.

Ich hätte nichts dagegen, hier zu bleiben, dachte ich, als wir wieder in den Jeep stiegen. Im Dorf gab es keine Elektrizität, aber es war sauber und erfüllt von Liebe. Wir fuhren über eine holprige schmutzige Straße, die eher einem Pfad glich, um das Ziel dieses Tages zu erreichen: einen sieben Stunden entfernt gelegenen Fluss.

Während wir Kilometer um Kilometer zurücklegten, wurde ich immer gereizter. Kurze Pausen, die der Verrichtung der Notdurft dienten, waren für mich unangenehm und anstrengend. Die Männer brauchten sich nur vor den Jeep zu stellen und mir den Rücken zuzukehren. Ich hingegen musste immer ein ganzes Stück laufen, bis ich mich hinter einem Felsen verstecken konnte. Als wir schließlich am Fluss ankamen, wollte ich nur noch eines, nämlich mich schlafen legen.

»Du musst etwas essen, Meldid«, sagte Lami. »Du musst bei Kräften bleiben.«

Ich saß im Speisezelt und aß Chips mit *tsampa* – einem tibetanischen Gerstenbrei, vergleichbar einer Hafergrütze. Plötzlich brach ich in Tränen aus.

Joe blickte von seiner Mahlzeit auf. »Hast du irgendetwas Bestimmtes?«, fragte er. »Oder führst du dich nur auf wie ein kleines Kind?«

Ich entschuldigte mich, sagte, dass ich es auch nicht verstünde, und trocknete mir dann schnell die Augen, bevor Lami ins Zelt zurückkam. Ich wollte nicht, dass er mich weinen sah. Ich musste mich beherrschen. Immerhin befanden wir uns auf einer Art Expedition.

Wir waren jetzt Bergsteiger.

Ich beendete das Abendessen und kroch in mein Zelt. Um Mitternacht fuhr ich aus dem Schlaf hoch. Ich keuchte, würgte, geriet in Panik, kämpfte um jeden Atemzug.

Joe wachte auf und schaute mich an.

»Was ist los?«, fragte er.

»Die Luft ist zu dünn«, erwiderte ich. »Ich kann nicht mehr atmen.«

Meine Reizbarkeit während der Fahrt. Der Heulanfall beim Abendessen. Das Umherstolpern im Gelände. Wir waren zu schnell aufgestiegen. Mein Körper konnte sich an den Sauerstoffmangel nicht gewöhnen. Warum hatte ich das nicht vorhergesehen?

Joe fixierte mich. In seinen Augen spiegelte sich meine Angst.

Ich hatte in den Reiseführern alles über die Höhenkrankheit gelesen. Mir war klar, dass sie ganz plötzlich auftreten und schnell zum Tod führen konnte. Das einzige Heilmittel bestand darin, sich wieder weiter hinabzubegeben, damit der Körper mit genügend Sauerstoff versorgt wurde.

Ich griff in meinen Rucksack und zog eine Dose Sauerstoff hervor. Es war nicht mehr viel übrig. Ich saugte den Sauerstoff ein, so lange es ging. Als die Dose leer war, legte ich mich hin. *Bleib ganz ruhig,* dachte ich. *Entspanne dich einfach und atme.*

Es half nichts. Ich schnappte nach Luft und geriet in Panik, wenn ich nicht genug davon bekam – sosehr ich dies auch zu vermeiden suchte.

Joe verließ das Zelt. Kurz darauf kehrte er mit zwei weiteren Dosen Sauerstoff zurück.

»Das sind die beiden letzten aus dem Lastwagen«, sagte er. »Versuch die Nacht über damit auszukommen. Wir können erst nach Tagesanbruch zurück. Jetzt wäre es zu schwierig, den Fluss zu überqueren, und zu gefährlich, die Straßen zu befahren.«

Bei den ersten Anzeichen der Morgendämmerung beförderten mich Joe und Lami in den Jeep.

Auf dem Rücksitz ausgestreckt, wo ich Lami und Joe miteinander reden hörte, erlitt ich einen Kollaps, derweil wir sieben Stunden lang in der entgegengesetzten Richtung über tibetanische Straßen holperten.

»Im letzten Monat sind zwei Männer auf dem Berg an der Höhenkrankheit gestorben. Unsere Expedition auf den Mount Kailash ist beendet«, sagte Lami. »Sie wäre zu gefährlich. Wenn wir Meldid wieder gesund kriegen, müsst ihr euch überlegen, ob ihr etwas anderes in Tibet unternehmen wollt – oder ob ihr einfach nach Hause fahrt.«

Dies war einer der seltenen Momente, in denen ich mich zu schwach und zu niedergeschlagen fühlte, um meinen Einfluss geltend zu machen. Ich konnte meinen Standpunkt nicht mehr verteidigen. Ich wollte nur Luft zum Atmen.

Als wir in tiefer gelegene Regionen vordrangen, war ich allmählich wieder imstande, aufrecht zu sitzen. Fünfhundert Meter können bei einem Menschen, der unter der Höhenkrankheit leidet, enorm viel bewirken. Sobald ich ein wenig leichter zu atmen vermochte, begann ich an andere Dinge zu denken als an Sauerstoff.

Diese ganze Reise den Bach runtergehen lassen? Sind die verrückt? Nein, nein, dachte ich. *Mount Kailash war die Ursache und das Ziel hinter den Besteigungen all der anderen Berge. Die hatte ich nur auf mich genommen, um hierher zu kommen. Und jetzt wollen sie mir sagen, dass ich nicht auf diesen Berg kann?* Ich erwog die übrigen Alternativen in Tibet: Mount Everest, Lhasa. *Nein, das bringt's nicht. Mount Kailash ist der einzige Ort, wo ich hin will.*

Ich richtete mich auf und beugte mich über die Lehne des Vordersitzes.

»Wie wäre es damit, Lami? Lass uns nicht in Richtung Shigatse zurückzufahren, sondern zu Amadas Gästehaus. Dort können wir einen Tag oder so bleiben und sehen, ob ich mich wieder aufrapple. Dann werden wir meditieren und beten. Ich habe einen Plan. Wenn er funktioniert – und uns richtig erscheint –, könnten wir doch versuchen, langsam wieder höher zu steigen?«

Lami warf mir einen finsteren Blick zu.

»Du brauchst nicht zu antworten«, sagte ich. »Denk einfach eine Weile darüber nach.«

Ich war nicht bereit aufzugeben. Noch nicht.

Ich hatte fest daran geglaubt, Mount Kailash mühelos bezwingen zu können. Aber ich hatte weder gebetet noch meditiert, sondern den Erfolg des Unternehmens einfach vorausgesetzt. Sobald wir auf der Reise einen hohen Pass überquert hatten, hoben Lami und der Fahrer die Hände und sangen: *»Soe, soe, soe, soe, soe, soe, soe.«* Auf diese Weise baten sie um den Segen und die Erlaubnis, den Ort heil hinter sich zu bringen, erwiesen sie den göttlichen Kräften in ihrer Welt Reverenz.

»In Tibet gibt es eine alte Geschichte«, sagte Lami eines Abends beim Essen. »Ein Mann braucht dringend Geld. Er geht zu seinem Auto und schaut auf den Boden. Vor ihm liegt ein Hundert-Dollar-Schein. Er blickt sich um. Niemand ist in Sicht – keiner, dem dieses Geld gehören könnte. Er beugt sich hinab und hebt es auf. Jetzt hat er die Wahl. Entweder sagt er sich: *Wie klug und mächtig ich doch bin, dass ich dieses Geld gefunden habe.* Oder er richtet die Augen zum Himmel und sagt: *Danke – was für ein gesegneter Mensch ich doch bin.*«

Ich konnte die Geschicke dieser Reise nicht lenken.

Aber *vielleicht* konnte ich ein Segenszeichen von Gott erhalten.

»Buddhisten, Christen und sogar Programme zur inneren Heilung sprechen also über ein und dieselbe Sache«, sagte mir einmal ein Freund. »Sie alle sagen, dass das Begehren die Ursache des menschlichen Leidens ist. Heißt das, dass wir nur herumgehen und uns überhaupt nichts wünschen sollen?«

Ich dachte über diese Frage nach. Sie erschien mir wie ein *koan*, ein Zen-Rätsel. Ich suchte nach der richtigen Antwort, wusste aber nicht, wie sie lauten sollte. Wagen wir es, uns alles zu wünschen? Zeugt das nicht von Eigenwille? Ist er also verkehrt? Aber wenn er verkehrt ist, warum wurde er uns dann wie ein Geschenk zuteil?

Mein Freund wartete die Antwort nicht ab, sondern gab sie selbst.

»Die Antwort ist nein. Wenn wir ohne jeden Wunsch herumgehen, heißt das, dass wir wahrscheinlich abgestumpft sind.«

Wir können ein Leben führen, in dem wir keinerlei Risiko eingehen, keinerlei Wünsche haben und keinerlei Versuch unternehmen. Wir schützen uns derart, dass wir völlig abstumpfen. Wir müssen uns nicht sonderlich anstrengen, um eine Person oder Sache loszulassen, weil wir uns untersagt haben, allzu viel zu wollen. Wir sagen: *Sei's drum* – nicht aus Mitgefühl und Gleichmut, sondern aus resignativer Abgestumpftheit.

Wir meinen, dadurch abgesichert zu sein und die Dinge ein wenig im Griff zu haben.

Doch es gibt auch die Möglichkeit, lebendig und hellwach zu sein, vielerlei Leidenschaften, Träume, Hoffnungen und Wünsche zu haben.

Das Gebet, das ich sprach, war einfach, kurz und allgemein bekannt. Ich schaute zum Himmel auf und sagte: »Dein Wille geschehe.«

Im folgenden Abschnitt werden wir einige Geschichten über Menschen näher betrachten, die blitzartig eine tiefere Bedeutung und Ordnung im Leben entdeckten. Was also tun wir jetzt, da wir hellwach sind und förmlich brennen vor Leidenschaften, Träumen, Hoffnungen, Wünschen, Plänen, Zielen, Bedürfnissen, Ängsten und Zweifeln? Das Geheimnis besteht darin, unseren freien Willen immer wieder Gott anzuvertrauen.

Trotten Sie nicht einfach die Straße des glücklichen Schicksals hinunter – obwohl das manchmal das Beste ist, was wir machen können. Verbinden Sie sich mit dem Rhythmus des Lebens, folgen Sie ihm.

Lernen Sie zu tanzen.

1

Sie gruben tiefer

Marge Rieder, Ph. D., eine Hypnotherapeutin in Lake Elsinore, Kalifornien – der Kleinstadt, wo ich Fallschirmsport betreibe –, setzte an einem ganz normalen Tag des Jahres 1986 eine Art Puzzle zusammen. Sie hypnotisierte eine Patientin namens Maureen Williamson, um ihr zu helfen, mit einigen bedrängenden Problemen fertig zu werden.

Im Laufe ihrer bis dahin zwanzigjährigen Berufspraxis hatte Rieder es sich zur Aufgabe gemacht, Menschen das Rauchen abzugewöhnen, ihre Phobien oder Ängste zu verstehen und Erinnerungsbilder zum Vorschein zu bringen, die ihnen abhanden gekommen waren, indem sie sich tief ins Unterbewusstsein vorarbeitete. An jenem Tag erschien Williamson bei Rieder mit einem Blatt Papier, auf das sie einen Namen geschrieben hatte. Er lautete John Daniel Ashford. Williamson hatte ihn zuvor in einem Restaurant notiert, als sie ein Stück Karottenkuchen aß. Williamson kannte niemanden mit diesem Namen und wollte herausfinden, was er bedeutete und warum er ihr eingefallen war.

Unter Hypnose stieg allmählich eine Geschichte in ihr auf, die aus einer früheren Zeit und einem anderen Ort stammte. Sie ereignete sich während des amerikanischen Bürgerkriegs in Millboro, Virginia. Während der folgenden Monate, stellte sich, als Williamson hypnotisiert war, heraus, dass 35 Personen, die in der Gegend von Lake Elsinore wohnten, sich zur Zeit des Bürgerkriegs in Millboro aufgehalten hatten. Damals wie heute waren ihre Lebensläufe miteinander verflochten.

Daraufhin bezog Rieder einige dieser 35 Personen in ihre Sitzungen mit ein. Im Rahmen der Hypnotherapie nannten sie Einzelheiten bezüglich der Häuser, Gebäude, Wasserfälle und Tunnel in jener Kleinstadt Virginias. Außerdem erinnerten sie sich an Begebenheiten in ihrem früheren Leben – an Krieg, Tragödie, Intrige, Betrug, Liebe, Freundschaft und Alltag.

Als Rieder mit zwei ihrer Probanden nach Millboro fuhr, fanden sie dort fast alle in der Hypnotherapie aufgetauchten Einzelheiten vor – Häuser, Gebäude, Lage der Tunnel, die im Krieg als Vorratskammern und Verstecke für Sklaven gedient hatten, kaum bekannte Spitznamen sowie Geschichten über jene Ereignisse.

Es zeigte sich, dass sogar Rieder selbst in das Leben dieser Leute und die damalige Geschichte verwickelt gewesen war. Weder Rieder noch ihre Probanden hatten Millboro je betreten. Bevor der Name des Ortes unter Hypnose ausgesprochen wurde, hatten nur zwei der Teilnehmer ihn überhaupt schon einmal gehört.

Dennoch waren sie alle imstande, von der Stadt, den Menschen, mit denen sie gelebt hatten, und den damit verbundenen Gefühlen detailgetreu zu berichten. Hierüber schrieb Rieder 1993 ein Buch mit dem Titel *Mission to Millboro*, das landesweit Anerkennung fand.

Aber was machte Rieder aus dem Bild, das sich aus den Teilen des Puzzles ergab?

»Niemals, zu keinem Zeitpunkt, bestand meine Absicht darin, die Reinkarnationstheorie an sich zu beweisen«, schrieb sie. »Ohne diese gänzlich herabzusetzen, neige ich dazu, mich vor allem auf C. G. Jungs Theorien des kollektiven Unbewussten und der Archetypen zu stützen …

Ob man nun von archetypischen Erinnerungen oder von Reinkarnation spricht – diese Ausdrücke sind nur Etikettierungen. Es besteht kaum Zweifel daran, dass wir alle tief in unserem Bewusstsein Erinnerungen an frühere Leben haben und dass die Verbindung aus eben diesen Erinnerungen die Grundlage unserer heutigen Psyche bildet.«

• • • • •

Manche Ereignisse entziehen sich einer rationalen Erklärung.

Einige Leute glauben an Reinkarnation, andere nicht.

Gewisse Religionen hängen dieser Vorstellung an.

Als Journalistin bin ich mir da nicht sicher. Meine Jury ist sozusagen außer Haus.

Die meisten Religionen und Therapeuten vertreten einhellig die Auffassung, dass der Zweck oder die Botschaft der Reinkarnation für deren Verfechter nicht in der Erinnerung besteht, in einer weit zurückliegenden Zeit eine Prinzessin oder ein König gewesen zu sein. Und dass es dabei auch nicht darum geht, das Täter-Opfer-Schema ständig zu wiederholen – etwa nach der Art: *O, ich tue dir das an, weil du es mir in einem früheren Leben angetan hast.*

Der stichhaltigste Zweck besteht vielmehr darin, verständlich zu machen, dass das Spiel von Ursache und Wirkung möglicherweise in einen größeren Zusammenhang eingefügt ist. Und dass, wie Rieder darlegte, der menschliche Geist auf tieferen Bewusstseinsschichten aufbaut.

Themen wie das Unterbewusstsein, ein früheres Leben, die Reinkarnation und das Leben nach dem Tod stehen in unserer Kultur schon seit etlichen Jahren im Vordergrund. Welchen Standpunkt nehmen Sie ein?

Ist das alles nur Unsinn, Geschwätz – oder Tatsache?

Ich unterhielt mich mit einer Freundin. Sie hatte viele schwere Erfahrungen durchstehen müssen. Wir fragten uns, warum – und was man aus diesem Leben machen sollte. Ich brachte das Gespräch auf die Reinkarnation, sagte aber, dass ich mir darüber unschlüssig sei. »Immerhin ist das so was wie eine Versicherung«, fuhr ich fort. »Selbst die entfernteste Möglichkeit, dass es die Reinkarnation gibt – dass ich, falls ich die mir aufgegebenen Lektionen nicht gelernt habe, ins Leben zurückkehren und sie wiederholen muss –, reicht aus, dass ich diesmal bei der Sache bleibe und mein Bestes versuche, um sie richtig zu machen.«

*»Was heißt eigentlich: etwas richtig machen?«,
fragte sie nach einer Weile. »Auch das ist mir nicht ganz
klar«, erwiderte ich. »Aber meines Erachtens heißt es
so viel wie sein Herz zu öffnen.«*

2

Ein seltsamer Tisch

Don, ein alleinstehender Vater, war kürzlich, nachdem er die Erziehung seiner Tochter zu einem guten Abschluss gebracht hatte, in eine abgelegene Kleinstadt gezogen. In diesem öden Nest hatte er einige neue Menschen kennen gelernt. Die Dinge entwickelten sich und nahmen allmählich Gestalt an. Er war Bauunternehmer, und einer der Menschen, deren Bekanntschaft er gemacht hatte, baute gerade ein Haus um. Don freundete sich mit ihm an und zog schließlich dort ein. Es ergab sich eine Reihe von glücklichen Zufällen und vielversprechenden Alternativen.

Don war überrascht, als sein Mitbewohner einen kleinen, seltsam aussehenden gelben Tisch mit nach Hause brachte. »Wo hast du denn den her?«, fragte er.

»Ich hab' ihn im Antiquitätengeschäft entdeckt«, erwiderte der Freund. »Ich dachte, er würde gut dorthin passen – fürs Telefon.«

Don zeigte auf jede Kerbe und jeden Flecken auf dem alten Tisch, der offensichtlich merkwürdig und wahrscheinlich ein Einzelstück war. »Die stammen aus der Zeit, als ich in unserer Garage einen Behälter mit Öl darauf stellte«, sagte er.

Dann erklärte er ausführlich jede weitere Eigenart des Tisches. Vor über dreißig Jahren hatte dieser zu seinem Hausrat gehört. Don und seine Familie hatten ihn dann weggegeben, als sie in einen anderen Bundesstaat umzogen.

»Findest du das nicht sonderbar?«, fragte er. »Wunderst du dich nicht, dass der Tisch auf diese Weise den Kreis schließt – und am Ende wieder bei mir landet?«

Viele von uns entdecken einen tieferen Sinn in den kleinen Dingen des Lebens – ob wir sie Zeichen, Fingerzeige oder Unterweisungen nennen –, die uns versichern, dass es eine Art von Ordnung, von göttlichem Plan gibt und dass wir auf der richtigen Spur sein könnten.

Während wir – in Anbetracht der Umstände, des Schicksals und der Situationen, an denen wir nichts ändern können – die bestmöglichen Entscheidungen treffen, stellen wir uns fast zwangsläufig die Frage, ob wir tatsächlich auf unserem Weg sind. Bin ich dort, wo ich sein soll? Habe ich mich etwa verlaufen? Worin liegt der Sinn meines Lebens? Sollte ich anderswo sein?

Wenn um uns herum alles schief geht und scheitert – zumal hinsichtlich der Finanzen, der Gesundheit oder der Liebe –, grübeln wir darüber nach, ob wir etwas *verkehrt* machen. Obwohl die meisten Leute einhellig den Standpunkt vertreten, dass man die in solchen Auflösungserscheinungen und Fehlschlägen enthaltene Lektion ausfindig machen müsse, sind diese doch nicht unbedingt ein Zeichen dafür, dass wir den falschen Weg eingeschlagen haben.

Das Leben will so vielleicht unsere Aufmerksamkeit wecken, uns einen Wink geben. Es mag sich um einen natürlichen Zyklus in unserem Leben handeln, den wir weder abschätzen konnten noch erwartet haben, oder um ein anderes Phänomen.

Wenn ich gegen eine Wand stoße – also nicht mehr weiterkomme –, ist das gewöhnlich ein Hinweis darauf, dass eine Lektion ansteht: dass ich gewisse Dinge nicht erkenne, weil ich alles kontrollieren will oder überstürzt handle. Oft mache ich dann einen ganzen Prozess durch – ich bin widerspenstig, versuche zu kontrollieren und die Wand zu durchbrechen, denke, dass alles verkehrt ist. Erst danach entwickle ich allmählich die Bereitschaft, etwas dazuzulernen.

»Und wieder wate ich in betonschweren Stiefeln durch diesen Sumpf«, sagte ich zu einer Freundin.

»Nun, das heißt wahrscheinlich nur, dass das Leben deinen Schritt verlangsamen will, damit du nicht übersiehst, was du sehen sollst«, erwiderte sie.

Aber wie stellen Sie fest, ob Sie auf dem richtigen Weg sind oder nicht? Viele von uns orientieren sich an fast idiotischen, scheinbar unbedeutenden Zeichen, die andere Leute als sonderbar erachten, die für uns jedoch besonders aussagekräftig sein können. Wir haben die Wahl, uns selbst zu vertrauen – vorausgesetzt, wir lauschen unseren Gesprächspartnern ebenso wie unserer inneren Stimme.

Auch der Glaube an einen höheren Plan ist gewöhnlich von Nutzen. Nur selten verläuft der Weg geradlinig und eben. Manchmal wiederholen sich die Lektionen, die wir lernen müssen. Immer wieder verzichten wir auf Kontrolle und fragen: *Was lerne ich hier und jetzt?*

Die meisten von uns stellen fest, dass wir diese schwierige Entscheidung jeden Tag mindestens einmal treffen.

Manchmal ist eine Wand eigentlich gar keine Wand, sondern lediglich das nächste Hindernis auf dem Weg.

• • • • •

Wenn Sie im Zweifel sind, dann stützen Sie sich nicht auf irgendwelche Annahmen. Fragen Sie lieber.

3

Ihre Einladung war heilsam

Corinne Edwards schaute auf ihre Uhr, zuckte dann die Schultern und begann, ihren ersten Gast zu interviewen. Er hieß Larry Dossey, war Arzt und hatte ein Buch geschrieben über die Verbindung zwischen Medizin und Gebet – und über die Macht des Denkens als einer Art Gebet.

Corinne ist eine gute Talkmasterin. Sie nimmt ihre Gäste und deren Arbeit ernst. Sie liest ihre Bücher und ist an jedem Thema, das sie bespricht, wirklich interessiert.

Der Kameramann signalisierte ihr eine Pause.

»Dein nächster Gast ist noch nicht da, Corinne«, sagte er.

»Kein Problem«, erwiderte sie. Sie wusste mehr als ihr Kameramann – nämlich dass ihr nächster Gast trotz der Verspätung erscheinen würde.

Es war vorgesehen, dass ich bei einer Wohltätigkeitsveranstaltung in Minnesota die Abschlussrede halten sollte. Sie war Teil einer Mini-Tour, zu der ich mich kurzfristig bereit erklärt hatte. Der Augenblick meines Auftritts rückte näher. Die Veranstaltung hatte den Zweck, suchtkranke Jugendliche in eine Entziehungsanstalt zu schicken. Von dieser Sache war ich fest überzeugt in einer Zeit, da manche Leute sich fragten, ob solche Einrichtungen überhaupt zusätzliche Gelder erhalten sollten.

Unmittelbar vor meiner Rede bekam ich plötzlich heftige Magenschmerzen, sodass ich kaum aufrecht sitzen konnte. Ich schwitzte, empfand Übelkeit und Brechreiz, verkrampfte mich. Ich entschuldigte mich bei den anderen Gästen am Tisch, ging zur Toilette und spritzte mir kaltes Wasser ins

Gesicht. Ich musste mich zusammennehmen und das tun, wofür ich hergekommen war.

Zum Glück näherte sich der Abend dem Ende; außerdem war mein Beitrag eher kurz. Ich hatte genügend Erfahrungen mit öffentlichen Reden gesammelt, um meine Aufgabe trotz Unwohlseins zu bewältigen. *Gott sei Dank gibt es auf Podien Stehpulte*, dachte ich, während ich die Werbetrommel rührte. *Wenn ich mich daran nicht festhalten könnte, würde ich runterfallen.*

An jenem Abend kehrte ich gegen elf Uhr in mein Hotelzimmer zurück. Ich wusste nicht, ob ich mir ein Virus geholt oder verdorbene Nahrung gegessen hatte; jedenfalls war mir schlecht, ja hundeelend. Beim Zimmerservice bestellte ich Tee und Wasser, um meinen Magen zu beruhigen. Am nächsten Morgen sollte ich um vier Uhr aufstehen, nach Chicago weiterfliegen und dort in einer Fernsehsendung auftreten. Ich hatte also fünf Stunden Zeit, um mich zu erholen und wenigstens ein bisschen zu schlafen. Um ein Uhr war ich immer noch wach; gekrümmt wie ein Fötus im Mutterleib lag ich mit schlimmen Magenschmerzen im Bett.

Jetzt kann ich höchstens noch drei Stunden Schlaf kriegen, dachte ich, auf die Uhr starrend, als wäre sie mein Feind. *Es sieht nicht gut aus für die morgige Fernsehsendung.*

Viertel vor zwei stand ich auf und rief meinen Agenten auf dem Handy an. »Verständigen Sie bitte Corinne Edwards. Entschuldigen Sie mich bei ihr«, sagte ich. »Ich bin wirklich krank. Ich kann einfach nicht kommen.«

In dieser Verfassung und mit nur zwei Stunden Schlaf würde ich niemals imstande sein, nach Chicago zu fliegen. Ich ließ auch meinen Weckruf streichen. Einmal eingeschlummert, wollte ich so lange wie möglich schlafen und meinem Körper die Möglichkeit geben, sich auszuruhen und gesund zu werden. Irgendwann zwischen zwei und halb drei übermannte mich endlich der Schlaf.

Als ich aufwachte, blickte ich auf die Uhr, ungewiss, wie lange ich geschlafen hatte.

Es war erst vier Uhr morgens! Was sollte ich jetzt im Wachzustand tun? Ich schloss die Augen, drehte mich herum und versuchte wieder einzuschlafen. Es ging nicht. Ich stöhnte, zog mir die Decken über den Kopf und presste die Augen zu. *Ahhh! Okay. Schon gut,* dachte ich. Ich schleppte meinen müden schwachen Körper aus dem Bett. *Ich schaff' das nicht. Ich werd' es nicht machen. Ich habe bereits abgesagt.* Als ich dies dachte, schlüpfte ich bereits in einige Kleidungsstücke und nahm meine Handtasche.

Mit wem auch immer ich da argumentierte – diese Person behielt Recht, denn ungeachtet meiner Klagen ging ich durch die Zimmertür, verließ das Hotel, fuhr zum Flughafen und stieg in die Maschine.

Bei meiner Ankunft im Fernsehstudio sah ich bleich und übernächtigt aus. Doch die Maskenbildnerin vollbrachte ein Wunder an mir. *Gott sei Dank gibt es Make-up,* dachte ich, als ich in den Spiegel blickte. Als ich die Bühne betrat, fühlte ich mich innerlich und äußerlich fast wieder wie ein Mensch.

Ich stellte mich den Fragen von Corinne Edwards. Sie wollte über mein Buch *Codependent No More* (*Die Sucht, gebraucht zu werden*) sprechen. Es war – auf den Tag genau – fünfzehn Jahre zuvor herausgekommen. Das Interview gefiel mir. Sie hatte das Buch aufmerksam gelesen. Darüber hinaus schien sie ein reges Interesse zu haben an den Menschen, die ihre Sendung vor den Bildschirmen verfolgten.

Danach lud sie mich zu Pizza und Cola ein. Dankend lehnte ich ab. »Ich bin immer noch schwach und kränklich. Letzte Nacht habe ich kaum ein Auge zugetan. Eigentlich wollte ich gar nicht kommen«, sagte ich. Dann erklärte ich, was mir passiert war. »Es wundert mich, dass ich jetzt hier bin.«

»Mich nicht«, erwiderte sie.

Wir redeten über einige Dinge, die wir miteinander gemein hatten. Sie erzählte mir, dass sie Witwe sei und ein Buch geschrieben habe mit dem Titel: *Reflections from a Woman Alone.* »Wussten Sie, dass auch mein Sohn gestorben ist?«

Ich verneinte und sprach ihr mein Beileid aus.

»Fünf Jahre lang habe ich versucht, Sie in meine Sendung zu bekommen«, sagte Corinne. »Wann immer ich Ihre Agentur anrief, wurde mir mitgeteilt, dass Sie nicht mehr öffentlich auftreten. Schließlich haben die mich angerufen und gesagt, Sie würden diesen Herbst einige Medientermine wahrnehmen. Ich war so aufgeregt. Gestern hatte ich das seltsamste Gefühl, das man sich nur vorstellen kann, so als ob etwas verkehrt wäre. Also bat ich einfach Gott und meinen toten Sohn, dafür zu sorgen, dass Sie ungeachtet aller Umstände hier erscheinen.«

Jede(r) von uns hat für die Geschehnisse im eigenen Leben eine ganz bestimmte Erklärung. Sie mag anderen Leuten nicht einleuchten. Doch solange sie uns sinnvoll erscheint, spielt das meines Erachtens keine Rolle. Das Leben beinhaltet mehr, als wir mit unseren Augen sehen können. Vergessen Sie nicht: Die Sonne geht weder auf noch unter, sondern steht still.

Einige Dinge sind wahr, ob wir sie sehen – und glauben – oder nicht.

Es ist Gottes Wille.

Das sagten einige zu mir, als mein Sohn starb. Sie sagten es zu mir, als meine Ehe scheiterte und ich alle damit verbundenen Träume und Hoffnungen verlor. Gewöhnlich fällt dieser Satz, wenn etwas schief geht und wir schweres Leid erfahren.

Er mag zwar stimmen, aber ihn zu hören ist kein Trost. Gerade wenn ich das größte Bedürfnis habe, in Gottes Armen gehalten zu werden, gibt mir oft jemand schreiend zu verstehen, dass Gott mich genau das fühlen lassen will, wogegen ich mich wehre, und mir jenen Verlust wünscht, den ich soeben erlitten habe.

Ich denke, die Leute möchten damit im Grunde Folgendes sagen: Es gibt einen höheren Plan. Vielleicht wirkt er sich momentan nicht günstig aus, doch wenn du diesen Schmerz durchstehst, wird schließlich alles reibungslos vonstatten gehen. In jüngeren Jahren konnte ich in heiklen Situationen immer nur eine oder zwei Möglichkeiten ausfindig machen, wie sie eine positive Wendung nehmen könnten. Doch mit zunehmendem Alter wurde mir immer klarer, dass die Dinge sich in einer Weise zum Guten entwickeln können, die ich auch durch lebenslanges Nachdenken niemals auch nur annähernd erfasst hätte.

Den eigenen Weg zu gehen und sein Leben zu leben ist bisweilen so, als würde man ein großes Puzzle zusammensetzen. Das Problem besteht darin, dass wir einerseits nicht genau wissen, wie das Gesamtbild aussieht, und dass wir andererseits noch nicht alle Teile zur Verfügung haben. Sie fallen uns – manchmal einzeln – zu, wenn wir unsere täglichen Aufgaben erledigen.

Einmal sprach ich mit einer Frau, als sie gerade auf qualvolle sechs Monate zurückblickte. Ihre Angelegenheiten waren nicht so verlaufen, wie sie es geplant und erhofft hatte. Oft fragte sie sich, warum so vieles schief ging. Und wie es manchmal geschieht, fügte sich plötzlich das bislang fehlende Teil ins Puzzle ein. Sie sah, wie alles ins Lot kam und gut klappte – besser noch, als wenn sie selbst lenkend eingegriffen hätte.

• • • • •

»Liebst du Gottes Willen nicht einfach?«, fragte sie.
»Doch, schon«, antwortete ich. »Aber gewöhnlich nicht dann, wenn er sich ohne mein Zutun manifestiert.«

Achter Teil

Auf das Licht zugehen

»Wie wissen Sie, ob Sie gerade die richtige Wahl treffen?«, fragte mich einmal eine Frau. »Und was tun Sie, wenn Sie die falsche getroffen haben?«

»Wenn wir auf unserem Weg sind, wissen wir es schon«, erwiderte ich. »Und selbst die falschen Entscheidungen werden uns schließlich an den Ort zurückbringen, wo wir hingehören.«

»O, ich verstehe«, sagte sie. »Alle Wege führen nach Hause.«

Ich hatte das Gefühl, nach Hause zu kommen, als wir wieder in jenes Dorf fuhren, wo Amada ihr Gästehaus betreibt. Während ich zur Terrasse hochstieg, die den Parkplatz überblickt, versuchte ich meinen taumelnden Gang zu unterdrücken. Ich wollte Lami nicht noch mehr beunruhigen. Es ging mir zwar besser, aber ich fühlte mich weiterhin schwach. Ich wusste, dass ich sehr krank gewesen war.

Ein Augenblick der Ruhe stellte sich ein. Ich bezweifle, dass irgendjemand, der mich erblickte, sich vorstellen konnte, was ich gerade tat. Es schien, als würde ich nur dasitzen und in die Luft schauen. Doch ich betete und gab mir alle Mühe, mich Gott zu fügen.

Wir empfinden dann einen geistigen Frieden, wenn wir sagen: *Dein Wille geschehe* und es tatsächlich auch meinen. Zugleich aber machte ich Gott klar, was ich gerne wollte – nämlich den Berg besteigen und diese Reise zum krönenden Abschluss bringen.

Als wir das erste Mal bei Amada Halt gemacht hatten, um zu Mittag zu essen, war ich mit einer Frau ins Gespräch gekommen. Sie stammte aus San Francisco; sie und ihre Gruppe waren auf dem Rückweg vom Mount Kailash ebenfalls hier eingekehrt, um dann nach Nepal weiterzureisen. Ich hatte sie gefragt, ob ihr die Höhe Probleme bereitete.

»Kein bisschen«, antwortete sie. »Ich habe Diamox genommen.«

Wenn ich ein wenig Diamox – ein westliches Medikament gegen Höhenkrankheit – in die Finger bekäme und mein Körper positiv darauf reagierte, konnte ich vielleicht das ersehnte Ziel meiner Reise erreichen. Wenn nicht, würde ich aufgeben und einige Sehenswürdigkeiten besichtigen, um eine wichtige Erfahrung reicher sein und einfach nach Hause fahren.

Eine Zeit lang blieb ich auf der Terrasse sitzen. Dann ging ich ins Haus, um mit Amada zu sprechen.

»Ich würde Ihnen gerne ein paar Kleidungsstücke abkaufen«, sagte ich. (Ihre Tochter übersetzte für uns.) »Seit fast einer Woche trage ich diese Wanderkluft. Sie ist für Frauen in diesem Teil der Welt nicht besonders geeignet.«

Hier gab es nur wenige Toiletten. Lange Röcke waren in Tibet äußerst praktisch, denn dank ihrer hatten Frauen auf all ihren Wegen quasi sofort ein stilles Örtchen zur Verfügung – in dieser Gegend fast eine Überlebensfrage. Der vielen Wege überdrüssig, suchte ich ständig nach einer Stelle, wo ich ungestört war.

Amada lächelte und zog dann das große Schubfach einer Kommode auf, die an der Rückwand des Speisesaals stand. Nach wenigen Minuten trug ich eine schimmernde rosa Bluse und ein langes Kleid.

Eine Kleinigkeit, die unsere Anspannung löst und unser Wohlbefinden steigert, kann manchmal einen großen Einfluss auf unseren allgemeinen Gefühlszustand haben.

Ich begab mich wieder auf die Terrasse und wartete ab, was als Nächstes geschehen würde.

Innerhalb der folgenden Stunde traf ein Reisebus ein, der vom Mount Kailash kam und nach Nepal zurückfuhr. Ich zog den Fahrer beiseite. »Ich brauche Ihre Hilfe«, sagte ich zu ihm.

Schon vor den Ausführungen der Frau aus San Francisco war ich im Reiseführer auf einige Hinweise in Sachen Diamox gestoßen. Einige Leute hatten dieses Medikament gut vertragen und damit der Höhenkrankheit vorgebeugt. Andere wiederum hatten den gegenteiligen Effekt verspürt: Das Medikament half ihnen nicht, ja schlimmer noch – es machte sie erst richtig krank. Der Gedanke, eine Arznei ohne Rezept zu schlucken, behagte mir zwar nicht, aber ich wusste, dass einige Fremdenführer Diamox für den Notfall bei sich hatten.

Hier nun handelte es sich um einen Notfall.

Nach einigen Verhandlungen mit dem Fremdenführer kaufte ich genügend Diamox, um die Reise zum Mount Kailash durchzustehen – sowie einen Behälter mit Sauerstoff.

Wenn das Medikament wirkte, brauchte ich nur noch Lami davon zu überzeugen, dass wir uns langsam wieder in Richtung Gipfel bewegen konnten. Ich nahm eine erste geringe Dosis. Sie schien zu helfen.

Ich sagte Lami, dass es mir besser ginge und dass ich die Reise fortsetzen wolle, falls das Medikament weiterhin eine heilsame Wirkung habe. »Wir können diese Nacht hier verbringen, ich ruhe mich aus, und morgen Früh brechen wir dann auf. Wir können uns Zeit lassen«, erklärte ich. »Die Höhe beim Fluss wird unser Prüfstein sein. Wenn ich die Nacht dort gut überstehe, fahren wir weiter. Wenn nicht, kehren wir um. Ich werde mich fügen.«

Lami war einverstanden.

»Meldid, ich glaube, der Berg will, dass du ihn besuchst«, sagte er. »Auch ich habe das Gefühl, dass wir es noch einmal versuchen sollten.«

Abends, vor dem Einschlafen, betraten Amada und Lami mein Zimmer im Gästehaus. Im Kanonenofen brannte Yak-Dung. Räucherstäbchen erfüllten den Raum mit Wohlgeruch. Mir war so wohl und so heimisch zumute wie an irgendeinem anderen Ort der Welt. Es überrascht mich nach wie vor, dass man, um sich zu Hause zu fühlen, nicht mehr braucht als ein Gefühl von Sicherheit und Liebe.

Die beiden setzten sich und sagten, dass sie eine Frage hätten.

»Aber klar!«, erwiderte ich. »Nur zu!«

»Ein Mönch aus dem östlichen Tibet ist hierher gekommen. Er war über ein Jahr lang unterwegs. Seit Monaten hält er sich verborgen und wartet darauf, dass die richtige Person vorbeikommt. Es ist sein Lebenstraum, die Pilgerfahrt zum Mount Kailash zu unternehmen«, berichtete Lami. »Aber Reisen ist für ihn sehr gefährlich; die chinesischen Behörden würden ihn verhaften und ins Gefängnis werfen. Wärst du bereit, ihn hinten in deinem Lastwagen zu verstecken und ihn so weit wie möglich mitzunehmen?«

Ich willigte ein.

Oft wird gesagt, dass alles aus einem bestimmten Grund geschieht und schließlich gut ausgehen wird. Trotzdem mag ich es, wenn ich wenigstens teilweise erkennen kann, welche Motive einer Sache zugrunde liegen.

Am nächsten Tag boten wir dem Mönch ein sicheres Versteck im Lastwagen und fuhren zum Fluss zurück. Vor der Grenzkontrolle hielten wir an und ließen ihn aussteigen. Wenn er aufpasste und schnell lief, konnte er den Kontrollpunkt umgehen, das nächste Dorf erreichen, dort ein anderes Auto besteigen und bis Ende der Woche am Mount Kailash sein.

Abends schlugen wir unser Lager am Fluss auf. Ich hatte Angst einzuschlafen, da ich mich daran erinnerte, wie krank und panisch ich bei unserem ersten hiesigen Aufenthalt gewesen war. Ich versuchte, Ruhe zu bewahren, legte mich hin, schloss die Augen. Als ich aufwachte, war es Morgen.

Es ging mir gut.

Nun, nicht wirklich *gut*. Ich war immer noch nicht ganz auf dem Posten, konnte aber wenigstens atmen.

Wir beschlossen, unseren Weg fortzusetzen, und nahmen damit ein kalkuliertes Risiko in Kauf; dessen waren wir alle uns bewusst. Wenn ich jetzt krank würde, könnte mir erst nach zwei Tagen geholfen werden. Doch offenbar hielt ich aus eigener Kraft durch.

Als wir uns an jenem Abend dem Berg näherten, sagte Lami mit ernstem Gesichtsausdruck zu mir:

»Meldid, du hast es bis hierher geschafft. Es tut mir Leid und es tut mir weh, dir dies sagen zu müssen, aber ich kann nicht zulassen, dass du den Berg umrundest. Der Aufstieg ist schwer. Viele Menschen sterben auf dieser Pilgerreise. Es wäre für uns alle gefährlich, wenn dir etwas zustoßen würde.«

Sofort überkam mich Trauer. Ich wusste, dass Lami Recht hatte. *Aber zumindest könnte ich den Fuß des Berges erreichen,* dachte ich. *Das ist mein größter Traum.*

Wir fuhren etwa eine Stunde weiter. Als der Berg fast greifbar nahe war, starb der Motor ab. Lami und der Fahrer stiegen aus, um am Vergaser herumzubasteln. Joe drehte sich zu mir:

»Auch ich habe dir etwas mitzuteilen«, begann er. »Und es auszusprechen ist mir unangenehm. Ich kann dir nicht genau sagen, warum das geschah. Aber während der letzten Stunde habe ich es so stark gefühlt, dass ich weiß, es stimmt. Du kennst mich, ich bin kein besonders geistiger Typ, sondern ein Bergsteiger, ein Camper.« Er streckte sein Handgelenk mit der teuren, modischen Armbanduhr vor. »Und außerdem ein Yuppie.«

Joe hielt inne und starrte mich nur an. Es fehlten ihm die Worte.

»Also worum geht es?«, fragte ich schließlich.

»Tief im Innern weiß ich, dass wir diese Reise deshalb unternommen haben, weil ich für dich zum Mount Kailash pilgern soll. Dieses ganze Gerede ums Karma ist mir fremd. Ich habe keinerlei Meinung in Bezug auf frühere Leben. Vielleicht gibt es sie, vielleicht aber auch nicht. Kann sein, dass ich dir das schuldig bin wegen einer Sache, die ich dir in einem vergangenen Leben angetan habe. Oder das Karma funktioniert anders, so ähnlich wie eine Art Weltbank. Wobei es eigentlich nicht darauf ankommt, wer wem was schuldet: Wenn du etwas bewirkt hast, wirst du dafür belohnt. Und das Universum führt den Menschen in dein Leben, durch den es dich belohnt.

Sobald wir also diesen Berg erreichen, möchte ich, dass du dich auf ihn konzentrierst, auf dein Leben und die Wohltaten, die du gerne empfangen würdest, während ich dort über Stock und Stein wandere. Und jedes Verdienst, das durch die Pilgerreise erworben werden kann, widme ich dann dir.«

Ich brach in Tränen aus. Einen Augenblick dachte ich, dass Joe ebenfalls weinte. Aber das ließ sich nicht genau feststellen. Er war eben so ein Typ.

Ich begann zu protestieren, aber Joe blieb standhaft.

Sein Vorschlag entsprach zwar nicht meinen Plänen, schenkte mir aber ein wirklich gutes Gefühl.

Joe musste zwei Tage lang marschieren, doch es gelang ihm, den Berg zu umrunden – in modischen Wanderstiefeln, mit kompletter Campingausrüstung.

Die beiden Fahrer beschlossen, seinem Beispiel zu folgen, solange wir in der Gegend waren. Lami hatte sie dazu gedrängt und gesagt, es wäre gut für ihre Seelen. Sie umrundeten den Berg in Windeseile an einem Tag.

Als sie zurückkehrten, lächelten sie und deuteten auf ihre Füße. Wir blickten an ihnen hinunter. Sie hatten diesen tückischen Weg in Pantoffeln bewältigt, die auf der Unterseite durchlöchert waren.

»Hat gut getan«, sagten sie. »Aber jetzt brauchen wir neue Schuhe.«

Die Lektion des Mount Kailash war klar. Zahlreiche Experten, Lehrer und Anhänger verschiedener Glaubensrichtungen haben sie bereits zum Ausdruck gebracht. *Am Ende wird alles gut. Und wenn etwas nicht stimmt, besteht weiterhin Hoffnung.*

»Was ist das Wichtigste, das ich nach meiner Heimkehr für mein geistiges Wachstum tun kann?«, fragte ich Lami auf dem Rückweg nach Lhasa.

»Meldid, wenn ein Mensch bloß fünf oder zehn Minuten am Tag für Gebet und Meditation erübrigen kann, wird das sein Leben ändern«, erwiderte er. »Und wenn du betest, dann sag nicht nur mit ängstlicher Stimme: *Bitte gib mir dies oder das* in der Überzeugung: *Ich bekomme es sowieso nie.* Du musst zumindest ein bisschen daran glauben, dass du das, worum du bittest, auch erhältst.«

Bei Lamis Antwort lachte ich leise in mich hinein. Hier stand ich und erwartete mir von Tibet eine Mischung aus Zauber, Geheimnis und Weisheit – und er riet mir, was Zwölf-Schritte-Programme schon seit langer Zeit raten: Meditiere und bete jeden Tag ein wenig.

Erinnern Sie sich an den Schmetterlingseffekt, von dem wir bereits sprachen? Wenn an einer Entscheidung genügend Schmetterlinge beteiligt sind, die mit den Flügeln schlagen, kann sie das Tor zum Himmel oder zur Hölle sein. Im folgenden Abschnitt werden wir uns mit Geschichten befassen, in denen es darum geht, wie wir einige *unserer* Schmetterlinge dazugeben können. Das Geheimnis liegt im Glauben, dass alles – jedes Ereignis in unserem Leben – aus einem bestimmten Grund geschieht. Nichts ist unnütz oder umsonst. Zugleich aber enthält das Leben mehr, als das Auge zu erfassen vermag. Das heißt, wir *sehen* nicht immer, worin dieser Grund besteht.

Vielleicht ist die Goldene Regel schließlich doch noch wirksam.

I

Er hatte keine Hoffnung mehr

Er saß in seiner Küche, umgeben von versteckten Ginflaschen. Wie die meisten Alkoholiker trank er einzig und allein aus dem Grund, *weil der Alkohol verfügbar war. Im Treibsand versinken* lautete der Satz, mit dem er sich und sein Leben beschrieb. Er konnte nicht aus eigener Kraft aufhören zu trinken.

An diesem Tag kam ein Freund zu Besuch.

Er erzählte ihm von einer Methode, die Sucht zu überwinden. Das Aktionsprogramm, das der Freund vorschlug, war einfach, aber nicht leicht. Er musste seine Seele und sein Leben durchforschen und den Schaden, den er angerichtet hatte, wieder gutmachen. Er musste seine egoistischen Verhaltensweisen aufgeben und an andere Menschen denken, anstatt an sich selbst. Er musste Gott demütig um Unterweisung bitten und dann – wenn er im Zweifel war – still dasitzen und auf Antwort warten.

Er musste mit Gott wieder vertraut werden.

Bill Wilson konnte verstehen, wie wichtig es war, mit anderen und mit sich selbst ins Reine zu kommen. Aber mit Gott? Er glaubte generell an Gott, doch wenn er die Welt betrachtete – die Kriege und Täuschungsmanöver, die da draußen stattfanden –, gelangte er zu der Überzeugung, dass sie ebenso wie sein Leben vom Bösen regiert wurde. Die Vorstellung von einem persönlichen Gott war ihm fremd.

Der Freund schlug Bill dann vor, sich von Gott eine eigene Vorstellung zu machen.

Dieser Tag veränderte Bills Leben und die Welt im Ganzen. Er brachte jene Bewegung in Gang, die *Anonyme Alko-*

holiker genannt wird. Bill Wilson dachte, dass tausende von Menschen durch diese Lebensform tief beeinflusst werden könnten. Er irrte sich. Die Anonymen Alkoholiker haben Millionen von Menschen gerettet, die ohne Hoffnung waren. Selbst Bills tragische Geschichte *vor* diesem Tag – also jedes Ereignis, das zu ihm führte – erwies sich im Endeffekt als nützlich und heilsam.

Einer der wesentlichen Schritte, die Bill unternahm, bestand darin, durch das *Gebet* mit Gott wieder vertraut zu werden. Es half ihm, blitzartig in jenen geistigen Bereich vorzudringen, den er als *die vierte Dimension der Existenz* bezeichnete. Er begriff allmählich, dass *eine Macht, die größer war als er selbst,* genau das für ihn tun konnte, wozu er allein nicht imstande war.

Um aus dem Gebet Nutzen zu ziehen, brauchen Sie kein verzweifelter Alkoholiker zu sein. Das Gebet verändert nicht die *Dinge*, sondern den *Menschen,* der es spricht.

Haben Sie je jemanden angerufen in der Absicht, eine Nachricht auf seinem Anrufbeantworter zu hinterlassen, da Sie glaubten, er sei außer Haus oder gehe nicht ans Telefon? Genau so erging es mir, als ich zum ersten Mal aufrichtig zu Gott sprach.

In der Kindheit war ich mit Gott und Gebet konfrontiert gewesen. Von frühem Alter an besuchte ich die Kirche. Während der meisten Jahre auf der High School nahm ich an den Veranstaltungen einer religiösen Bildungsanstalt teil. Doch im Alter von zwölf Jahren kam ich zu der Überzeugung, dass Gott, wenn er denn existierte, sich nicht um mich kümmerte. Und angesichts der schlimmen Ereignisse, die sich bis dahin in meinem Leben zugetragen hatten, war ich der Meinung, dass ich die Dinge zumindest genauso gut allein in den Griff bekommen konnte.

Als ich schließlich 1973 wegen meiner Suchtkrankheiten eine Entziehungskur machte, erschreckte es mich festzustellen, was die Patienten ringsum schon seit einer Weile wussten – nämlich dass ich nicht aus eigener Kraft von den Drogen loskam. Entweder musste ich eine Gefängnisstrafe verbüßen oder auf unbestimmte Zeit an einer Heilbehandlung teilnehmen. *Eine Heilbehandlung, und zwar so lange wie nötig* – das waren die Worte des Bezirksrichters gewesen, der mich dazu verurteilt hatte.

Es lagen bereits mehrere Monate Entziehungskur hinter mir, in denen ich weiterhin Drogen nahm, als ich endlich beschloss, erneut zu Gott zu sprechen. »Gott, ich weiß nicht, ob es Dich tatsächlich gibt oder nicht. Und ich weiß auch nicht, ob es ein Programm gibt, das meinen Gesundheitszustand bessert, oder nicht. Aber wenn Du tatsächlich existierst und wenn es ein solches Programm gibt, dann hilf mir bitte, es zu verstehen und anzuwenden«, sagte ich.

Das war alles. Ein einfaches Gebet.

Ich schaute zur Decke und bezweifelte, dass es erhört wurde.

Umso verblüffter war ich, als ich nach wenigen Tagen – im Drogenrausch – auf den Hügeln des Klinikgeländes saß und eine psychische Transformation erfuhr, die mein Leben grundlegend veränderte. Ich zog an meinem Joint, streckte mich auf dem Rasen aus und wollte die vorüberziehenden Wolken betrachten. Stattdessen aber nahm der Himmel eine purpurne Färbung an. Und in diesem Augenblick wusste ich, dass ich wusste, dass ich kein Recht hatte, mich ständig aufzuputschen und zu betäuben.

Ich tat noch einen Zug, ging dann zurück in die Klinik und begann, das Programm mit ebenso großem Einsatz zu befolgen, wie ich vorher Drogen konsumiert hatte.

Wenn ich nur die halbe Kraft aufwende, durch die ich mich bisher kaputtgemacht habe, und sie benutze, um das Richtige zu tun, dann gibt es kaum etwas in dieser Welt, das ich nicht schaffen kann, dachte ich.

Jahrelang habe ich niemandem von meinem überwältigenden Erlebnis erzählt. *Ich bin bereits auf unbestimmte Zeit an diese Institution gebunden. Wenn ich jetzt den Leuten sage, dass der Himmel purpur wurde und dass ich Gott sah, werde ich niemals hier rauskommen*, dachte ich.

Ich habe, als ich Gott anrief, nicht erwartet, dass er antworten würde.

Es war nicht so, dass Gott an jenem Tag tatsächlich existiert hätte. Aber *für mich* war er real geworden.

»Eines Tages ging ich angeln. Irgendwie war es albern«, berichtete mir eine Frau, »aber mir bedeutete es sehr viel. Ich warf meine Angel aus und bat Gott, wenn er tatsächlich existierte, mir zu helfen, einen Fisch zu fangen. Und das tat ich dann auch. Ich fing den größten Fisch, den ich je zwischen den Fingern hatte. Doch nicht darauf kam es an, sondern darauf, dass ich eine persönliche Beziehung zu Gott herstellte.«

Wir können in förmlicher Weise zu Gott sprechen, indem wir jene Gebete benutzen, die von unserer Religion empfohlen werden. Wir können am Morgen, am Abend oder während des ganzen Tages beten. Manche vertreten sogar die Überzeugung, dass unsere Gedanken und Absichten wie Gebete seien.

Wir können auch ein Gebetstagebuch führen – entweder in handschriftlicher Form oder als Dokument im Computer. Diese Methode ist für mich ganz besonders nützlich. Ich mag das geschriebene Wort. Es besitzt eine große Kraft. Wenn ich etwas schreibe, wird der Gegenstand greifbarer. Außerdem kann ich so meine bisherigen Gebete überblicken und sehen, ob und wie sie beantwortet wurden. Ein Tagebuch mit beantworteten Gebeten zu führen, erinnert mich daran, gerade auch bei dunklen, schwierigen Erfahrungen den Glauben zu bewahren.

Darüber hinaus können wir den ganzen Tag völlig ungezwungen zu Gott sprechen und die persönliche Vorstellung, die wir von ihm haben, durch weitere Gedanken bereichern. Wir können laut, leise oder schweigend beten.

In den meisten, wenn nicht allen Religionen beinhaltet das Gebet im Wesentlichen folgende Aspekte: Sündenbekenntnis, Bitte um Vergebung und Läuterung, Anerkennung der Segnungen und empfangenen Antworten auf Gebete, Lobpreis (oder allgemeine Dankbarkeit), Bitte um Unterweisung, um auf dem richtigen Weg zu bleiben, Bitte um Hilfe bei speziellen Problemen sowie um den Segen für die Menschen in unserem Leben.

Ich spreche auch gerne zu Gott, ohne ein bestimmtes Thema anzuschneiden, und plaudere dann darüber, was ich gerade fühle, denke oder mache.

Manchmal besteht das wirkungsvollste Gebet, das wir verrichten können, in den einfachen Worten: *Dein Wille geschehe.*

»Deine Beziehung zu Gott war und ist ebenso leidenschaftlich wie deine Beziehung zu irgendeinem Menschen«, sagte mir einmal ein Freund. Wahrscheinlich stimmt das. Zu allen Zeiten meines Lebens war ich von Gott begeistert, war ich ärgerlich oder wütend auf ihn, zufrieden mit ihm, gehorsam und demütig gegenüber ihm – und ihm ewig dankbar. Manchmal sogar empfand ich all diese Regungen an einem einzigen Tag.

Übrigens: Wenn wir um Segen für alle Welt bitten, warum halten wir dann nicht kurz inne und bitten Gott, uns ebenfalls zu segnen?

• • • • •

Das Gebet ist eine Entscheidung.
Seien Sie nicht überrascht, wenn Gott ans Telefon geht.

2

Sie konnte nicht stillsitzen

Lisa saß auf einem Kissen auf dem Fußboden und kniff die Augen zusammen. Sie wand und krümmte sich, und der Rücken tat ihr weh. Sie fragte sich, wann sie endlich ihrem Seelengefährten begegnen würde. Sie war besorgt darüber, ob ihr Geld reichen würde, um die Rechnungen zu bezahlen. Blinzelnd blickte sie kurz um sich.

Die glückliche kleine Nonne sollte Lisa beibringen, wie man meditiert.

Sie meditierte ganz mühelos. Es schien, als wäre sie in Trance versunken.

Lisa schloss erneut die Augen. Sie versuchte, alle ihre Gedanken loszulassen, auszulöschen, aber diese ergriffen immer wieder Besitz von ihr.

»Okay«, sagte sich Lisa, als sie nicht mehr sitzen konnte. »Ich bin fertig. Wie lange hat's gedauert?«

Die Nonne öffnete die Augen.

»Sieben Minuten«, erwiderte sie.

In einem Psalm des Alten Testaments steht: »Sei still und wisse: Ich bin der Herr.« Viele von uns sehen ohne weiteres ein, dass Gott Gott ist. Das eigentliche Problem besteht darin, still zu sein.

Lesen Sie ein Buch mit Meditationen für jeden Tag. Besuchen Sie einen Yoga-Kurs. Entspannen Sie sich im heißen Badewasser. Um eine persönliche Beziehung zu einem Menschen zu entwickeln, bedarf es zweierlei: Sprechen – und Zuhören.

Wenn Sie nicht still sind, hören Sie auch nichts.

Psst!

Seien Sie still. Konzentrieren Sie sich auf etwas, worüber Sie nicht in eigensinniger Weise nachdenken können – auf eine Tugend, ein höheres Ideal, einen Ort oder eine Vorstellung, die ihnen Frieden bescheren.

Oder schaffen Sie einen leeren stillen Raum und bitten Sie Gott, ihn auszufüllen.

Wenn Sie nicht sieben Minuten lang stillsitzen können, so begnügen Sie sich mit einer kürzeren Zeitspanne.

• • • • •

Eine tägliche Meditation von fünf Minuten kann Ihr ganzes Leben verändern.

3

Er sah die Zukunft

Michael Bodine hatte diese *Gabe* schon als Kind. Er konnte Dinge sehen und hören, die andere Menschen nicht wahrnahmen. Er konnte mit *der anderen Seite* kommunizieren. Einmal bekam er Besuch von einer Frau. Sie schrieb sich keinerlei übersinnliche Kräfte zu. Sie war eine Christin, die derartigen Phänomenen skeptisch gegenüberstand. Doch sie konnte ihr Leben nicht länger ertragen. Sie suchte nach Antworten, und sie wollte sie sofort erhalten.

Ihre Fragen glichen denen der meisten Menschen, die ihn konsultierten. Sie hatten den Wunsch, etwas zu erfahren über Liebe, Geld, Kinder, Karriere, Gesundheit und Sex.

»Wann wird mein Leben sich ändern?«, fragte sie.

Still lauschte er den Stimmen, die nur er hören konnte.

»Sie haben viele Gelegenheiten, etwas zu ändern«, erwiderte er. »Und zwar schon seit geraumer Zeit. Aber nichts in Ihrem Umkreis wird anders werden, wenn Sie nicht selbst eine Entscheidung treffen.«

»Aber wie weiß ich, welche Gelegenheiten richtig für mich sind? Welche sollte ich weiter verfolgen?«, fragte sie.

Er verwies auf einige Chancen, die sie verpasst hatte, und nannte Details bezüglich jener Gelegenheiten, die er näher rücken sah.

»Die meisten Leute kommen zu mir, weil sie darauf warten, dass ein bestimmter Mensch oder eine Sache sich ändert«, erklärte er. »Und manchmal ist die Lösung eines Problems nur eine Frage der Zeit. Aber das Letzte, was Menschen hören wollen, ist, dass sie selbst etwas anders machen müssen, wenn eine äußere Veränderung eintreten soll.

Sobald ich das Leben dieser Menschen betrachte, sehe ich darin eine ganze Reihe von Möglichkeiten, die sich jeden Tag ergeben. Dieser tiefe Einblick bereitet mir insofern Kummer, als ich sehe, wie viele Möglichkeiten sie sich entgehen lassen. Nicht das Leben behindert sie – sie behindern sich selbst, indem sie nicht ihrer Intuition vertrauen und dann die notwendige Entscheidung treffen.«

Einige sprechen von gefühlsmäßiger Reaktion, andere von Intuition oder sechstem Sinn. Es gibt zwei Arten von Gefühlen: die emotionalen und jene, die eine Ahnung beinhalten.

Ich war angsterfüllt, verzweifelt und deprimiert, als ich keine Arbeit fand. Doch meine Intuition, der sechste Sinn, führte mich schließlich dorthin, wo ich danach suchen musste.

Ich war voller Kummer, niedergeschlagen und fast zerstört, als mein Sohn Shane starb. Ich wusste nicht, was ich als Nächstes tun sollte, weil das unsagbare Leid mich um den Verstand gebracht hatte. Doch eine leisere Stimme unterwies mich schließlich darin, wie ich die dunklen Augenblicke eines Tages heil überstehen konnte.

Beide Gefühlsarten sind wichtig. Die Emotionen müssen wir empfinden und loslassen, damit wir jene leiseren, inneren Stimmen hören – denn sie sind es, die uns auf unserem Weg leiten.

Die Fürsorge, die wir uns selbst zukommen lassen, ist keine statische Wissenschaft.

Sie ist eine ständig sich entwickelnde Kunst.

• • • • •

Wenn es einen Grundsatz gibt, dank dessen wir für das eigene Wohl sorgen können, dann diesen:
Kämpfen Sie sich durch, bis Sie lernen, sich selbst zu vertrauen.

4

Sie lernte, inneren Abstand zu gewinnen

Sie sah zu, wie ihr Mann sich zu Tode trank, wie er ihre Familie, ihre finanzielle Sicherheit und ihrer beider Liebe zerstörte.

»Für ihn kannst du nichts tun«, sagte ihre beste Freundin. »Aber dich selbst kannst du ändern.«

Als Elaine mit der Vorstellung des Loslassens – des inneren Abstands – vertraut gemacht wurde, schien es ihr zunächst, als müsse sie diese nur ein- oder zweimal in die Tat umsetzen. Außerdem waren die damit verbundenen Konsequenzen nicht leicht zu verstehen: Wie sollte man Menschen lieben, fürsorglich sein und intensiv Anteil nehmen am Leben, ohne an Menschen, Orten und Dingen beständig festzuhalten?

»Zuerst dachte ich, mein Mann sei ein Idiot und ich bräuchte nur ihn loszulassen. Inzwischen sind zwanzig Jahre vergangen, in denen mir die Lektion förmlich eingetrichtert wurde. Ich musste ihn einfach loslassen. Außerdem sind meine Kinder groß geworden und zu Hause ausgezogen. Davor hatten auch sie natürlich eine ganze Reihe von Problemen. Auch sie musste ich loslassen.

Allmählich verstand ich die Botschaft. Ich musste nicht nur ein- oder zweimal loslassen. Durch meinen alkoholsüchtigen Mann lernte ich die innere Abtrennung als eine Lebensform kennen.«

* * * * *

»Du kannst ihn nicht davon abhalten zu trinken, Melody, aber du kannst zu Al-Anon gehen.«

»Du kannst daran überhaupt nichts ändern – egal, welches Problem du vergeblich zu lösen versuchst –, aber du kannst dir im Kino einen Film anschauen. Tu etwas – irgendetwas –, das dir angenehm erscheint.«

Manchmal bin ich wie ein Hund mit einem Knochen. Ich kann nur jene Sache sehen und konzentriert angehen, die ich nicht in den Griff bekomme, und dann kaue ich darauf herum und beiße mir die Zähne daran aus, bis ich völlig ermattet bin. Loslassen heißt auch, die Aufmerksamkeit von dem, was man unmöglich schaffen kann, auf das zu richten, was den eigenen Fähigkeiten entspricht. Dadurch wird das Problem vielleicht nicht gelöst, aber man ist entspannter und fühlt sich besser, während man abwartet und den Gang der Dinge beobachtet.

Bisweilen haben gerade unsere unscheinbaren Tätigkeiten eine große Bedeutung.

»Als ich meinen Vater in seinen letzten Lebensjahren besuchte, machte es mich zutiefst traurig, dass er allein war«, erzählte mir eine Frau. »›Fühlst du dich nicht einsam?‹, fragte ich ihn.

›Liebes, ich stehe in inniger Verbindung mit der Welt‹, antwortete er dann.«

• • • • •

Inneren Abstand zu wahren, heißt nicht, gleichgültig zu sein. Wir tun das nicht nur, wenn wir eine Beziehung beenden. Vielmehr handelt es sich dabei um eine Lebensform, die all unsere Beziehungen günstig beeinflussen kann. Und sobald wir uns nicht mehr so sehr an einen Menschen, einen Ort oder eine Sache klammern, stellen wir oft fest, dass wir weitaus mehr zurückbekommen, als wir losgelassen haben.

5

Er entdeckte den Regenbogen und fand den Goldschatz

»Hier ist etwas Geld – die Hälfte von allem, was ich in dieser Welt besitze. Nimm es, brich auf, erlerne die schwarze Magie und halte nicht eher inne, als bis du dich an den Leuten gerächt hast, die uns das angetan haben«, sagte die Frau zu ihrem Sohn. »Wenn du das nicht tust, bringe ich mich um, und du wirst für alle Zeit schuld sein an meinem Tod.«

Ihr Mann war gestorben; sein Bruder hatte die Erbschaft entwendet, die ihr zustand. Danach hatte er sie und ihre beiden Kinder grausam behandelt, schlechter noch als Dreck – wie Sklaven. Sie war wütend, ja völlig außer sich.

Es geschah vor tausend Jahren in Tibet, dass die Mutter diese Worte zu Milarepa sprach, ihrem fünfzehnjährigen Sohn. Seither hat sich in der Welt vieles geändert. Doch Themen wie Schmerz, Grausamkeit, Verlust, Enttäuschung, Hass, Rache, Betrug und der Versuch, dem Leben einen Sinn zu verleihen, sind gleich geblieben.

Ob wir reichlich Geld ausgeben, um unsere Probleme zu lösen, ob wir uns selbst kurieren, abstumpfen, den Rückzug antreten, nach Rache dürsten, aufgeben, uns noch mehr anstrengen, manipulieren oder schwarze Magie betreiben – wir möchten weiterhin den Eindruck gewinnen, unser Leben unter Kontrolle zu haben. Wir wollen genau das, was uns nach eigener Auffassung glücklich machen wird. Wir sehnen uns nach dem, was uns genommen oder vorenthalten wurde – einschließlich des Gefühls von Macht.

Aber wir wollen nicht den Schmerz empfinden.

Milarepa, der junge Mann, der um sein Erbe betrogen worden war, tat, was seine Mutter ihm befohlen hatte. Er erlernte die schwarze Magie (eine andere Form von Kontrolle). Dann gelang es ihm, durch Zauberkraft 35 Mitglieder der Familie und Freunde seines Onkels zu töten. Bei einem Hochzeitsfest zerstörten Skorpione oder Schlangen einen Balken, zumindest der Legende nach. Das Haus stürzte ein und begrub alle Gäste unter sich, ausgenommen den Onkel und seine Frau, Milarepas Tante. Er wollte, dass die beiden überlebten, damit sie wüssten, er hatte Rache genommen. Und er wollte, dass sie litten.

Nur um sicherzustellen, dass sein Onkel begriff, wie mächtig er, Milarepa, geworden war, übte er einen weiteren Zauber aus. Er sandte einen Hagelschauer zu dem Dorf, in dem sein Onkel wohnte, der die gesamte Ernte vernichtete und noch mehr Angst verbreitete. Der Onkel verstand die Botschaft, ebenso die übrigen Dorfbewohner.

Der Krieg war vorbei. Milarepa und seine Mutter hatten ihren Todfeind bezwungen.

Wie so oft schmeckten Rache und Sieg zuerst süß. Doch in einem fatalen Augenblick nahm das Leben erneut eine Wendung. Milarepa erkannte, was er da eigentlich getan hatte. Genauso wie die zeitlosen, wiederkehrenden Themen Ungerechtigkeit, Betrug, Verlust war damals noch eine andere Vorstellung gegenwärtig, die sich auch heute als gültig erweist. *Es gibt nichts umsonst. Behandle die Mitmenschen so, wie du von ihnen behandelt werden möchtest. Liebe deinen Nächsten wie dich selbst. Was du empfängst, gibst du weiter, bis es schließlich wieder bei dir landet.* Und meistens kommt es dann »größer und schlimmer« zurück, »als du es anfangs losgeschickt hast«, wie J. California Cooper in *The Future Has A Past* schrieb.

Milarepa hatte viele Menschen umgebracht und zahlreichen anderen den Lebensunterhalt, geliebte Menschen, die Nahrung und die Hoffnung geraubt. Er war verloren und im Begriff, seinem Schicksal, das besiegelt war, ausgeliefert zu werden. Er selbst hatte das Unheil heraufbeschworen, denn er verfügte über Zauberkraft. Auch wenn die Gesetze des Landes ihn nicht zu fassen bekämen, wusste er doch, dass er dem Großen Gesetz von Ursache und Wirkung – dem Karma – am Ende nicht entkommen würde.

Nun war Milarepa derjenige, der außer sich geriet und von Zwangsvorstellungen verfolgt wurde – nicht wegen dem, was ihm angetan wurde, sondern wegen dem, was er anderen und damit auch sich selbst angetan hatte. Er machte einen Lehrer ausfindig, der ihm helfen sollte, seinem Leben eine neue Richtung zu geben, den angerichteten Schaden wenigstens teilweise wieder gutzumachen und einen besseren Weg einzuschlagen. Angesichts der Verzweiflung Milarepas über die von ihm ausgeübte schwarze Magie beschloss sein früherer Lehrer, seine Unterweisungen in schwarzer Magie und Zerstörung zu beenden und ebenfalls nach einem besseren Weg zu suchen. Schließlich stieß Milarepa auf einen Lama namens Marpa, der sich bereit erklärte, ihn zu beraten. Marpa galt als einer der höchsten Lamas jener Zeit. Viele sahen in dem Mann, der Marpas Lehrer unterrichtet hatte, eine Reinkarnation von Amitabha – und das ist nur ein anderes Wort für *amitofa*, »Segen« oder »Grenzenloses Licht«.

In der westlichen Welt benutzen wir hierfür den Ausdruck »die Gnade Gottes«.

Milarepa nahm sich vor, sein Leben grundlegend zu ändern, doch seine Geschichte endete nicht an diesem Punkt. Er war voll freudiger Erwartung, nur um dann feststellen zu müssen, dass seine Prüfungen erst begonnen hatten. Marpa der Mönch willigte also ein, Milarepa zu unterrichten, doch nur wenn dieser sich die Gunst verdiente, indem er einen Turm – ein Zuhause – für Marpa baute. Milarepa kam Marpas Wunsch nach und schaffte alle für den Bau notwendigen Steine und Blöcke selbst herbei. Doch kurz vor der Fertigstellung forderte Marpa ihn auf, den Bau einzureißen und all die Steine und Blöcke an ihre ursprüngliche Stelle zurückzutragen. Milarepa fügte sich. Dann erteilte Marpa ihm den Auftrag, den Turm an einem anderen Ort zu errichten. Ehe Milarepa dieses Werk abschließen konnte, änderte Marpa erneut seine Meinung. So ging es eine ganze Weile weiter. Milarepa durfte nichts beenden, was er begonnen hatte. Infolge der harten Arbeit war er geschwächt und abgemagert, sein Körper mit Wunden übersät. Immer wieder war er in elende Verzweiflung geraten. Dabei hatte Marpa ihm eine Lektion noch nicht beigebracht.

Schließlich gab Milarepa auf. Er trennte sich von Marpa und suchte die Erleuchtung anderswo. *Dass ich nicht vorwärts komme und dass dieser Mann mich hin und her scheucht, ist wahrscheinlich auf mein Karma zurückzuführen – und darauf, dass ich vielen Menschen Leid zugefügt habe,* dachte Milarepa. *Wenigstens habe ich aufgehört, Menschen zu töten und zu verletzen. Selbst wenn ich in diesem Leben nicht den Zustand der Erleuchtung erlange, muss ich vielleicht doch nicht als Skorpion oder Schlange wiederkehren.*

Marpas Frau hatte Milarepa dazu ermuntert, seinen Lehrer zu verlassen. Sie half ihm, Geld aufzutreiben und einen anderen Lehrer zu finden. Es tat ihr weh, dass Marpa ihn so schlecht behandelte. Doch nach einiger Zeit führte Marpa Milarepa in sein Haus zurück und erklärte sein eigenes Verhalten.

»Ich habe dich nicht gequält, weil ich ein Dummkopf bin«, sagte Marpa. »Aufgrund deiner Missetaten hattest du so viele negative Gefühle und so viel negatives Karma. Du brauchtest diese schmerzlichen Erfahrungen, um das Chaos zu beseitigen, das du in deiner Vergangenheit angerichtet hast. Du musstest diese Qual durchmachen, um dir verzeihen und dich befreien zu können. Das war Teil eines geistigen Planes.

Du solltest neunmal in Verzweiflung geraten, aber es geschah nur achtmal, weil meine Frau aus Mitleid mit dir –

ihre Seele sei gesegnet – sich einmischte. Jedenfalls hast du dich hinreichend geläutert, um jetzt die Lehren zu empfangen. Du bist bereit, nicht mehr zurückzuschauen, die nächste Stufe zu nehmen und weiter voranzuschreiten. Im Übrigen«, fügte Marpa hinzu, »ist es möglich, die Erleuchtung in nur einem Leben zu erlangen. Ja, der Weg dorthin ist lang. Aber es gibt auch einen kurzen. Ich werde dich mit ihm vertraut machen, wenn du willst.«

Milarepa wurde zum besten Schüler, den Marpa je hatte. Er meditierte, lernte die geheimen Lehren und wandte sie in seinem Leben an. Einige davon, die heute noch in Umlauf sind, waren einfach: Vergiss nicht, woher du kommst. Behandle deinen Nächsten so, wie du von ihm behandelt werden möchtest. Milarepa machte an dem Tag einen großen Schritt nach vorn, als er folgende Wahrheit begriff: Wenn du durch ein Tor gehen möchtest, dann halte es zuerst anderen Menschen auf.

Viele Leute glauben, dass der Lehrer dann in Erscheinung tritt, wenn der Schüler für ihn bereit ist. Milarepa vertrat die Ansicht, dass der Lehrer deshalb in Erscheinung tritt, weil wir bereit sind, zu erwachen und dem Lehrer in unserem Innern zu lauschen. Milarepas innerer Lehrer war aufgewacht – also der innere Lama, der Teil in jedem von uns, der die Fähigkeit besitzt, bewusst zu leben und dazuzulernen.

Schließlich verließ Milarepa den Meister und kehrte in seine Heimat zurück. Er lebte in Höhlen und auf Feldern, meditierte und erinnerte die Menschen an das Karma, an ihre Kraft, Entscheidungen zu treffen – und daran, wie wichtig ihr Leben und ihre Entscheidungen sind.

Er predigte nicht.

Er sang.

Er verzieh sogar der Tante, die die Finger mit im Spiel gehabt hatte, als er um sein Erbe betrogen wurde. Außerdem betete er für ihre Erleuchtung. »Sie schuldet mir nichts«, sagte er. »Ich schulde ihr alles, was ich habe. Ohne sie wäre ich nicht der, der ich bin, wäre ich nicht dort, wo ich bin. Sie half mir, meinen Weg zu finden.«

Ihm wurde klar, dass er, wenn er auf niemanden wütend war, nicht lernen konnte zu verzeihen.

Alles geschieht aus einem bestimmten Grund, wie unser Freund Milarepa einsah. Aber manchmal brauchen wir lange und eine Reihe schmerzlicher, verwirrender Erfahrungen, um diesen Grund zu erkennen.

Als Milarepa im Alter von 84 Jahren starb, war er eins mit sich und der Welt. Einige behaupten, dass sein Leichnam sich nicht zersetzte, sondern zu einem Regenbogen aus Licht wurde. Die Legende, die sich um ihn rankt, hat bis in die Gegenwart überdauert. Er machte in beispielhafter Weise die klassische Wandlung vom Sünder zum Heiligen durch.

»Seine Lieder betörten sogar die Hunde und die Hirsche im Wald«, sagte ein Mann, der heute in Tibet lebt. »Er erinnerte die Hirsche daran, keine Angst mehr zu haben, und die Hunde daran, die Hirsche nicht mehr zu jagen.«

Milarepa ging den kurzen Weg. Er erlangte die Erleuchtung in nur einem Leben. Dann brachte er den anderen Menschen bei, dass dies noch nicht einmal so lange dauern musste. Sie konnten die Erleuchtung erlangen, indem sie aufwachten, sich von gewissen Grundsätzen leiten ließen und jeden Tag ganz bewusst ihre Entscheidungen trafen.

Wir müssen nicht Gurus werden oder in Höhlen leben und Nesselsuppe essen, um nach Erleuchtung zu suchen, wie Milarepa es tat. Die Probleme, die uns am meisten irritieren und verärgern – jene, derentwegen wir versucht sind, Rache zu üben, Geld auszugeben, uns einer medizinischen oder therapeutischen Behandlung zu unterziehen, zu verdrängen, abzustumpfen, oder die wir um jeden Preis vermeiden wollen –, sind nicht einfach nur Probleme. Sie sind unser Berg oder unsere Höhle in Tibet. Sie sind verborgene Tore zu dem Weg, der zur Erleuchtung führt.

Ich habe schon viele Veränderungen gesehen – sowohl in meinem Leben wie auch in der Welt. Es gab eine Zeit, in der unsere Wahlmöglichkeiten begrenzt waren. Frauen waren im Haushalt tätig oder mussten, wenn sie einen Beruf ergreifen wollten, zwischen dem der Lehrerin und dem der Sekretärin wählen. Von Männern erwartete man, dass sie den Lebensunterhalt verdienten. Wer misshandelt wurde, hielt den Mund und fand sich damit ab. Man biss in den sauren Apfel, wurde alt, und wenn man erkrankte, starb man.

Inzwischen wurden Heilmittel gegen viele Krankheiten entdeckt, zumal gegen Viren, die früher nicht zu bekämpfen waren. Obwohl in den Vereinigten Staaten jedes Jahr rund 250 000 Menschen einen vorzeitigen Tod sterben, leben viele länger und gesünder. Das heißt, dass wir nicht nur entscheiden müssen, welcher Arbeit wir als Erwachsene nachgehen wollen, sondern vielleicht auch, wie wir im Alter erneut unseren Lebensunterhalt verdienen werden.

Die Information steht heute hoch im Kurs, und Alternativen sind reichlich vorhanden. Benutzen wir E-Mail oder Telefon, schreiben wir einen Brief oder übermitteln wir unsere Botschaften auf telepathische Weise? Wir können mühelos und schnell mit Menschen kommunizieren – oder die Talkshow eines Mediums besuchen und mit Toten in Kontakt treten.

Wir können heiraten, mit jemandem zusammenleben, Single bleiben, einen alternativen oder traditionellen Lebensstil pflegen, Kinder bekommen oder adoptieren – ob wir alleinstehend oder verheiratet sind –, sie im Reagenzglas erzeugen oder keine Kinder haben, falls wir uns dazu entschließen. Wir können heiraten, uns scheiden lassen und dann wieder heiraten. Wir können unser Gesicht liften und unsere Zellulitis beseitigen lassen. Außerdem können wir uns die Haare nicht nur abschneiden lassen; mit Hilfe bestimmter Verfahren werden sie uns jetzt nach Wunsch wieder in den Kopf eingepflanzt.

Frauen können mit jüngeren Männern zusammen sein, Männer mit Männern, Frauen mit Frauen. Wir können ein Wohnmobil mieten, kaufen und uns darin häuslich einrichten – oder der Zivilisation den Rücken kehren und in einem Zelt leben. Wir können Zucker beziehungsweise Fleisch essen oder davon Abstand nehmen. Und selbst wenn wir Vegetarier sind, müssen wir eine Entscheidung treffen. Lehnen wir auch Huhn, Truthahn und Fisch ab?

Wir haben Alternativen, die es vorher nicht gab. Wenn wir in übermäßiger und unkontrollierbarer Weise ängstlich und deprimiert sind, können wir diesen Zustand nun chemisch beeinflussen, indem wir Tabletten nehmen. Darüber hinaus verfügen wir über noch weitere Alternativen – etwa hinsichtlich dessen, wie wir uns gegenüber anderen Menschen und uns selbst verhalten –, von denen wir in irgendeiner fernen Vergangenheit nichts wussten.

Trotz all dieser schwierigen Entscheidungen und der Schmetterlinge, die mit den Flügeln schlagen – sowie all der damit verbundenen kalkulierten und nicht kalkulierten Risiken –, ist das doch immer noch die wunderbarste Sache, über die wir verfügen.

Der freie Wille, Schatz. Es gibt nichts auf dem Planeten Erde, das ihm auch nur annähernd gleichkäme.

Was also wirst du tun?

Du weißt, wie schwierig die Prüfungen sind.

• • • • •

Du musst wählen.

BIBLIOGRAPHIE

Alcoholics Anonymous (The Big Book), New York: Alcoholics Anonymous World Services, 1976. (Dt. *Anonyme Alkoholiker* [Das blaue Buch], Anonyme Alkoholiker, Postfach 460227, D–80910 München).

Bach, Richard, *Jonathan Livingston Seagull*, New York: Scribner, 1970. (Dt. *Die Möwe Jonathan*, München: Ullstein, 1972, 2002.)

Beattie, Melody, *Codependent No More*, Center City, MN: Hazelden, 1986. (Dt. *Die Sucht, gebraucht zu werden*, München: Heyne, 1990.)

– *Language of Letting Go*, Center City, MN: Hazelden, 1990. (Dt. *Kraft zum Loslassen*, München: Heyne, 1991.)

Berg, Michael, *The Way: Using the Wisdom of Kabbalah for Spiritual Transformation*, New York: John Wiley & Sons, 2001.

Berg, Rabbi Phillip S., *Kabbalah for the Layman*, Vol. 3, New York/Jerusalem: Research Centre of Kabbalah, 1998.

Berg, Rabbi Yehuda, *Power of Kabbalah*, Los Angeles: Kabbalah Centre International, 2000.

Bodine, Echo L., *A Still, Small Voice: A Psychic's Guide to Awakening Intuition*, Novato, CA: New World Library, 2001.

Campbell, Joseph, *The Hero's Journey: Joseph Campbell on His Life and Works,* San Francisco: Harper & Row, 1990.

China, 7. Auflage, Footscray, Victoria, Australia: Lonely Planet Publications, 2000.

Chödrön, Pema, *The Places That Scare You,* Boston/London: Shambhala, 2001. (Dt. *Geh an die Orte, die du fürchtest*, Arbor-Verlag 2002.)

– *When Things Fall Apart,* Boston/London: Shambhala, 2000. (Dt. *Wenn alles zusammenbricht. Hilfestellung für schwierige Zeiten,* München: Goldmann, 2001.)

Cooper, J. California, *The Future Has A Past,* New York: Doubleday, 2000.

Crane, George und Tsung Tsai, *Bones of the Master: A Journey to Secret Mongolia*, New York: Bantam 2000. (Dt. *Die Höhle des Meisters*, Ansata 2001.)

Dossey, Larry, M. D., *Prayer Is Good Medicine*, San Francisco: Harper, 1996.

Edwards, Corinne, *Reflections from a Woman Alone,* Center City, MN: Hazelden, 2001.

Fielding, Helen, *Bridget Jones's Diary,* New York: Penguin, 2001. (Dt. *Bridget Jones – Schokolade zum Frühstück*, München: Goldmann, 2001.)

Gantos, Jack, *Joey Pigza Swallowed the Key,* New York: Farrar, Strauss & Giroux, 1998.

Gyatso, Geshe Kelsang, *The Meditation Handbook,* London: Tharpa Publications, 1999.

His Holiness the Dalai Lama, *Ethics for the New Millennium*, New York: Riverhead Books, 1999. (Dt. *Das Buch der Menschlichkeit. Die neue Ethik für unsere Zeit*, Bergisch-Gladbach: Lübbe, 2002.)

His Holiness the Dalai Lama and Howard Cutler, M.D., *The Art of Happiness,* New York: Riverhead Books, 1998. (Dt. *Die Regeln des Glücks*, Bergisch-Gladbach: Lübbe, 2001.)

Hoffman, Lawrence A., *The Way into Jewish Prayer,* Woodstock, VT: Jewish Lights Publishing, 2000.

Jungreis, Rebbetzin Esther, *The Committed Life*, New York: Harper Perennial, 1998.

Kübler-Ross, Elisabeth, *The Tunnel and the Light: Essential Insights on Living and Dying*, New York: Marlowe & Co., 1999. (1. Aufl. 1995. Dt. *Über den Tod und das Leben danach*, Silberschnur, 1996.)

– *The Wheel of Life,* New York 1997. (Dt. *Das Rad des Lebens*, München: Droemer Knaur, 1997.)

Kushner, Harold S., *When Bad Things Happen to Good People,* New York: Avon Books, 1981. (Dt. *Wenn guten Menschen Böses widerfährt*, Gütersloher Verlagshaus, 2001.)

Lewis, C. S., *A Grief Observed*, New York: Bantam, 1976.

Lhalungpa, Lobsang P. (Übers.), *The Life of Milarepa,* New York: Penguin/Arkana, 1992. (Vgl. Walter Y. Evans-Wentz, *Milarepa, Tibets großer Yogi*, Scherz Verlag, 2001.)

Lorenz, Edward N., »Deterministic Nonperiodic Flow«, *Journal of Atmospheric Science* 20 (1963), S. 130–141.

Newton, Isaac, *Philosophiae naturalis principie mathematica* (Mathematical principles of natural philosophy), 1687.

Rieder, Marge, *Mission to Millboro*, Nevada City, CA: Blue Dolphin Publishing, 1993.

Rosanoff, Nancy, *The Complete Idiot's Guide to Making Money through Intuition*, New York: Alpha Books, 1999.

Schwartz, Jeffrey M., mit Beverly Beyette, *Brain Lock: Free Yourself from Obsessive-Compulsive Behavior,* New York: HarperCollins, 1997. (Dt. *Zwangshandlungen und wie man sich davon befreit*. Frankfurt/Main: Fischer, 1999.)

Seuss, Dr., *Oh, the Places You Will Go!,* New York: Random House, 1990.

Telushkin, Rabbi Joseph, *The Book of Jewish Values,* New York: Bell Tower, 2000.

Wilkinson, Bruce, *The Prayer of Jabez*, Sisters, OR: Multnomah Publishers, 2000.

Williams, Margery, *The Velveteen Rabbit*, New York; Doubleday, 1922/1991. (Dt. *Der kleine Kuschelhase oder Wie die Dinge wirklich werden*, Freiburg: Herder, 1992.)

www.cosmicharmony.com/Av/Milarepa/Milarepa.htm

DANKSAGUNG

Mein Dank gilt:

Michael Bodine für seine unerschöpfliche, beharrliche Unterstützung und für seine Theorie über die Chinesischen Handschellen. Ohne ihn wäre *Mut zur freien Entscheidung* nie entstanden.

Emily Bump Girard dafür, dass sie mir mit ihrem Artikel »Choose Your Own Adventure«, veröffentlicht in der März-Ausgabe 2001 der Zeitschrift *Parachutist*, die Idee zu diesem Buch eingab.

Meinen Lehrern Andy Delk (Fallschirmspringen) und Michael Fowler (Aikido) dafür, dass sie mich beim Einüben dieser Sportarten mit der Vorstellung des Muskelgedächtnisses vertraut machten, sowie den Anonymen Alkoholikern und Al-Anon dafür, dass sie mir eben diese Vorstellung beim Einüben ihrer Programme nahe brachten.

Dan Cain, dem Präsidenten von RS Eden in Minneapolis, für seinen Glauben: an den Dienst am Nächsten, an das Karma und an das Türaufhalten für andere.

Elisabeth Kübler-Ross, einer meiner wahren Heldinnen.

Lori Teresa Yearwood und ihrem Vater, Vernon Yearwood-Drayton.

Ganz besonders danke ich:

Lami, Pat, Andy, Earnie Larsen, Joe, Corinne Edwards, Debbie, Jeanie, Margaret, Sherry, Debbi – und an all den anderen, die mir anonym ihre Geschichten erzählten.

Den Mitgliedern meiner Familie: Nichole, Michael, Julian, Maceo, Blake, Bianca, Katie, John, Ginette, Brandon,

Courtney, Jeanne, Bob, Mom, Dad, Jim, Pam, Joanne, Donnie – und all den anderen.

David Vigliano, Louie, Liz, Steve, Anne – und allen Buchmachern, die dieses Buch auf den Weg gebracht haben.

Shane.

Und Gott, der mir in jeder der oben genannten Personen sein Angesicht zeigte.

REGISTER

Al-Anon 113 ff., 120
Alkoholmissbrauch 276-280
Altern 135 ff.
Amitofa 183 f. 206, 289
Angst
– ihre Lektionen 143 ff.
– vor dem Leben 91-95
(Die) Angst überwinden 91-95
Anonyme Alkoholiker 276 f.

Berg Michael 25
Berg, Rabbi Phillip S. 154
Bewusstheit
– als Wahl 36-40
– während jedes Schritts durchs Leben 41-44
Beziehungen
– und Versöhnlichkeit 232 f.
– wie man aus ihnen lernt 292 ff.
– zu Gott 276-280
– zu unseren Kindern 167 f.
Bodine, Michael 283 f.

Cain, Dan 149, 175
Campbell, Joseph 63
China
– heilige Berge 99-103
– Höhle des Unbekannten 59-66
Chinesische Handschellen 179 f.
Chödrön, Pema 64
Co-Abhängigkeit 119 ff.
Codependent No More (Die Sucht, gebraucht zu werden) (Beattie) 120 f., 172, 263
Cooper, J. California 288

Dalai Lama 144
Dienst am Nächsten als Schlüssel zum Erfolg 32
Drogenmissbrauch 113 ff., 205 ff., 276-280

Edwards, Corinne 261-264
Ehrlichkeit
– gegenüber sich selbst 48-52
Emei Shan 211-217
Entscheidungen
– bei Entscheidungen um Gottes Hilfe bitten 159-162
– Bewusstheit als Entscheidung 36-40
– Entscheidungen bereuen 27 ff.
– Entscheidungen, die getroffen werden müssen 190 ff.
– Folgen negativer Entscheidungen 53 ff.
– Freiwerden durch Entscheidungen 67-71
– schwierige Entscheidungen 17
– unsere Fähigkeit, Entscheidungen zu treffen 292 ff.

– Verantwortung für die eigenen Entscheidungen übernehmen 33 ff.
– Wichtigkeit von Entscheidungen 25 f.
Erleuchtung 290 ff.

Fehler 199 ff.
Freier Wille
– der zur Entscheidung zwingt 292 ff.
– im Hinblick auf das Gesetz von Ursache und Wirkung 17
Freiheit 179-184
Friede
– der das Glück ersetzt 183 f.
– durch Liebe 226-231
Fürsorglichkeit gegenüber sich selbst 116-122, 283 f.
Future Has a Past, The (Cooper) 288

Gebet 276 f.
Gefühle
– Angst 91-95
– Trauer 30 ff., 104-109, 143 f.
– sich selbst Gefühle gestatten 193-196
siehe auch: Glück; Liebe; Schuldgefühl
Glück
– an das Glück der anderen denken 163-166
– die dafür notwendigen Maßnahmen ergreifen 179-184
– durch Frieden ersetzen 206
– sich für das Glück entscheiden 72 ff.
Goldene Regel 216 f., 275
Gott
– Gebet/Beziehung zu ihm 276-280
– seine Hilfe erbitten 159-162
– sich ihm fügen 269
– und das Programm der Anonymen Alkoholiker 276-280
Gottes Gnade 289
Gottes Wille 264 f.
Große Buch der Anonymen Alkoholiker, Das (Dt. *Anonyme Alkoholiker* (Das blaue Buch) (Wilson) 63, 144
Große Gesetz von Ursache und Wirkung, Das 25 f., 32, 289 f.

Heilige Berge
– Emei Shan 211-217
– Juihua Shan 149-153
– Putuoshan 60
– Wutai Shan 180
siehe auch: China
Heilung
– Trauerprozess als Heilungsprozess 104-109
– die Entscheidung, alte Wunden auszuheilen 123-130
Hero's Journey (Campbell) 63 f.
Hypnotherapie 254 f.

Inneren Abstand gewinnen 285 f.
siehe auch: Loslassen

Jiuhua Shan 149-153
Jung, C.G. 255

Karma 289 f.
Kinder
– eine Beziehung zu ihnen aufbauen 167 f.
– ihre Störungen akzeptieren 110 ff.
– mit ihrem Drogenmissbrauch fertig werden 113 ff.
– mit ihrem Tod fertig werden 30 ff.
– mit ihren Krankheiten fertig werden 169-175
Koan (ZEN-Rätsel) 252
Kora (ritueller Rundgang) 248
Krankheit
– bei Kindern 169-175
– wie man mit ihr umgeht 138 ff.
Kübler-Ross, Elisabeth 101, 141-145, 195

Lami 22 f., 247-252, 269, 271-275
Lawley, Kenneth 30
Lebensverändernde Entscheidungen 87-90
Leeres-Nest-Syndrom 135 ff.
Lektionen
– aus ihnen lernen 143 ff.
– wie man sie anwendet 205 ff.
– wie sie sich ankündigen 258 ff.
Li Bai 149
Liebe
– das Wagnis der Liebe eingehen 77-81
– Friede durch Liebe 226-231
– mit Liebe loslassen 188 f.
– zu einer Ursache der Liebe werden 45 ff.
Lorenz, Edward 24 f.
Loslassen
– der eigenen Schuldgefühle 218 f., 232 f.
– indem man inneren Abstand gewinnt 285 f.
– mit Liebe 188 f.
– von Illusionen, negativen Gedanken und Verhaltensmustern 67-71

Manipulation 152 ff.
Marpa 289-292
Meditation 275, 281 f.
Medizinische Entscheidungen 138 ff.
Milarepa 287-292
Mission to Millboro (Rieder) 255
Mitgefühl 237-243
Mount Kailash 59, 247-253, 269-275
Möwe Jonathan, Die (Bach) 63 f.
Panikattacken 197 f.
siehe auch: Angst
Places That Scare You, The (Geh an die Orte, die du fürchtest) (Chödrön) 64 f.
Pokal (als Symbol alles Erstrebenswerten in der Welt) 144
Putuoshan 60

Rache 287-290
Rad des Lebens, Das (Kübler-Ross) 101, 141-145
Reinkarnation 254-257
Rieder, Marge 254 f.
Royal Tenenbaums, Die (The) (Spielfilm) 224

Schmetterlingseffekt 25, 275, 294
Schuldgefühle
- aufgrund falscher Entscheidungen 27 ff.
- was man aus ihnen lernen kann 143 f.
- loslassen 218 f., 232 f.
- und Selbstvorwürfe 220-225
Schwarze Magie 287-290
Schwierige Entscheidungen
- dabei Gottes Hilfe erbitten 159-162
- wie man sie trifft 156 ff.
Selbsterkenntnis 75 f.
Society of Compassionate Friends 31 ff.
Stephens, Pater Simon 30

Tibet 22 f., 59, 247-253, 269-275
(Den) Tiefpunkt erreichen 131-134
Trauer
- mit dem Tod eines Kindes fertig werden 30 ff.
- durch sie geheilt werden 104-109
- über den Tod der Mutter 232 f.
Tsung Tsai 103

Übelkeit 138 ff., 139-175
Ursache und Wirkung
- das Große Gesetz 25 f., 32, 289 f.
- nicht mehr Wirkung, sondern Ursache sein 45 ff.
- und freier Wille 17

Velveteen Rabbit, The (Der kleine Kuschelhase oder Wie die Dinge wirklich werden) (Williams) 63
Verantwortung 33 ff.
Versöhnlichkeit
- gegenüber anderen und sich selbst 27 ff., 234 ff.
- die von Schuldgefühlen befreit 232 f.
- und Mitgefühl 237-243
Vertrauen
- in das, was wir gelernt haben 82-86
- in sich selbst 283 f.
Vierte Dimension der Existenz 277

Way, The (Berg) 26
Williams, Margery 63
Williamson, Maureen 254 f.
Wilson, Bill 63, 144, 276 f.
Wutai Shan 180